JANE FONDA

Eine intime Biographie

von

BILL DAVIDSON

Aus dem Amerikanischen
von Günther Klotz

Mit 33 Fotos

Verlag Volk & Welt
Berlin

Titel der Originalausgabe
JANE FONDA. An Intimate Biography

Erschienen 1990 bei Sidgwick & Jackson Ltd., London

Hinweis des Originalverlages:
Der Verlag erklärt, daß die auf den Seiten 10–12 und 168–179 (übersetzte Ausgabe) abgedruckten Dokumente die exakte Abschrift von Materialien darstellen, die der Autor in Dienststellen der Regierung der Vereinigten Staaten eingesehen hat.

Für diese Ausgabe hat der Autor sein Manuskript Ende 1994 aktualisiert und ergänzt.
Mit einer Filmographie und einem Personenregister.
Fotonachweis am Schluß des Bandes.

PROLOG

Es ist schwierig, bei Jane Fonda absolut objektiv zu bleiben – wie man es von einem Biographen erwartet. Nachdem ich zwei Jahre lang ihr Leben unter die Lupe genommen und sowohl Jane als auch ihren berühmten Vater Henry Fonda kennengelernt habe, sitze ich mit einem Gemisch einander widerstreitender Gefühle da.

An erster Stelle steht ehrfürchtige Scheu.

Vor uns haben wir eine der großen Schauspielerinnen unserer Generation, nebenher eine erstaunlich erfolgreiche Geschäftsfrau, eine Leitfigur für Millionen junger Frauen auf der ganzen Welt.

Dann kommt Verwirrung.

Wieso hat sie sich bloß immer wieder solche Sachen geleistet? Nur wenige Persönlichkeiten unserer Tage sind so umstritten und haben in einer der turbulentesten Perioden unserer Geschichte unablässig den Zorn eines Teils der Bevölkerung auf sich gezogen. Und nur wenige standen so im Rampenlicht.

Doch vor allem herrscht Bewunderung.

Jane Fonda überwand die Tragödie ihrer frühen Kindheit, den Einfluß eines kalten und manchmal feindseligen Vaters, eine nahezu tödliche Krankheit, eine Reihe unerquicklicher Beziehungen zu Männern, eine langwierige Fehde mit J. Edgar Hoovers FBI und mit anderen mächtigen Behörden der US-Regierung.

Sie hat sich behauptet – sogar gegenüber dem FBI. Und sie behauptet sich weiter – selbst gegenüber den eigenen Fehlern.

Jane Fonda – die einen manchmal erbost, manchmal beflügelt – stellt sozusagen die moderne Version des mythischen Vogels Phönix dar, der sich immer wieder aus der Asche erhebt.

1

Das Gesetz über die Informationsfreiheit ist eine komische Sache. Du bittest zum Beispiel um die FBI-Akte über Jane Fonda, und nachdem du monatelang Begründungen geliefert und Formulare ausgefüllt hast, schicken sie dir 763 Seiten – mit dem Hinweis, daß sich die USA von geheimniskrämerischen totalitären Regimes eben durch dieses Gesetz unterscheiden. Ich vermute, daß wahrscheinlich nur wenige Leute je eine solche Akte zu Gesicht bekommen haben, wie sie die Regierungsbehörden einem nach diesem Gesetz zustellen (und nur wenige haben wirklich eine gesehen), und so füge ich am Ende dieses Kapitels die Kopie eines der 763 mir zugesandten Blätter der FBI-Akte Jane Fondas ein.

Die geschwärzten Absätze enthalten vermutlich den Namen des FBI-Informanten, gefolgt von allen anderen Regierungsbehörden, an die der Bericht des Informanten ging.

Der Bericht selbst besteht aus sechs Seiten wörtlich wiedergegebener Bemerkungen von Miss Fonda in der typischen Sprache des Protests der siebziger Jahre gegen Rassendiskriminierung und der Demos für Redefreiheit. Sie ruft dazu auf, zur Verteidigung schwarzer Insassen des Gefängnisses von Soledad in Kalifornien Geld zu spenden. Aber man beachte die Überschrift auf dieser FBI-Akte: »Jane Fonda, Anarchistin«. Miss Fonda hat niemanden erschossen, noch irgend etwas in die Luft gesprengt, noch versucht, die US-Regierung zu vernichten (was Anarchisten wohl tun), aber eben als »Anarchistin« wird sie auf vielen der mir vom FBI zugesandten Dokumente bezeichnet.

Trotz des ausgiebigen Gebrauchs schwarzer Tinte schlüpfen noch viele Geheimnisse durch, wenn einem nicht weniger als 763 Seiten gemäß dem Gesetz über die Informationsfreiheit zugestellt werden. Menschliche Unachtsamkeit kann dazu führen, daß viele Blätter mitgeschickt werden, die die Behörde eigentlich nicht herausgeben wollte. Am 19. Juni zum Beispiel sandte Wesley G. Grapp, der damalige Leiter des FBI-Büros in Los Angeles, ein Schreiben über Jane Fonda an den FBI-Direktor J. Edgar Hoover, das ebenfalls am Ende dieses Kapitels wiedergegeben ist.

Wie aus diesem Brief hervorgeht, bittet Grapp um die Erlaubnis des FBI-Direktors, einen fingierten Brief über Jane Fonda auszubrüten, der von einem erfundenen »Morris« unterzeichnet und von ihm dann an den Kolumnisten Army Archerd von der *Daily Variety* gerichtet werden soll. »Morris« sollte schreiben, daß er an einer Veranstaltung der Black Panther teilgenommen und dort gehört habe, wie Miss Fonda den Erwerb von Revolvern für »die bevorstehende Revolution« befürwortete und die Menge aufforderte zu rufen: »Wir killen Richard Nixon und jedes andere Arschloch, das sich uns in den Weg stellt.« Da Hoover den Gebrauch von schmutzigen Ausdrücken durch seine Mitarbeiter mißbilligte, erscheint Arschloch in dem Schreiben als »A...l...«.

Man sollte erwarten, daß Hoover so ein schwachsinniges und unmoralisches Vorhaben kurzerhand verworfen hätte; doch am 25. Juni sandte er ein Schreiben an Grapp: Grapp wird bevollmächtigt, den Brief von »Morris«, leicht redigiert, abzuschicken, und gleichzeitig ermahnt, »dafür zu sorgen, daß der Postweg nicht zum FBI zurückverfolgt werden kann«.

Dieses ungeheuerliche Vorgehen des Direktors des einst hochangesehenen Federal Bureau of Investigation kam 1975 bei den Anhörungen des US-Senatsausschusses für Kirchenfragen ans Tageslicht, als dieser ungesetzliche Aktivitäten des

FBI und des CIA gegen amerikanische Bürger untersuchte. Soweit mir bekannt, war dies das erstemal, daß die ursprünglichen »Morris«-Briefe des FBI der Öffentlichkeit vorgelegt wurden.

Was geschah mit dem Brief? Er wurde per Post an Archerd geschickt, aber nie von der *Daily Variety* veröffentlicht. Archerd äußerte später mir gegenüber: »Einen solchen Beitrag verwende ich nie, ohne daß ich vorher versuche, die Angaben zu überprüfen. Der einzige Weg, dem nachzugehen, wäre über den Typ gelaufen, der den Brief unterschrieben hatte, Morris. Es gab aber keinen richtigen Absender, also wanderte die Sache in den Papierkorb. Der einzige Morris, den ich zu der Zeit kannte, war eine Katze, die im Fernsehen für Katzenfutter warb.«

Soviel zum großen Geschick des FBI in jenen unruhigen Jahren des Protests gegen den Vietnamkrieg! Und soviel zu Jane Fonda als Opfer, was nur eine der vielen widersprüchlichen Seiten dieser ungewöhnlichen, komplizierten Frau ist.

JANE FONDA
SICHERHEITSUNTERLAGEN
ANARCHISTIN

ABSATZ ZENSIERT

ABSATZ ZENSIERT

ABSATZ ZENSIERT

ABSATZ ZENSIERT

ABSATZ ZENSIERT

Am 19. Juni 1970 nahm ein Vertreter des FBI an einem Treffen in Los Angeles, 217 West First Street, teil, das der Unterstützung militanter Ziele diente; besonders der Unterstützung von drei Insassen des Gefängnisses in Soledad,

17.6.1970

AIRTEL AIR MAIL – EINSCHREIBEN

AN: DIREKTOR DES FBI

VON: SAC, LOS ANGELES (?)

BETRIFFT: GEGENAUFKLÄRUNGSPROGRAMM
OPPOSITIONELLE GRUPPEN DES BLACK NATIONALISM
RASSENNACHRICHTENDIENST
BLACK PANTHER PARTY (BPP)

In Sachen Los Angeles Fernschreiben an Zentrale FBI vom 16.6.1970 unter dem Titel »VEREINIGTES KOMITEE FÜR POLITISCHE GEFANGENE (CUPP), IS-VERMISCHTES, BEDROHUNG PRÄSIDENT NIXONS«.

Das FBI wird um die Genehmigung gebeten, den folgenden Brief von einer fiktiven Person an Army Archerd zu senden, den Hollywooder Klatschkolumnisten der Daily Variety, der am 11.6.1970 in seiner Spalte vermerkte, daß JANE FONDA, bekannte Filmschauspielerin, am 13.6.1970 an einer Spendenaufrufveranstaltung teilnahm, die von CUPP in Los Angeles gesponsert wurde. Wir meinen, daß ein Bekanntwerden der Beteiligung FONDAS sie in Schwierigkeiten bringen und ihr Ansehen in der Öffentlichkeit schmälern wird.

»Lieber Army,
Ihren Artikel über Jane Fonda in der Daily Variety letzten Donnerstag habe ich gelesen. Zufällig war ich dort, um mir am Samstagabend Vadims Inszenierung der Heiligen Johanna für die Black Panther anzusehen. Mit dieser Erscheinungsform der Panther bin ich bisher noch nicht konfrontiert worden, alle Besucher wurden beim Betreten des Zuschauerraums im Embassy durchsucht und im Stile der Erweckungsbewegung aufgefordert, für die Verteidigung inhaftierter Panther-Führer zu spenden, für ›die bevorstehende Revolution‹ Revolver zu kaufen und einzustimmen in einen Sprechchor, der von Jane und einem der Panther-Leute angestimmt wurde: ›Wir killen Richard Nixon und jedes andere A...l..., das sich uns in den Weg stellt‹ (was zumindest schockierend war!). Ich glaube, Jane ist da über ihren Kopf hinweg hineingezogen worden, wie ja die ganze Atmosphäre dort nach einem Münchener Biersaal der 30er Jahre roch.
Ich glaube auch, daß meine Neugier auf die Panther gestillt ist.
Mit freundlichen Grüßen
gez. Morris«

Im Falle der Zustimmung werden geeignete Maßnahmen ergriffen, um auszuschließen, daß das FBI als Quelle der Operation identifiziert werden kann.

AN: SAC, LOS ANGELES

VON: DIREKTOR DES FBI

GEGENAUFKLÄRUNGSPROGRAMM
OPPOSITIONELLE GRUPPEN DES
BLACK NATIONALISM
RASSENNACHRICHTENDIENST
BLACK PANTHER PARTY

Betrifft: Airtel vom 17.6.1970

Sie werden hiermit ermächtigt, einen Brief wie in genanntem Schreiben aufzusetzen und an Army Archerd, den Hollywooder Klatschkolumnisten, zu senden. Sorgen Sie dafür, daß der Postweg nicht zum FBI zurückverfolgt werden kann.

ANMERKUNG:
Los Angeles schlägt vor, daß ein Brief von einer erfundenen Person an den Hollywooder Klatschkolumnisten der Daily Variety geschickt wird, unter Bezugnahme auf seine Kolumne vom 11.6.1970, in der er andeutet, daß die bekannte Filmschauspielerin Jane Fonda am 13.6.1970 eine Veranstaltung der Black Panther Party zum Spendenaufruf besuchen wird. In dem vorgeschlagenen Brief wird erklärt, daß der Verfasser an der Veranstaltung teilnahm und beim Eintreten durchsucht und aufgefordert wurde, für die Verteidigung inhaftierter Panther-Führer zu spenden und Revolver zu kaufen für »die bevorstehende Revolution«. Ferner, daß Jane und einer der Panther einen Sprechchor anstimmten: »Wir killen Richard Nixon und jedes andere A...l..., das sich uns in den Weg stellt.« Man kann erwarten, daß Fondas Beteiligung an den Vorhaben der BPP ihr Ansehen in der Öffentlichkeit schmälern wird, wenn eine Hollywooder Klatschspalte darüber berichtet.

2

Jack Lemmon nennt Jane Fonda »eine der drei glänzendsten Filmschauspielerinnen der Welt, neben Anne Bancroft und der Engländerin Maggie Smith«.

Im Anschluß an Miss Fondas Reise nach Hanoi 1972 und ihre Sendungen im nordvietnamesischen Rundfunk verlangten zwei Kongreßabgeordnete, Fletcher Thompson und Richard Ichord, daß sie wegen Landesverrats vor Gericht gestellt werden sollte. In einem Leitartikel forderte der *Union Leader* von Manchester, New Hampshire, ihre Erschießung. In einer Debatte der Gesetzgebenden Versammlung des Staates Maryland wurde vorgeschlagen, »sie entweder zu hängen oder ihr die Zunge herauszuschneiden«. Janes Vater, Henry Fonda, äußerte einmal: »Meine Tochter hat das Problem, daß sie ihren Motor zu hochtourig laufen läßt.«

Im Jahre 1984 brachte *Fortune* einen Artikel über Jane Fonda als eine der führenden Geschäftsfrauen der Nation (das bezog sich auf ihre Fitneßfirma, die mit Videokassetten und Trainingsbüchern viele Millionen verdient) und schalt sie, daß sie ins Big Business eingestiegen sei, wo ihre Anschauungen doch immer gegen das Big Business gerichtet waren. Und wenigstens sechs Fitneß- und Gesundheitsexperten beschuldigten sie, ihnen die Ideen gestohlen zu haben. Ihre alte Turnlehrerin Gilda Marx sagte höhnisch: »Jane ist Schauspielerin. Ihr Beruf ist, nachzumachen, was jemand anderes ihr vorgemacht hat.« Bis auf den heutigen Tag ist man den Beweis für diese Behauptungen des Plagiats schuldig geblieben.

Der verstorbene Abbie Hoffman, einer der bekanntesten

Führer der Protestbewegung in Janes radikalen Tagen, meinte: »Zappelliese Jane. Huiii! Die nimmt alles ernst.« Dann fügte der sarkastische Hoffman unter Anspielung auf Jerry Rubin, einen anderen Protestführer, hinzu: »Ich habe mir immer vorgestellt, daß Jerry und Jane sich paaren sollten. Das hätte stramme, starke Körper mit seichtem Geist ergeben – die perfekten Urbilder des Yuppies, die Jerry-Janes.« Doch Donald Sutherland, der den Großteil von Janes radikaler Phase mit ihr zusammen war, erklärte: »Sie ist eine der intelligentesten Frauen, die ich kenne.«

Für die rechten Republikaner in der Politik bleibt Jane Fonda bis heute eine beliebte Zielscheibe. Obwohl sie sich längst dem breiten liberalen Flügel der Demokratischen Partei angeschlossen hat, reicht es schon aus, daß ein Wahlkandidat, der bei einem öffentlichen Konzert Jane beiläufig die Hände schüttelt, von seinem konservativen Gegner als »Mitglied der spinnerten Jane-Fonda-Linken« gebrandmarkt wird. Es gibt immer noch Autoaufkleber, die lauten: »I'm not Fonda Hanoi Jane*.« Derselbe Spruch taucht auf Schildern bei Veteranentreffen und -tagungen auf – doch seltsamerweise nicht so häufig bei Veranstaltungen der Veteranen des Vietnamkriegs.

Sogar George Bush versuchte sich im Präsidentschaftswahlkampf von 1988 an der Haßkampagne gegen Jane Fonda zu beteiligen. Am 4. September legte er es darauf an, Michael Dukakis mit ihr in Verbindung zu bringen, als er sagte: »Es würde mich nicht wundern, wenn mein Gegner ein Flottenmanöver für etwas hält, was man im *Jane Fonda's Workout Book* findet.« (Gemeint war ihr erstes Fitneßbuch.)

Wie also ist die Tatsache zu erklären, daß der Verkauf ihrer Fitneßvideokassetten und Fitneßbücher den aller übrigen Titel

* Wortspiel mit »I'm fond a« – verschliffene Aussprache von »I'm fond of…«, d. h. »Ich mag Hanoi-Jane nicht«. (Anm. d. Übers.)

in diesem Genre übersteigt? Und daß ihre letzten Filme (mit einer einzigen Ausnahme) Millionen eingespielt haben und konstant unter den größten Kassenschlagern des jeweiligen Jahres landeten? Und wie erklärt es sich, daß sie immer wieder auf den Umfragebögen steht, mit denen in Abständen die »meistbewunderten Frauen der Welt« ermittelt werden? Im Jahre 1984 rangierte sie in der Gallup-Liste gleich hinter Mutter Teresa, Margaret Thatcher und Nancy Reagan. Im April 1985 fand Roper bei einer Umfrage unter 18- bis 24jährigen, daß Jane Fonda bei den Frauen an erster Stelle stand und immerhin an dritter (nach Ronald Reagan und Clint Eastwood), wenn die meistbewunderten Männer und Frauen zusammengenommen wurden. Das ist »ein Verwirrspiel«, wie Yul Brynner in seiner Rolle im Film *Der König und ich* (*The King and I*) sagte. Jane Fonda ist eben eine Lady der Widersprüche – daher die vielen gegensätzlichen Meinungen über sie.

Ich habe meine eigenen Theorien darüber, warum die Leute sie entweder lieben oder hassen. Zunächst die Faktoren, die für »lieben« sprechen: Zum einen erfreut sie sich eines dauerhaften, ererbten Vorteils auf Grund der tiefen Zuneigung und Verehrung, die die Öffentlichkeit ihrem Vater Henry Fonda entgegenbringt. Nie hat Henry irgend jemanden beleidigt, und seine Arbeit im Film und auf der Bühne wurde nahezu allumfassend gelobt. Im Gegensatz zu seiner Tochter bezog er zu umstrittenen Problemen nur selten öffentlich Stellung – selbst wenn er, wie Jane berichtete, »während der Army-McCarthy-Anhörungen so wütend auf Joe McCarthy war, daß ich erlebt habe, wie er den Fernsehschirm eintrat«. Im großen und ganzen ist der Öffentlichkeit nicht bekannt, daß Jane und ihr Vater die meiste Zeit ihres Lebens einander fremd waren. Sie gesteht, daß sie nur in dem einen Film, in dem sie beide spielten – *Am goldenen See* (*On Golden Pond*), kurz nach welchem Henry starb – »durch die Filmgestalten einander sagen konnten: ›Ich liebe dich‹«. Für Eingeweihte war es einer der bewegendsten

Augenblicke der jüngeren Filmgeschichte – vergleichbar mit Spencer Tracys liebevollem Lebewohl für Katharine Hepburn in *Rat mal, wer zum Essen kommt* (*Guess Who's Coming to Dinner*).

Zum zweiten wird Jane von vielen Menschen ob ihrer Energie bewundert, sich immer wieder mit großer Spannkraft aufzurappeln. Es war Robert Redford, der sagte: »Sie ist wie der Phönix, der sich immer wieder aus der Asche erhebt.« Einige ihrer Niederlagen hat sie sich selbst zuzuschreiben (so zu der Zeit, als sie während und nach ihrer politischen Aktivität von der Filmindustrie praktisch boykottiert wurde), andere nicht. Tiefe emotionale Narben gruben sich dem zwölfjährigen Mädchen ein, als sich die Mutter auf grauenhafte Weise das Leben nahm. Jahrelang litt Jane an einer ungewöhnlichen und entkräftenden Gemütskrankheit – Bulimie –, die sie schließlich mit sechsunddreißig besiegte. Als junges Mädchen härmte sie sich, weil der Vater sie vernachlässigte; es war eine Qual für sie, sich einer Reihe von Stiefmüttern anpassen zu müssen; und als blutjunge Schauspielerin wurde sie von einer Reihe von Männern ausgenutzt. Sie durchlief im Film eine Phase, die sie nunmehr verabscheut, weil sie hauptsächlich die Rolle des geistig unbedarften Betthäschens verkörperte (selbst wenn sie vor der Kamera eine berühmte Stripteasenummer abzog wie in *Barbarella*). Doch nachdem sie sich von ihrem ersten Ehemann, dem französischen Regisseur Roger Vadim, getrennt hatte, gab sie ihrer Karriere mit dem großartigen amerikanischen Film *Nur Pferden gibt man den Gnadenschuß* (*They Shoot Horses, Don't They?*) eine Wendung. Irgendwie schien ein Teil des Publikums etwas von all diesen Anstrengungen zu spüren, und diese Menschen haben einen Vorrat von Herzenswärme für Jane aufgespeichert, der bis heute vorhält.

Das ist besonders bei Frauen zu spüren. Auf die Frage, warum sie Jane für die meistbewunderte Frau Amerikas halten, geben viele ihren Ruhm als Star und den geschäftlichen Erfolg nur als partielle Gründe an. Ihre Argumente lauten viel häufiger: »Sie setzt sich zur Wehr«, »Sie stellt sich den Männern mit deren eigenen Waffen«, »Sie hat ein hartes Leben gehabt und mußte viel durchmachen« oder »Mir gefällt ihre Art, wie sie sich von den harten Schlägen, die sie einstecken mußte, nicht unterkriegen ließ; deshalb betrachte ich sie als meinen Leitstern«. Solche Reaktionen habe ich von Frauen aus allen Schichten gehört.

Als drittes kommt, so glaube ich, die einzigartige Qualität der Rollen hinzu, die sich Jane Fonda selbst ausgesucht hat, besonders seit der Gründung ihrer eigenen Produktionsgesellschaft im Jahre 1977, die jetzt Fonda Films heißt. Fast immer spielt sie sympathische Frauen: die Psychiaterin, die in *Agnes – Engel im Feuer* (*Agnes of God*) versucht, einer sich quälenden jungen Novizin in einem Kloster zu helfen; die Fernsehreporterin, die sich in *Das China-Syndrom* (*The China Syndrome*) mit dem Ingenieur eines Atomkraftwerks einläßt, der sich bemüht, eine tschernobylähnliche Katastrophe abzuwenden; selbst die Büroangestellte, die sich mit ihren Kolleginnen – Lily Tomlin und Dolly Parton – verbündet, um in der Filmkomödie *Warum eigentlich ... bringen wir den Chef nicht um?* (*Nine to Five*) den tyrannischen Chef dazu zu veranlassen, den Frauen größeren Respekt zu bezeugen. Es mag schwierig erscheinen, Mitgefühl mit einer alkoholkranken Taschendiebin aufzubringen, aber mit Hilfe ihrer Drehbuchautoren schaffte Jane auch das, in *Der Morgen danach* (*The Morning After*). Wenn man Louis B. Mayers alte Weisheit beherzigt, daß Kinobesucher meistens die Schauspieler mit den Dargestellten identifizieren (zum Beispiel Ronald Reagan mit dem Helden des American Football von Notre-Dame, George Gipp, dem »Gipper«), dann versteht man, warum in den letzten Jahren Jane Fonda vielen als die zähe, mitfühlende, rechtdenkende Frau mit gutem Instinkt gilt.

Nicht so ihre Gegner, Leute, die sie hassen. Sie haben ihr nie das verziehen, was sie als ihre politische Vergehen betrachten. Für diese Menschen ist sie immer noch zu sehr politisch engagiert, bestenfalls zu liberal. Ihr Mann, mit dem sie sich auseinandergelebt hat, Tom Hayden, jetzt ein angesehener Abgeordneter in Kalifornien, aber früher selbst ein führender Radikaler, entwickelte einmal eine interessante Theorie über den Haßanteil dieses Liebe-Haß-Verhältnisses. »Die Leute haben Jane auf der Leinwand in ihren Anfängen als das anbetungswürdige, arglose kleine Mädchen gesehen«, meinte er. »In dieses Bild vom Betthäschen haben sich, glaube ich, eine Menge Männer verliebt. Sie malten sich da Sachen aus. Aber dann in ihrer politisch aktiven Phase lernten sie Jane von einer anderen Seite kennen. Jane zerpflückte ihre Träume. Bis auf den heutigen Tag, wo sie ernstere Rollen spielt, wollen immer noch einige Jane dafür bestrafen, daß sie ihnen die Träume zerstört hat.«

Natürlich gibt es komplexere Gründe. Angela Lansbury, die 1963 in einem unbedeutenden Film mit Jane zusammen spielte, *Begierde an schattigen Tagen* (*In the Cool of the Day*), erklärte: »Es ist eine Frage der Macht. Einige Leute, besonders Männer, hegen einer sehr mächtigen Frau gegenüber, wie sie Jane heute in der Filmindustrie darstellt, Argwohn.« Zum Beweis führe ich an: Als David Puttnam 1987 gezwungen wurde, die Leitung von Columbia Pictures abzugeben, hörte ich auf den Korridoren des der Firma gehörenden Burbank-Verwaltungsgebäudes ständig die bange Frage: »Können wir Bill Cosby halten? Wird Fonda Films bei uns bleiben?« Beides klappte, und der nächste Fonda-Film, *Old Gringo* (*Old Gringo*) mit Jane Fonda und Gregory Peck, wurde als Columbias großer Weihnachtsknüller von 1988 angekündigt – ein Anlauftermin, der aufgrund von Problemen, die sich nach dem Abdrehen ergaben, ins Jahr 1989 verschoben werden mußte.

So haben Furcht, Ressentiment und andere ungreifbare Faktoren eine Minderheit von Jane-Hassern aufgebaut (ungefähr 15 % laut Umfragen, die sie selbst in Auftrag gab). Im Jahre 1988 gerieten die Hasser in einen dramatischen Konflikt mit denen, die Jane liebten, als sie in einer überwiegend von Fabrikarbeitern bewohnten Stadt, Waterbury in Connecticut, mit den Dreharbeiten zu einem Film beginnen wollte; einige Bewohner sprechen heute noch von der Schlacht um Waterbury.

Es fing alles ganz harmlos damit an, daß Metro-Goldwyn-Mayer – nicht Fonda Films – einen Stoff ankaufte, der damals *Union Street* hieß. Es handelte sich um eine einfache, rührende Liebesgeschichte von einer Witwe in einer Arbeiterstadt in Neuengland: Sie verliebt sich in einen Bäcker, der, wie sie dann merkt, ein absoluter Analphabet ist. Die Frau, Iris, macht sich also daran, dem Bäcker Stanley etwas beizubringen; bei diesen Bemühungen gewinnt ihre Liebe im Laufe der Zeit an Weite und Tiefe. MGM gewann den wunderbaren Regisseur Martin Ritt (von *Norma Rae*), um das feinfühlige Script in Szene zu setzen. Geschrieben hatten es Irving Ravetch und seine Frau Harriet Frank, Jr., die mit Ritt schon an *Wildeste unter Tausend* (*Hud*) und *Lange, heiße Sommer* (*The Long Hot Summer*) gearbeitet hatten. Den Filmtitel änderte man in *Stanley & Iris* (*Stanley and Iris*). Das Drehbuch wurde an Jane Fonda und Robert De Niro geschickt. Es gefiel ihnen, und sie erklärten sich einverstanden, die Hauptrollen zu übernehmen. Beide wurden als freie Schauspieler engagiert. Es gab überhaupt keinen Streit um den Inhalt des Films, aber Jane faszinierte der Gedanke von einer Frau, die das Analphabetentum bekämpft – ein schwerwiegendes Problem in Amerika.

Die erste Salve in der Schlacht von Waterbury wurde 1987 am Jahrestag des Waffenstillstands abgefeuert, als bekannt wurde, daß MGM vorhatte, verschiedene Industriestädte in Neuengland, darunter Waterbury, als Hintergrund für *Stan-*

ley & Iris zu verwenden, während die Hauptaufnahmen in Toronto gedreht werden sollten. Offensichtlich aufgebracht über diese Nachricht, zog ein gewisser Gaetano (den Einheimischen bekannt als Guy) Russo, ein siebzigjähriger Veteran des Zweiten Weltkriegs und früherer Generalmajor der National Guard von Connecticut, in den Kampf. »Eine Landesverräterin kann ich nicht so leicht akzeptieren«, erklärte Russo und bombardierte den konservativen *Waterbury Republican* mit einem Brief, der seine, wie er es nannte, »Unzufriedenheit« darüber ausdrückte, daß Jane Fonda zum Drehen überhaupt in der Stadt auftauche.

Russo behauptete weiter, sein Brief an den Herausgeber habe eine »Flut« von zustimmenden Anrufen zur Folge gehabt. Er ließ Hunderte von Autoaufklebern »I'm not Fonda Hanoi Jane« drucken und vertreiben, mit denen er dann die ganze Gegend überschwemmte. Der örtliche Kongreßabgeordnete, der Republikaner John Rowland, schloß sich an, ebenso Waterburys Bürgermeister Joseph Sanpietro, der durch einen Berater kundtun ließ: »Waterbury ist seit eh und je eine sehr patriotische Stadt. Wir feiern den Jahrestag der Nationalflagge, wir feiern den Jahrestag des Waffenstillstands; bei allen Anlässen ziehen wir aus, ob es regnet, schneit oder hagelt, und marschieren. Jedermann beflaggt sein Geschäft. Das ist eine bodenständige, patriotische amerikanische Arbeiterstadt.«

Der Feldzug gegen Jane Fonda griff auch auf die nahe gelegenen Orte Holyoke und Chicopee über, die ebenfalls als mögliche Kulisse für die Filmaufnahmen im Gespräch waren. Über die lokale Reaktion wurde auch in der nationalen Presse berichtet. Es sah also wirklich so aus, als ob sich dieser Teil Neuenglands zu einem neuen Krieg rüstete. Ex-General Russo – der nie auch nur in die Nähe von Vietnam gelangt war – verhieß eine Schlacht »so gewaltig wie die Tet-Offensive«, falls Jane Fonda in die Stadt käme.

Währenddessen hielt sich Jane fernab in einer Wüste im Norden Mexikos auf, wo *Old Gringo* gedreht wurde, und erhielt nur vage Kenntnis von der ganzen Aufregung. Sie hatte bei Fonda Films jedoch einen begabten PR-Mann, den kleinen, bärtigen Stephen Rivers, der als Pressesekretär ihres Ehemanns beträchtliche Erfahrung im »Abwiegeln« (dem Besänftigen von öffentlichen Ausbrüchen) besaß. »Ich hab' das wirklich nicht so ernst genommen«, sagt Rivers. »Ich dachte, das ist hauptsächlich das Werk eines rechten Knackers und einer rechten Zeitung, des *Waterbury Republican*. Aber mir war klar, daß ich mich auf der Stelle ins Gefecht stürzen mußte.«

Als erstes verschaffte sich Rivers genaue Informationen über das ganze Ausmaß der Angelegenheit. Er beauftragte die Marktforschungsfirma Fairbank, Bregman and Maullin, am 12. und 13. Dezember 1987 eine wissenschaftlich fundierte Meinungsumfrage in Waterbury durchzuführen. 402 Erwachsene ab achtzehn Jahren wurden per Zufall ausgewählt. Das Ergebnis war überaus verblüffend: 73 % sagten, Jane Fonda sollte nicht daran gehindert werden, in ihrer Stadt einen Film zu drehen; nur 13 % antworteten, man sollte sie daran hindern. Praktisch gab es keinen Unterschied zwischen Familien mit Kriegsteilnehmern (73 % sagten »nein« zur Verhinderung der Dreharbeiten) und solchen ohne Kriegsteilnehmer (74 %). 64 % aller Befragten (einschließlich der Veteranen) erklärten, sie hielten Jane Fonda, obwohl sie vielleicht in einigen wichtigen Fragen nicht mit ihr übereinstimmten, dennoch für eine loyale Amerikanerin. Eine anschließende Nachfolgebefragung in der Gegend auf breiterer Grundlage (602 Befragte) bestätigte im wesentlichen das Ergebnis. Eine Zusatzfrage brachte es dabei direkt auf den Punkt: »Haben Sie eine günstige oder ungünstige Meinung von Jane Fonda?« 58 % entschieden sich für »günstig«. Das entsprach fast genau den »günstigen« 59 % für Ronald Reagan.

Mit dieser Statistik ausgerüstet – die Rivers natürlich der Presse landesweit zukommen ließ –, entschloß er sich, nach Waterbury zu fahren und Russo von Angesicht zu Angesicht gegenüberzutreten. In seinem Aktenkoffer hatte er Briefe, die für Jane sprachen, von Persönlichkeiten wie dem ehemaligen Sprecher des Repräsentantenhauses »Tip« O'Neill und von dem schwerbehinderten Kriegsveteranen Max Cleland, vordem Leiter des Amts für Veteranen und nun Secretary of State des Bundesstaats Georgia. Auch traf er Vorkehrungen, ein paar Kriegsteilnehmer, die auf Jane Fondas Seite standen, hinzuzuziehen.

Man rüstete sich also zum Kampf, und Russo mitsamt seinen Kohorten erwies sich als zäher Gegner. Sie organisierten Versammlungen, drohten mit Boykott und gewalttätigen Demonstrationen, falls mit den Aufnahmen begonnen würde. Bei einer Anhörung im Rathaus von Chicopee sagte ein Mann namens Steven Page: »Ich werde alles tun, um sie aufzuhalten, selbst wenn ich dabei hundertmal am Tag verhaftet werde.« Ein beinloser Veteran, Clayton Hough, warnte: »Jane, komm nicht hierher! Geh nach Hanoi! Geh, wohin du willst, aber komm nicht hierher!«

Aber Rivers' Truppen standen zum Gegenangriff bereit. Ein Vietnamkämpfer der Green Berets und ehemaliger Kriegsgefangener, James Jackson, stand auf und erklärte: »Das alles macht mich nur traurig. Miss Fonda ist eine große Künstlerin und eine wunderbare Frau. Sie gesteht ein, daß sie etwas Dummes gemacht hat. Ich habe als Kriegsgefangener in einem Käfig gelebt und gelitten. Wenn ich in meinem Herzen die Kraft zu vergeben finden kann, wieso sollten sich da andere darüber so aufregen!«

Fortan verschob sich der Kriegsschauplatz von einem Ort zum nächsten – von Chicopee nach Holyoke und an den Library Square von Waterbury. Russos Streitmacht wurde aus dem Feld geschlagen. Mitten in einer Veteranenversammlung von Fonda-Gegnern erhob sich ein Mann und sagte, er sei Charles Liteky aus Washington, D. C., Träger der Ehrenmedaille des Kongresses. (Er hatte die höchste militärische Auszeichnung der Nation erhalten, weil er, selbst schwer verwundet, als Kaplan der 12. Infanteriedivision in der vietnamesischen Provinz Bien Hoa zwanzig verwundete Soldaten gerettet hatte.) In ehrfürchtigem Respekt verstummten die anwesenden Veteranen, als Liteky sprach: »Natürlich war ich betroffen von Jane Fondas Protesten gegen den Krieg, als ich in Nam war, aber dann fühlte ich mich langsam von den Politikern und Geschäftemachern verraten, die den Krieg vorantrieben. Was nun die Sache betrifft, ob man Jane Fonda hierherkommen lassen soll: Weshalb sollte sie nicht kommen? Dafür habe ich doch gekämpft!«

Aber der entscheidende Schlag wurde von dem einheimischen Kriegsteilnehmer Brian Powell geführt. Er wandte sich direkt gegen Russo, der die Anti-Fonda-Kampagne angefangen und in die Öffentlichkeit getragen hatte, mit der Frage: »Wo war Guy Russo im Jahre 1970, als ich dem Verband der Veteranen im Ausland geführter Kriege in der Bank Street beitreten wollte und mit der Bemerkung zurückgewiesen wurde, Vietnam wäre kein richtiger Krieg? Guy Russo war nicht in Vietnam, und er hat nicht das Recht, für uns zu sprechen.«

Das geschah am 25. März 1988. Am selben Tage kündigte MGM an, daß der Film in Waterbury gedreht würde, obwohl fortgesetzte Proteste angedroht waren. Diese Schlacht hatte Steve Rivers gewonnen. Am 27. April lehnten die Ratsherren von Waterbury mit elf zu zwei Stimmen einen Beschluß ab, der jede Form von Willkommen für Jane Fonda, »ob symbolisch oder auf andere Art«, unterbinden sollte.

Am 18. Juni kam Jane Fonda per Flugzeug zu einer Begegnung mit sechsundzwanzig Vietnamveteranen in die St. Michael's Episcopal Church im nahe gelegenen Naugatuck, Connecticut. Die Presse blieb ausgeschlossen, aber der Vietnamveteran Reverend John McColley, der das Treffen leitete, erklärte, es habe dreieinhalb Stunden gedauert. »Es gab viel zu diskutieren und zu erklären«, berichtete McColley, »einige Männer haben sogar geweint. Miss Fonda gab zu, daß sie die andere Seite in romantischem Licht gesehen habe und daß das falsch war. Zu meinem Erstaunen waren sie und alle Männer am Ende des Treffens schließlich gute Freunde.« Einer der Bekehrten war Robert Genovese, Kommandeur der Veteranen der nach 1946 im Ausland geführten Kriege. Er sagte: »Auf keinen Fall kann man sechsundzwanzig wütenden Veteranen mit einer festlichen Oscar-Verleihung beikommen. Immerhin hat sich aber für uns in den letzten sechzehn Jahren allerlei geändert.« Jane meinte: »Ich glaube, wir haben viel voneinander gelernt. Das ging uns ziemlich nahe.«

Die Dreharbeiten in Waterbury begannen am 25. Juli. Zwei Tage davor kam Jane mit dem Auto aus New York, immer noch blaß und abgespannt von den anstrengenden Außenaufnahmen für *Old Gringo* in Mexiko. Von all den Tortillas, die sie gefuttert hatte, war sie allerdings um die Mitte herum ein bißchen stärker geworden und bat den Regisseur Martin Ritt sogleich, dem Produktionsleiter zu sagen, er solle eine Turnhalle für ihr Training und einen Park zum Joggen suchen. Ritt sagte »Okay« und ließ Jane schnell in einem für sie gemieteten Privathaus verschwinden. Von einer Blockade gegen ihre Ankunft war nichts zu spüren.

Allerdings zog eine Postenkette mit Plakaten »I'm not Fonda Hanoi Jane« auf, als die Aufnahmen vor dem Ziegelbau einer alten Knopffabrik in der South Main Street begannen; der Bau diente als Kulisse für die Bäckerei, in der Stanley arbeitet. Davor stand eine Kette von ungefähr fünfundzwanzig Leuten, und die machten einen Heidenlärm. Als sie sich gegen elf Uhr endgültig heiser geschrien hatten und versuchten, ihre Schilder in das Sichtfeld der Kamera zu stoßen, erschien die Polizei und verhaftete mehrere Protestierer, darunter Guy Russo, wegen Erregung öffentlichen Ärgernisses. Alle wurden später wieder auf freien Fuß gesetzt, nachdem sie sich verpflichtet hatten, die Dreharbeiten nicht mehr zu stören.

Danach änderte sich die Lage. Zum Teil war das dem reinen ökonomischen Interesse und dem verführerischen Zauber Hollywoods in der Stadt zuzuschreiben, die ansonsten wohl kaum je die Aufmerksamkeit des Showbusineß erregt hätte. Als das Besetzungsteam von MGM fünfhundert einheimische Komparsen suchte, meldeten sich zweitausend. Die eine Schlange zog sich mehrere Blöcke lang um das Mattatuck Museum herum, wo die Bewerber sich vorstellen mußten. Fünfzig Dollar pro Tag erhielten die Komparsen für ihre Arbeit – die in der Regel daraus bestand, herumzulaufen und, sofern sie Glück hatten, mit Jane Fonda und Robert De Niro in einem Bus zu sitzen und dergleichen.

Eine zweite Ursache mag Steve Rivers' ständiges »Abwiegeln« gewesen sein. Am 29. Juli traten sowohl Jane Fonda als auch De Niro bei einer Veranstaltung im nahe gelegenen Quassy Amusement Park zugunsten von behinderten Kindern von Kriegsteilnehmern auf, die in Vietnam dem Giftgas Orange ausgesetzt waren. Die neugegründete Organisation Vets Who Care (etwa: Veteranen, die sich um andere kümmern) war Sponsor der Veranstaltung; mehr als zweitausendfünfhundert Einwohner nahmen daran teil, und es wurden 27000 Dollar aufgebracht. Für den zusätzlichen Betrag von fünfzehn Dollar konnten sich Spender mit beiden Stars fotografieren lassen, und ungefähr vierhundert machten das. Ähnliches geschah, als etwa zweihundert Leute je fünfzig Dollar bezahlten, um an einer Veranstaltung im Mattatuck Museum zugunsten der »Freiwilligen aus Waterbury für die Alphabetisierung« teilzunehmen. Jane kennenzulernen war die einzige Attraktion des Abends; der Erlös betrug zehntausend Dollar.

Den dritten Grund für den Wandel in der Haltung Waterburys bildete Jane selbst. Sie aß in den Restaurants der Stadt, im No Fish Today und im Westside Lobster House; sie war zugänglich und freundlich und gab allen, die sie baten, Autogramme – besonders Kindern.

Am 8. August zeigte sich das überraschende Ergebnis von alldem. Vor dem Haus in Sycamore Lane, das als Iris' Haus im Film benutzt wurde, konnte man nur zwei entmutigte Demonstranten sehen. Die beiden Posten saßen niedergeschlagen im Gras und wurden von den über hundert Fans verdeckt, die hinter der Polizeiabsperrung standen und bei den Dreharbeiten auf der anderen Straßenseite zuschauten.

Auf der Grant Street beim Rathaus hätte man kaum glauben können, daß fast ein ganzes Jahr lang eine bittere Schlacht die Bevölkerung gespalten hatte. Die meisten Leute schienen sich in keiner Weise darum zu scheren, daß die Dreharbeiten noch im Gange waren. Aber über Jane Fonda wurde immer noch eine Menge geredet. Kim Washington schwärmte vor Begeisterung von dem Autogramm, das sie von der Schauspielerin erhalten hatte. Die Lehrerin Gina Pannone sagte: »Jane ist ein großes Idol.« Louie Marques, Eigentümer eines Cafés, genannt Jimmy's Charcoal Kitchen, meinte: »Jetzt glaube ich, der Film war eine gute Idee, bringt ein gutes Geschäft nach Waterbury.« Der zwölfjährige Michael ging noch weiter: »Das ist das Beste, was ich seit der Geburt meines kleinen Bruders erlebt habe.«

Doch einige Veteranen wie Frank Fabbri blieben unversöhnlich: »Wo gibt es heute noch Männer? Als ich jung war, hätte sich die Fonda nicht getraut, durch die Stadt zu fahren.« Aber andere waren nun geteilter Meinung. Frank McCarthy, früher Matrose in Vietnam, äußerte: »Ich kann ihr immer noch nicht verzeihen, doch wenn sie unserer Giftgas-Orange-

Kampagne hilft, hat sie meinen Respekt. Es wird Zeit, daß wir es dabei bewenden lassen, daß wir versuchen, diese ganze Energie auf etwas Positives zu konzentrieren.« Und der Teilnehmer am Zweiten Weltkrieg Frank Germinaro, der als Komparse im Film mitwirkte, sagte etwas, das sechs Monate zuvor in Waterbury undenkbar gewesen wäre: »Im Innersten besaß sie gute Absichten – jenem Teil der Welt Frieden zu bringen und unsere Männer nach Hause zu holen.«

Merkwürdig war bei dem ganzen Wirbel, daß alle Szenen, deren Dreharbeiten ich in Waterbury miterlebt habe, Außenaufnahmen waren – Häuser von außen und Leute, die hineingehen und herauskommen. Mit Toronto als Hauptdrehort hätten die Außenaufnahmen überall gedreht werden können, wo es aussah wie in Neuengland; seit langem wurden mehrere friedliche Fabrikstädte im Norden Kaliforniens zu diesem Zweck benutzt. Ein Star vom Range Jane Fondas hätte leicht um die Verlegung in einen Ausweichort bitten können, als sich die Unannehmlichkeiten in Waterbury zusammenbrauten. Aber sie hat es nicht getan. Vor Auseinandersetzungen drückt sie sich nie. Das ist der Grund, weshalb sie heute wahrscheinlich die einzige Filmschauspielerin ist, deren Biographie Nachforschungen – laut Gesetz über die Informationsfreiheit – in den Archiven solcher Regierungsbehörden wie des FBI und des CIA erfordert.

3

Diejenigen, die Jane Fonda alles andere als bewundern, sehen in ihr natürlich mehr die Provokateurin als das Opfer. Jack Lemmon erinnert sich daran, wie er mit Jane und Michael Douglas am *China-Syndrom* arbeitete. Einige Szenen wurden in einem konventionellen Kraftwerk gedreht, »dessen Schaltzentrale genau wie in einem Atomkraftwerk aussah«.

> Da standen eine Menge Werkleute mit Schutzhelmen herum, die uns beobachteten, und weil Michael und ich uns deutlich über die Gefahren der Atomenergie geäußert hatten, warfen uns die Behelmten allerlei schreckliche Dinge an den Kopf: »Kommunisten«, »Rote«, »Schwule«. Das war selbstverständlich vor Three Mile Island und Tschernobyl, so daß sie ihre Meinung vielleicht inzwischen geändert haben. Aber bei Jane, die immer das meiste von der Beschimpfung abbekam, vertreten sie jetzt noch denselben Standpunkt. Sie hat damals – und gelegentlich tut sie das noch heute – den widerwärtigen Sprechchor gehört: »Geh zurück nach Rußland, du Kommunistenfotze.«
>
> Das Großartige an Jane ist, daß sie ihnen, wie so häufig, einen Strich durch die Rechnung machte. Sie ging tatsächlich nach Rußland, aber aus einem Grund, der ihre Gegner total verwirrte. Sie bot der Sowjetregierung Trotz und kam unauffällig ins Land, um ausgerechnet eine Dissidentin zu retten.

Hier haben wir also die Lady der Widersprüche, wo sie am widerspruchsvollsten ist. Nachdem man ihr vorgeworfen hatte, die Kommunisten in Vietnam unterstützt zu haben, ließ sie sich nun im Mutterland des Kommunismus auf einen Kampf mit den Russen ein. Und das geschah lange vor Michail Gorbatschow und seiner versöhnenden Philosophie der Glasnost.

Die Wurzeln von Janes russischer Invasion reichen viele Jahre zurück – ironischerweise bis in die Zeit, als sie *Das China-Syndrom* drehte und die »Heimindustrie der Fonda-Hasser Amerikas«, wie sie es nennt, ihre Schimpfkanonaden über sie ergoß. Damals lernte sie durch ihren Mann den israelischen Konsul in Los Angeles Benjamin Navon kennen und fing an, sich mit der Notlage der Juden zu beschäftigen, die die Sowjetunion verlassen wollten, aber daran gehindert wurden. Als man sie fragte, warum sie, die typische WASP (d. h. weiße, angelsächsische, protestantische Amerikanerin), sich so um die sowjetischen Juden sorgte, antwortete sie: »Es geht um die Freiheit des Menschen. Aus demselben Grund haben Tausende von Weißen an den Märschen von Reverend Martin Luther King in den Südstaaten teilgenommen.«

Nach Aussage von Stephen Rivers begann sich Janes Engagement im Juli 1980 auf eine einzelne Person zu konzentrieren. »In jenem Sommer fuhren sie und Tom mit ihren beiden Kindern Vanessa und Troy nach Israel in Urlaub. Wie alle Touristen besuchten sie Yad Vashem, die schreckenerregende Gedenkstätte des Holocaust. Sie kamen wie alle erschüttert heraus und gelangten dann in einen kleinen Hof auf dem Gelände der Gedenkstätte. Dort wartete eine Gruppe von Frauen, um mit Jane zu sprechen. Sie nannten sich IWIN, die Abkürzung für Israelische Frauen für Ida Nudel. Eine der Frauen, Elana Friedman, war Ida Nudels Schwester.

Ida Nudel war die einzige weibliche Anführerin der Verweigerungsbewegung jüdischer Dissidenten in Rußland. Zu der Zeit saß sie in einem Gefängnis in Sibirien, als einzige Frau in Baracken voller sowjetischer Krimineller, darunter Häftlinge, die wegen Mordes, Vergewaltigung und bewaffneten Raubüberfalls verurteilt waren. Jane bat um weitere Informationen über Ida. Wenn sie etwas Schreckliches erfährt, trifft es sie immer erst im Innersten, und was sie hörte, ging ihr wirklich sehr nahe.

> Ida war eine schmächtige Frau, nur eins neununddreißig groß, doch offenbar voller Energie, wenn es um ihre Überzeugungen ging – der Typ Frau, zu dem sich Jane stets hingezogen fühlt. 1971 hatte Ida einen Ausreiseantrag gestellt, der von den Sowjets mit der Begründung abgelehnt wurde, sie sei Ökonomin und kenne zu viele Staatsgeheimnisse. Tatsächlich war sie nur mit Hygienepraktiken vertraut, mit denen sie als Buchhalterin im Ministerium für Mikrobiotik zu tun hatte – kaum eine Frage der nationalen Sicherheit.

Nach Jahren zurückgewiesener Eingaben hängte sie 1978 am Balkon ihrer Wohnung ein Plakat mit der Aufschrift auf: »KGB – Gebt mir mein Visum!« Dafür wurde sie verhaftet und wegen Rowdytums vor Gericht gestellt; das Urteil: vier Jahre Schwerarbeit im sibirischen Gefängnis Kriwoscheino. Daß sie den sowjetischen Beamten ein ständiger Dorn im Auge war, blieb unerwähnt. Bekannt als »Schutzengel« der Verweigerungsbewegung, hatte sie ein unglaubliches Nachrichtensystem aufgebaut und wußte von jedem jüdischen Dissidenten, in welchem Gefängnis er saß. Sie schmuggelte Nahrungsmittelpakete zu ihnen und schrieb ihnen Briefe, die sie durch die Zensur bekam, weil sie die Dinge, auf die es ankam, als einzelne hebräische Wörter unter unverfängliche russische Sätze mischte. Der berühmteste Dissident, Anatoli Scharanski, sagte: »Sie war unglaublich, die Hauptverbindung zwischen den Gefangenen und ihren Familien, in vielen Fällen die einzige Quelle ihrer Hoffnung und Zuversicht.«

Als Jane Fonda das hörte, engagierte sie sich voll und ganz in der Kampagne zur Befreiung Ida Nudels. Natürlich bestand keine Möglichkeit, mit Ida Nudel direkt Kontakt aufzunehmen, aber sie schrieb ihr über die Schwester Elana, die 1972 nach Israel ausgereist war. Ganze Ladungen von Briefen sandte Jane an Kongreßabgeordnete, damit sie Druck auf die Sowjetregierung ausübten, und sie bombardierte die russischen Behörden selbst mit Briefen – die alle unbeantwortet blieben. Sogar an 10 000-Meter-Rennen beteiligte sich Jane, mit einem Plakat für die Fernsehkameras: »Befreit Ida Nudel!«

Schließlich faßte Jane 1984 den Entschluß, etwas Handgreiflicheres zu unternehmen. Inzwischen hatte Ida ihre vier Jahre in Sibirien abgesessen, lebte aber unter strenger Aufsicht in der kleinen Stadt Benderi im sowjetischen Moldawien an der rumänischen Grenze. Elana teilte Jane mit: »Wenn eine berühmte Persönlichkeit Ihres Ranges in die Sowjetunion käme, um meine Schwester zu besuchen, würde das Ida eine Art von Schutz vor den Schikanen der Behörden geben und es ihr womöglich erleichtern herauszukommen.«

Jane meinte: »Ich war mir nicht sicher, ob das Zweck hätte. Würden sie mich überhaupt einreisen lassen? Und falls sie das täten, ich aber nicht einmal zu Ida fahren dürfte, wozu dann der ganze Aufwand?«

Steve Rivers trieb ihr alle Zweifel aus. Er sagte, er würde mitfahren und sie würden einen befreundeten Rechtsanwalt mitnehmen, der sich mit dem sowjetischen Recht auskannte, Marshall Grossman. Zu Jane sagte Rivers: »Vergiß nicht, daß einige deiner Filme in Rußland weit verbreitet sind und sie sich besonders an den *Blauen Vogel* (*Bluebird*) erinnern, den du dort gedreht hast.« (Das war eine russisch-amerikanische Koproduktion mit Elizabeth Taylor, Ava Gardner, Jane

Fonda und anderen, aufgenommen größtenteils in Leningrad, Moskau und Umgebung.) Rivers berichtete weiter:

Jane sagte: »Okay, schießen wir los«, und sie, Grossman und ich beantragten bei Anatoli Mischkow, dem sowjetischen Generalkonsul in San Francisco, die Visa. Mischkow ist ein ziemlich gemütlicher Kerl, aber unsere Anträge machten ihm offensichtlich zu schaffen. Er sagte: »Bitte, tun Sie das nicht. Das wird Ida Nudel nicht helfen.« Jane antwortete ihm: »Das einfachste ist, die Frau herauszulassen, dann brauche ich nicht hinzufahren.« Das Argument bewirkte nichts in der Richtung, aber wenige Wochen danach bekamen wir die Visa. Warum? Ich weiß es nicht. Bei diesen Burschen weiß man nie, woran man ist. Sie sagten kein Wort dazu, daß wir Ida Nudel aufsuchen wollten, auch nichts von einer Erlaubnis, nach Benderi zu fahren. Sie gaben uns ganz einfach Touristenvisa – als ob wir uns bloß Moskau und die Weinberge bei Kischinjow ansehen wollten, der Hauptstadt Moldawiens.

Am 24. April 1984 flogen sie nach Moskau. Rivers fuhr fort:

Wir hatten ein paar Stunden Aufenthalt. Einer unserer Kontaktleute vom US State Department hatte uns gesagt, wir sollten eine Verabredung mit einem Mann namens Rudolf Kusnezow treffen, dem Leiter der sowjetischen Ausreisebehörde. Wir hatten keine Zeit, uns vorher bei ihm anzumelden, also bahnten wir uns einfach den Weg in sein Büro. Das sind die Sowjets nicht gewöhnt, und es gab schließlich ein heftiges Wortgefecht im Empfang. Den Lärm muß Kusnezow gehört haben, denn er kam schließlich herunter und sprach mit uns im Foyer. Zuerst sagte er, er würde nur mit Miss Fonda sprechen, aber sie sagte: »Ich bestehe darauf, daß Sie mit uns allen dreien reden.« Sie wissen ja, wie sie ist, wenn ihr Gesicht diesen entschlossenen Ausdruck annimmt und ihr Haar hin und her schwingt. Kusnezow sah aus, als verliere er die Fassung, und sagte: »*Da.*«

Eine Dreiviertelstunde sprachen wir mit ihm und kamen in der Angelegenheit von Ida Nudels Ausreise nicht voran. Aber das Treffen erreichte ein Ziel: Wir hatten für Aufsehen gesorgt. Und wie wir später erfuhren, ging das wie ein Lauffeuer durch die russischen Amtsstuben.

Am nächsten Morgen flogen wir nach Kischinjow. Wir besaßen Visa für Kischinjow, aber nicht für Benderi, wo Ida lebte. Wir haben uns bemüht, Verbindung mit ihr aufzunehmen, aber ihr hatte man kein Telefon genehmigt. Idas Schwester hatte uns gesagt, wir sollten versuchen, sie über den Apparat eines freundlichen Nachbarn namens Rueck zu erreichen. Aber wir merkten bald, daß Ruecks Telefon einen Tag zuvor von den Behörden abgeschaltet worden war. Völlig entmutigt blieben wir darauf angewiesen, mit unseren Dolmetschern von Intourist zu sprechen. Ich weiß nicht, ob sie von unserer Absicht Wind gekriegt hatten oder ob sie einfach dämlich waren. Andauernd versuchten sie, uns einen Ausflug in »diese liebliche Weingegend« einzureden, mit Weinproben genau wie im Napa Valley von Kalifornien. Erschöpft zog sich Jane auf ihr Zimmer zurück, um sich ein bißchen auszuruhen.

Rivers und Grossman standen an der Rezeption des Hotels Kischinjow, als plötzlich eine Stimme hinter ihnen auf englisch mit leichtem Akzent fragte: »Entschuldigen Sie, sind Sie Steve Rivers und Marshall Grossman?« Sie blickten herunter und erkannten nach den Fotos sofort die zierliche Ida Nudel. Es gab ein langes Händeschütteln und Küsse, und Ida berichtete, wie sie es auf ihre unerklärliche Weise fertiggebracht hatte, einen Bus von Benderi zum Flughafen von Kischinjow zu besteigen, trotz der ständigen Bewachung durch den

KGB. Und dann, als sie die Amerikaner am Flughafen verpaßt hatte, war sie zu dem Hotel gekommen, wo sie wohnen sollten, wie sie durch ihren geheimnisvollen Nachrichtendienst erfahren hatte. Rivers sagte: »Wir müssen Jane wecken. Kommen Sie mit uns auf ihr Zimmer.«

Jane fuhr mit der Geschichte fort:

Ich habe das Klopfen an der Tür gehört, und ich hörte Steve sagen: »Komm mal lieber raus zu uns.« Ich warf mir was über und öffnete die Tür. Zuerst konnte ich gar nichts sehen, denn so klein Steve auch ist, wurde die winzige Dame von ihm halb verdeckt. Dann wußte ich Bescheid. Die zierliche Frau rief mit überraschend kräftiger Stimme: »Jane! Endlich! Jane!« Ich schlang meine Arme um sie, und wir drückten uns. Das war ein bewegender Augenblick.

»Und ob das ein bewegender Augenblick war!« sagte Rivers. »Hier waren wir, gekommen auf den Flügeln der Hoffnung und mit einem Gebet, immer noch geschafft von der zwölfstündigen Zeitumstellung. Die haben nie gesagt: ›Ja, Sie können sich mit ihr treffen.‹ Die haben uns kein Visum für ihre Stadt erteilt. Wir hatten nie mit ihr telefonieren können. Und doch, da stand sie – nach all den Jahren, wo wir sie bloß vom Papier her kannten.«

An dem Abend nahmen sie alle das Dinner in dem höhlenartigen Speiseraum des Hotels Kischinjow ein, wobei Idas KGB-Schatten trübselig am Nachbartisch saß. Die nächsten drei Tage verbrachten sie in Idas kleinem Haus in Benderi, ungefähr eine Autostunde entfernt – Jane hatte ganz dreist um einen offiziellen Personenwagen von Intourist samt Fahrer gebeten, um dorthin zu gelangen. Idas Hütte besaß zweieinhalb Räume, kein warmes Wasser, in der Küche, so groß wie ein Einbauschrank, nur eine Gasflamme zum Kochen und eine Außentoilette – die Jane wenig begeistert benutzte.

Jane kam auf die Idee, in Benderi auf die Post zu gehen, um ein Telegramm an Generalsekretär Tschernenko in Moskau zu senden, in dem noch einmal Ida Nudels Ausreise verlangt wird. Das verursachte auf dem Postamt eine absolute Panik. Der Leiter des Postamts erklärte Rivers: »Wir befördern hier keine Telegramme an den Genossen Generalsekretär«, doch nach längerem Zureden konnte sie es abschicken. Inzwischen hatten die Leute Jane erkannt, und sie kamen auf die Post, um Jane anzustarren, die Ida um mehr als einen Kopf überragte; danach betrachteten sie wiederum Ida mit neugewecktem Respekt. Der KGB-Mann schaute immer noch verbiestert zu.

Der zweite Tag, ein Freitag, war Idas dreiundfünfzigster Geburtstag, und sie feierten ihn mit einem Kuchen, den Jane bei einem Bäcker in der Stadt gekauft hatte. Jane schenkte Ida eine Halskette aus Israel, und Ida erwiderte das Geschenk mit einer Korallenkette, die ihrer Mutter gehört hatte. Für die beiden kleinen Kinder von Rueck, dem Nachbarn, dessen Telefon gesperrt worden war, um Ida von der Außenwelt isoliert zu halten, kaufte Rivers Spielzeug. »Wir redeten Stunden über Stunden«, sagte Jane.

In einem späteren Interview für das Magazin *Moment*, das von den amerikanischen Organisationen zur Rettung sowjetischer Juden herausgegeben wurde, legte Jane ausführlich dar, worüber sie und Ida sich unterhalten hatten. Einige wesentliche Ausschnitte daraus:

Fonda: Ida, was passierte nach deiner Verhaftung?
Nudel: Ich wurde verurteilt. Man sperrte mich in ein Moskauer Gefängnis. Dort war ich ungefähr zwanzig Tage inhaftiert. Danach war es furchtbar. Ich wurde in einen Zug gesteckt, und wir wurden von einem Gefangenenlager zum anderen gebracht; jede Stadt hatte ein Gefängnis. Wir wurden immer drei Tage in einem

Gefängnis gehalten, und dann schickten sie uns wieder mit einem anderen Zug weiter, und so weiter, immer nach Osten, nach Osten…

Fonda: Was passierte, als du nach Kriwoscheino kamst?

Nudel: Ich trug einen kleinen Sack bei mir, in dem ich meine Kledage und etwas zu essen hatte. Wenn ein Gefangener neu eintrifft, erhält er Decke und Mantel, Kleidung und ein Kissen. Das war zu schwer für mich, und ich war langsam. Die Polizistin sagte, ich mache zu langsam. Ich sagte: »Ich kann nichts dafür. Schlagen Sie mich.« So was hatte noch keiner zu ihr gesagt. Sie nahm meinen Sack und trug ihn … Später wurde ich von kriminellen Kindern geschlagen, und man gab mir Rattengift…

Jane fragte Ida dann nach den Lebensbedingungen im sibirischen Lager. Ida Nudel antwortete, sie sei die einzige Frau in den Männerbaracken gewesen. Die meisten waren Kriminelle; ihre Arbeit bestand darin, Sümpfe trockenzulegen. »Sie arbeiteten immer fünf Tage«, erzählte sie, »und zwei Tage waren sie in den Baracken, tranken sich voll und wollten mich vergewaltigen. Ich befand mich in einem kleinen Raum, wo ich Schriftkram erledigte. Als sie hereinkamen, um mich zu vergewaltigen, sagte ich zu ihnen: ›Ihr seid menschliche Wesen, ich spreche zu euch als Menschen!‹« Indem sie beharrlich auf diese Art auf sie einredete, bekam sie die Männer irgendwie so weit, sie in Ruhe zu lassen.

Als Tierliebhaberin ging Jane die Geschichte sehr zu Herzen, wie Ida zu einem Hund gekommen war, einem jungen Collie, dessen russischer Name »Freundliche Augen« bedeutet.

Fonda: In Kriwoscheino ging sie manchmal außerhalb des Gefängnisses durch die Stadt spazieren. Sie müssen wissen, dort gibt es kein Fernsehen, keine Filme; in dieser sibirischen Stadt haben die Kinder kaum eine Abwechslung. Deshalb ist ein Hund zum Spielen etwas Wunderbares. Und sie ließ die Kinder nach der Schule mit ihrem Hund spielen ... Nun, wissen Sie, den Bewohnern der Stadt war eingetrichtert worden, sie zu hassen. Ihnen wurde buchstäblich erzählt, diese Frau sei der leibhaftige Teufel.

Aber die Kinder spielten immer mit dem Hund, jeden Nachmittag; sie konnten es kaum erwarten. Und nach und nach, so erzählte Ida, fingen erst die Kinder an, sie anzulächeln, so daß es nicht nur die freundlichen Augen des Hundes gab, sondern auch die freundlichen Augen der Kinder. Und dann, erzählte sie, wie die Monate so vergingen, begann sie auch in den Augen der Eltern erste Anzeichen von Freundschaft zu erkennen.

Interviewer: Und warum nahm Ida all das auf sich?

Fonda: Um frei zu sein, um ihre Religion ausüben zu können und um dort zu leben, wo sie leben wollte. Das gleiche wollte sie für die anderen Dissidenten erreichen.

Interviewer: Und Sie, warum haben Sie das alles auf sich genommen?

Fonda: Ich kann meine Augen nicht davor verschließen, daß in der Sowjetunion Menschenrechte verletzt werden.

Fonda, Rivers und Grossman verließen Moskau am 27. April 1984. Inzwischen war das ganze Land von der Nachricht in Aufregung versetzt, daß der Filmstar Jane Fonda in Benderi gewesen war und daß sie sogar den Staatschef Tschernenko telegrafisch um eine Audienz in Sachen Ida Nudel gebeten hatte.

Steve Rivers erklärte:

Am Flughafen wollten sie uns aufhalten, indem sie darauf bestanden, daß Jane noch am gleichen Tage bei einem Lunch der Moskauer Filmgesellschaft spricht. Sie wußten, daß ich einen amerikanischen Reporter angerufen hatte, er solle am Moskauer Flughafen ein Interview mit Jane machen. Dann versuchten sie uns hinzuhalten, indem sie uns mitteilten, unser Gepäck sei nicht da. Als ich sagte, ich würde hinuntergehen und es selbst suchen, erschien das Gepäck in weniger als einer halben Minute auf dem Förderband.

Jedenfalls machten wir das Interview und flogen ab nach Paris und weiter nach New York. Von da an ereigneten sich einige erstaunliche Dinge. Jane und Ida konnten direkt miteinander korrespondieren, und Ida berichtete Jane, daß alle Schikanen in Benderi und sogar in Moskau vollständig aufgehört hatten.

Am 3. Oktober 1987 – das war, vielleicht zufällig, der Vorabend von Jom Kippur – erhielt Ida plötzlich einen Anruf von Rudolf Kusnezow. Das war derselbe Kusnezow, Leiter der sowjetischen Ausreisebehörde, zu dessen Büro wir uns am ersten Tag in Moskau durchgekämpft hatten. Kusnezow informierte Ida, die auf Urlaub in Moskau war: »Sie bekommen Ihr Ausreisevisum. Fahren Sie schnellstens nach Benderi zurück, und füllen Sie die Formulare aus.« Als Jane die Nachricht an ihrem Drehort in Mexiko erhielt, brach sie in Tränen aus.

Am 16. Oktober 1987 traf Ida Nudel an Bord eines privaten Jets, der dem Industriellen Armand Hammer gehörte, in Israel ein. Zu ihrer Begrüßung stiegen der israelische Premierminister, der Außenminister, ein Schwarm anderer Offizieller, Schwester Elana und ihre Familie in die Maschine. Am Fuße der Gangway standen Jane Fonda und Tom Hayden, beide auf besondere Einladung nach Israel gekommen. Ida wäre beinahe die Stufen hinabgestürzt, so eilig hatte sie es, Jane zu begrüßen. Jane schloß sie in die Arme, hob die zierliche Frau hoch und schwenkte sie herum. Und Ida wiederholte immer wieder dieselben Worte, die sie bei ihrem ersten Zusammentreffen in Kischinjow gesprochen hatte: »Jane! Endlich! Jane!«

4

Der erstaunlichste von Jane Fondas Widersprüchen ist, daß sie immer stark erschien, selbstbewußt und absolut Herrin des eigenen Schicksals. Von ihrer Erscheinung auf der Leinwand und in der Öffentlichkeit her konnte man nicht ahnen, daß sie süchtig war. Und doch war sie das – dreiundzwanzig Jahre lang, einschließlich der umstrittensten Phase ihres Lebens. Sie war nicht von Alkohol oder Drogen abhängig. In einem bemerkenswerten Interview mit dem Schriftsteller Leo Janos im *Cosmopolitan* von 1985 gestand sie zum erstenmal, daß sie ein Opfer der Bulimie gewesen war, die nach ihren eigenen Worten »eine ebenso ernste Sucht ist wie die nach Alkohol und Drogen; sie hat mein Leben fast zerstört«.

Was steckt hinter dieser Krankheit, bekannt als Bulimie und oft bezeichnet als Eß-Brech-Syndrom? Bulimiker machen Phasen durch, in denen sie sich vollstopfen und sich danach zum Erbrechen zwingen, um sich von der ungeheuren Nahrungsmenge zu befreien, die sie gerade zu sich genommen haben. Die medizinische Zeitschrift *Development Disorder* schreibt:

> Die an Bulimie Leidenden haben eine tödliche Angst, dick zu werden ... Die Nahrungsmittel, die die Bulimiker wählen, sind so beschaffen, daß sie sie schnell zu sich nehmen können. Sie schlingen sie hinunter, ohne viel zu kauen, in kürzester Zeit, und dann suchen sie sich neue Nahrung. Eine typische Freßladung kann aus zwei Paketen Cookies und einem Laib Brot, vier Litern Milch und zwei Litern Eiskrem und mehreren Handvoll Konfekt und

Torte bestehen. Den Bulimikern ist schmerzlich bewußt, daß ihre unkontrollierte Eßweise anomal ist, aber sie können damit nicht aufhören. Oft befallen sie Ekel, Hilflosigkeit und Panik ... Der Eß-Brech-Zyklus kann sich in der Woche bis zu dreißigmal wiederholen.

Bulimiker haben periodenweise Depressionen und Angst wie auch Schuldgefühle wegen ihrer Unfähigkeit, sich zu beherrschen. Ihre kostspieligen Eß-Brech-Anfälle ziehen sich über Stunden hin, so daß sie sich nur begrenzt in der Gesellschaft bewegen können, und ihre finanziellen Mittel schmelzen dahin. Viele Kranke neigen auch zum Selbstmord ... Man schätzt, daß in den USA mehr als fünf Millionen Menschen an Bulimie leiden, meistens Frauen, die sich wenigstens einmal die Woche vollstopfen und danach erbrechen und am Tag mehr als 100 Dollar für Lebensmittel ausgeben. Die Verbreitung der Bulimie läßt sich nur schwer schätzen, weil das Essen und Erbrechen nicht öffentlich geschieht, sondern heimlich. Die schuldbewußten Opfer verbergen ihre Erkrankung so sorgfältig, daß die Menschen, mit denen sie zusammenleben, es vielleicht gar nicht bemerken ... Abschließend muß festgestellt werden, daß man kaum eine wirksame Behandlung der Bulimie kennt, was auf unser ungenügendes Verständnis dieser Erkrankung zurückzuführen ist.

Als Kind zeigte Jane viele Symptome, die darauf hindeuteten, daß sie zur Bulimie neigte, aber diese ernste Krankheit war damals noch viel weniger erforscht. Ihr Pate, der großartige Regisseur Joshua Logan, berichtete mir: »Als Jane klein war, habe ich nie begriffen, warum sie sich für dick hielt, wo sie doch genau dieselben Maße hatte wie andere junge Mädchen ihres Alters. Selbst als ich sie für ihren ersten Film engagierte, *Je länger – je lieber* (*Tall Story*), und wir sie für die Werbefotos zurechtmachten, sagte sie: ›Nein, ja nicht! Im Gesicht sehe ich aus wie ein Eichhörnchen mit einer Nuß in jeder Backe.‹ Ich erklärte ihr, sie sei verrückt und sie wäre im Gesicht schmaler als Lauren Bacall; die Fotos haben wir sowieso gemacht.«

Als sie fünfundzwanzig Jahre später aus ihrer selbstgewählten Klausur kam und von Leo Janos interviewt wurde, bedurfte es gehörigen Muts und vieler Tränen, bevor sie aus eigenem Antrieb »den Alptraum, der mich fast das Leben gekostet hat«, offenbarte. Janos gegenüber äußerte sie:

> Dreiundzwanzig Jahre Todesängste. Das ist etwas, worüber ich niemals spreche, niemals. Und der einzige Grund, aus dem ich es jetzt tue, ist, daß diese Krankheit ungeheure Ausmaße angenommen hat. Zwanzig bis dreißig Prozent der amerikanischen Frauen leiden gegenwärtig daran. Die Bulimie wird ihr Leben zerstören. Ich weiß das.
>
> Es begann, als ich zwölf war, im Internat. Es fing an wie ein Jux. Ich aß gerne, aber ich wollte wunderbar dünn sein. Es hat nicht lange gedauert, bis ich mich in einem ernsten Zustand von Bulimie befand – ich aß und erbrach mich fünfzehn- bis zwanzigmal am Tage. Man ißt und schwebt in einer tollen Euphorie, dann sinkt der Blutzucker ganz tief, so daß man das Verlangen nach mehr Essen bekommt, und so wiederholt sich das Essen und Erbrechen in einem endlosen Kreislauf. Ich habe buchstäblich den Kühlschrank leer gefressen. Jeden Tag brachte ich die meiste Zeit damit zu, entweder ans Essen zu denken, einkaufen zu gehen oder mich vollzustopfen und zu erbrechen. Es ist nicht nur eine Sucht, sondern es schwächt auch ungeheuer. Ständig bringt man sein chemisches und elektrolytisches Gleichgewicht durcheinander.

Wie hat Jane das vor der Familie und den Freunden verheimlicht? Im Hause der Fondas ging es locker zu. So nebenbei füllte das Dienstpersonal den von zwei vermeintlich gesunden Kindern, Jane und ihrem drei Jahre jüngeren Bruder Peter, geplünderten Kühlschrank immer wieder auf. Eine Schulfreundin, Carole Peterson, jetzt von Beruf Psychoanalytikerin, hat auch nichts bemerkt: »Jane hat viel gegessen, wie wir alle. Dann verschwand sie im Badezimmer und kam zurück, um noch etwas zu essen. Damals haben wir uns nicht darum gekümmert, was die Leute im Badezimmer machen.«

Jane sagte, es sei schwieriger, die Bulimie zu überwinden, als von Alkohol oder Drogen loszukommen, »weil das Essen zum Leben gehört«. Sie hat nie viel Gewicht verloren, sah statt dessen aber abgehärmt aus und war gewöhnlich deprimiert, schlapp, leicht reizbar, teilnahmslos und feindselig. Sie bezeichnet die Bulimie als ein antisoziales Leiden: »Du willst nicht mehr weggehen, du kriegst nichts fertig, weil du jeden Tag eine unwahrscheinliche Menge Zeit dafür brauchst. Du kaufst Fressalien ein, schleppst sie nach Hause, verdrückst sie und bringst sie wieder raus. Und du mußt schlafen. Du bist viel zu müde, um irgendwas zu tun; also bleibt alles andere auf der Strecke. Einige Frauen geben der Bulimie nur zeitweilig nach. Ich machte es gründlich.«

Das ist schon ungeheuerlich. Dr. Strickland schreibt: »Schwere Störungen der Chemie des Körpers, hervorgerufen durch wiederholtes Erbrechen, können schwerwiegende Herzrhythmusstörungen und sogar Herzstillstand verursachen.« Allein in den Vereinigten Staaten sehen mehr als drei Millionen Bulimiker (90 % davon Frauen) dieser bitteren Aussicht entgegen. Aber Dr. Strickland befaßt sich auch mit den psychischen Zerstörungen: »Während um die Kranke herum die Veränderungen und Konflikte der Welt toben, sucht sie tatsächlich Zuflucht in ihrem Eßleiden. Es ist eben leichter, mit Essen, Kalorien und Kleidergrößen zurechtzukommen. Das ist eine sehr gefährliche Form, mit etwas zu Rande zu kommen, weil es zunehmend süchtig macht.«

Und es bleibt noch etwas anderes anzumerken, das auf Jane Fondas Fall besonders zuzutreffen scheint. Die Bulimikerin versucht, ihr Leben eher nach dem Vorbild des Vaters zu gestalten als nach dem der Mutter. Nach Meinung von Susan Wooley von der University of Cincinnati kommt es regelrecht zu einer Form von Sozialverhalten, das den weiblichen Körper ablehnt. Im Endeffekt läuft das auf die Leugnung der Fraulichkeit hinaus.

Einigen Bulimikerinnen kann die Psychotherapie helfen; einige entwachsen dem Leiden, je älter sie werden; andere gehen daran kaputt und stellen sich die gleiche Frage, die sich Alkoholiker bei der Entziehung vorlegen: »Will ich leben oder will ich sterben?« Viele haben sich mit Erfolg selbst geheilt.

Bei Jane Fonda scheint es sich um eine Kombination aller drei Möglichkeiten gehandelt zu haben. Nachdem ihre Bulimie die turbulentesten Jahre ihres Lebens über angehalten hatte – kaputte Beziehungen zu Männern, falsche geschäftliche Entscheidungen, die übertriebene Rastlosigkeit als politische Streiterin –, begann sie tatsächlich, ihr zu entwachsen; aber sie wußte, daß sie Hilfe brauchte. Zunächst versuchte sie es mit der Psychoanalyse, aber das funktionierte bei ihr nicht. »Wenn ich so zurückdenke«, sagte sie, »dann war das nicht der richtige Psychiater. Ich glaube, Frauen sollten zu einer Psychiaterin gehen, und sie würden vermutlich am meisten von einer Gruppentherapie mit anderen Bulimikerinnen profitieren, gemeinsam mit Frauen, die dieselben Höllenqualen ausstehen.« Es gibt Anzeichen dafür, daß Jane wirklich so eine Art Gruppentherapie half – und ihr vielleicht noch immer hilft. 1987 wurde berichtet, daß sie heimlich Patientin des McLean's Hospital in Belmont, Massachusetts, war, wo es eine Abteilung für Eßgestörte gibt.

Aber der endgültige Anstoß kam schließlich, als sie sich in abgewandelter Form die Frage »Will ich leben oder sterben?« vorlegte. Das geschah im Jahre 1973. Sie hatte Tom Hayden geheiratet und war schwanger mit ihrem zweiten Kind, dem gemeinsamen Sohn Troy. »Was mich letztendlich veranlaßt hat, damit aufzuhören, war die Erkenntnis, daß mir das Leben etwas bedeutete und daß ich mich entscheiden mußte, entweder eine gute Mutter und Ehefrau zu sein oder eine Bulimikerin. Meiner Tochter Vanessa war ich keine so gute Mutter, wie ich es sein wollte. Wie hätte ich das sein können? Ich war ja mit essen beschäftigt.«

Nachdem sie den Entschluß gefaßt hatte, hörte sie schlagartig damit auf, sich vollzustopfen und zu erbrechen. Das war harte Arbeit, etwa so, wie wenn ein Alkoholiker eine radikale Entziehungskur macht und sich total abquält. Sie mußte wieder lernen zu essen, ganz von vorn wie ein Kind. »Ich mußte da schrittweise herangehen, denn ich hatte jede Vorstellung davon verloren, wie man normal ißt.« Die reichen Kohlehydrate, die Bulimikerinnen so gern haben, versagte sie sich gänzlich und begann eine gesunde Lebensweise mit drei kleinen Mahlzeiten pro Tag, meistens Gemüse, in einer schüsselartigen Pfanne ohne tierisches Fett kurz gedünstet – noch heute für sie das übliche Essen. Sie mußte auch den ständigen Drang zu erbrechen bekämpfen, der seltsamerweise eine Bulimikerin in euphorische Stimmung versetzt. Um ihre Furcht, sie könne ohne das Erbrechen dick werden, zu überwinden, konzentrierte sie sich immer mehr auf körperliches Training, um abzunehmen – was schließlich zu ihren Fitneßunternehmungen führte. Mit jedem Tag und jeder Woche klang das alte bulimische Verlangen immer mehr ab. Ihr Mann bemerkte nichts von dem titanischen Kampf in Janes Brust; er wunderte sich einfach nur, wieso sie weniger Appetit hatte, freute sich aber darüber, daß ihre Niedergeschlagenheit verschwand.

In weniger als einem Jahr hatte Jane den Kampf gewonnen. »Eines Tages, es war 1974, sagte ich zu mir: ›Mann, ich glaube, ich habe den Teufel in die Pfanne gehauen. Gott sei Dank! Das ist schon ein ganz anderes Gefühl – ohne Bulimie.‹ An dem Tag habe ich mich hingesetzt und mich über eine ganz normale Mahlzeit gefreut. Ich habe jetzt viel an Lebensqualität für mich zurückgewonnen. Das soll mir nicht wieder passieren!«

Vielleicht spürt Jane von Zeit zu Zeit noch das Verlangen wie früher, aber jetzt scheint sie zu wissen, wie sie damit fertig wird, »dank der Fortschritte in der Kenntnis dieser Krankheit, über die zuvor nichts bekannt war«.

Wenn man auf ihre bulimische Zeit mit all der unerträglichen körperlichen Schwächung und seelischen Belastung zurückblickt, muß man sich aufs neue über diese Lady der Widersprüche wundern. Während dieser Zeit drehte sie einige ihrer schlechtesten Filme, aber dazwischen einige ihrer besten – *Nur Pferden gibt man den Gnadenschuß* (ihre erste Oscar-Nominierung) und *Klute* (*Klute*, ihr erster Oscar).

5

Ich will ja keine Wald-und-Wiesen-Psychologie treiben, aber man muß sich schon fragen, ob die Wurzeln dieser Widersprüche, etwa auch der Bulimie, nicht darin lagen, was Jane selbst als »eine ziemlich gemischte Kindheit, bar großer Liebe« beschrieben hat.

Sie wurde am 21. Dezember 1937 im Doctor's Hospital in New York City geboren. Das ergab sich so, weil der Vater an die Ostküste der USA gekommen war, und zwar zu den Proben für ein neues Broadway-Stück, *Blow Ye Winds* von Valentine Davies. Im Oktober lief es an und wurde sogleich wieder abgesetzt, gerade zwei Monate vor Janes Geburt. Ihre Mutter war Frances Seymour, Henrys zweite Frau. Seine erste Frau war Margaret Sullavan gewesen, die danach den berühmten Agenten Leland Hayward heiratete und die Mutter von Brooke Hayward wurde, später eine von Janes besten Freundinnen. Für ein Kind kann ein derartiges Heiratsdurcheinander total verwirrend sein. Jane erinnert sich daran, daß sie Brooke manchmal Fragen stellte wie: »Was hat deine Mutter gemacht, wenn mein Vater von der Arbeit nach Hause kam und nicht mit ihr reden wollte?«

Fonda – die Freunde nannten ihn Hank – verdiente als Schauspieler in Hollywood gut, war aber noch kein ausgewachsener Superstar. Die glorreichen Tage von *Die Früchte des Zorns* (*The Grapes of Wrath*) und *Keine Zeit für Heldentum* (*Mister Roberts*) lagen noch vor ihm. Für Fox hatte er *Der Farmer nimmt sich eine Frau* (*The Farmer Takes a Wife*) und für Paramount *Kampf in den Bergen* (*Trail of the Lonesome Pine*) gedreht, aber auch solche unbedeutenden Streifen wie *Der Verschwender* (*Spendthrift*) und den verhängnisvoll unentschlossenen Film *Blockade* (*Blockade*) über den Spanischen Bürgerkrieg, bei dem es dem Zuschauer schwerfiel, zu sagen, wer gegen wen kämpft und in welchem Land. Um die Zeit von Janes Geburt arbeitete Hank für Warner Brothers und war unglücklich dort, weshalb er gelegentlich Ausflüge zurück auf die Broadway-Bühne unternahm.

Die Fondas führten ihre Abstammung auf einen berühmten adligen italienischen Rebellen aus dem 14. Jahrhundert zurück, dessen Nachkommen 1642 nach Holland fliehen mußten. Janes Mutter besaß eine ebenso illustre Herkunft – ihre Familie behauptete, von Jane Seymour abzustammen, einer der nicht hingerichteten Frauen Heinrichs VIII. Jane erhielt den Namen Jane Seymour Fonda und wurde als Kind von ihrer Mutter und allen anderen »Lady Jane« gerufen. Hank Fondas Einkünfte aus seinen Filmen machten ihn reich, aber Frances Seymour *war* schon reich. In erster Ehe hatte sie mit vierundzwanzig Jahren einen älteren, aber äußerst begüterten Industriellen und Ex-Kongreßabgeordneten namens George Brokaw geehelicht (mit achtundzwanzig war sie bereits Witwe), der vorher mit Clare Boothe verheiratet war, welche später mit dem Verlegerzar Henry Luce von Time, Inc., die Ehe schloß. So waren in jenen Tagen die Heiratssitten bei der Elite von Hollywood und New York. Eine andere Sitte war das Saufen. George Brokaw starb an einem Herzanfall in einem Sanatorium, wohin er zu einer Entziehungskur geschickt worden war (was als »Austrocknen« bezeichnet wurde).

Nur wenige Wochen nach ihrer Geburt kam die kleine Jane mit ihren Eltern nach Los Angeles. Damals hatten Frances und Hank ein kleines Haus am Chadbourne Drive in Brentwood gemietet, einem wohlhabenden Vorort westlich von Hollywood und nicht allzu weit vom Pazifik entfernt. Dort wohnten – und wohnen noch immer – viele Berühmtheiten aus der Filmbranche. Zufällig befand sich nur zwei Straßen weiter das Anwesen von Fondas Ex-Frau Margaret Sullavan und ihres neuen Ehemanns Leland Hayward, Fondas Agent.

Nach Frances' Maßstäben war das von den Fondas gemietete Haus zu klein. Sie hatte es ein bißchen aufgemöbelt mit Antiquitäten aus dem Anwesen ihrer früheren Ehe mit George Brokaw; doch nun, da Jane angekommen war, hielten Frances und Hank Fonda Ausschau nach einem größeren Grundstück in Brentwood, auf dem sie ihr eigenes Traumhaus errichten konnten. Von diesen grandiosen Plänen blieb die Tochter unberührt: Sie war ein rundliches und anscheinend glückliches Baby, fast ständig umsorgt von dem Kindermädchen, das auch Pan, Frances' Tochter aus erster Ehe, betreute. Pan war fünf Jahre älter als Jane, eine ziemlich tüchtige Hilfe für die Mutter und später eine gute Freundin für Jane.

Kurz nach Rückkehr der Familie nach Brentwood erhielt Jane ihre eigene Kinderfrau, die treue alte Mary. Das konnte man sich leisten, da sich Hanks Vermögensverhältnisse gebessert hatten. Obwohl er Darryl Zanuck haßte, wechselte er zu Zanucks 20th Century-Fox, und zwar wegen der Drehbücher, die dieses Studio ankaufte. Dazu gehörte auch *Der junge Mister Lincoln* (*Young Mister Lincoln*). Nachdem Leland Hayward ernsthaften Druck ausgeübt hatte, erhielt Fonda schließlich die Rolle. Der von John Ford inszenierte Film wurde ein Riesenerfolg; alle künftigen Lincoln-Filme wurden nunmehr an Fondas Darstellung gemessen. Er war oben angekommen, gemeinsam mit Paul Muni und Edward G. Robinson – und auch mit seinem Freund Jimmy (James) Stewart, mit dem er etwa zur gleichen Zeit an der Westküste der USA eingetroffen war.

Für das kleine einjährige Mädchen hatte das alles natürlich keine Bedeutung. Doch wie Jane später erläuterte, lernte ihre kindliche Seele eine bittere Wahrheit:

Mom und Dad verreisten immer, um Dads Erfolge zu feiern. Nach *Der junge Mister Lincoln* zum Beispiel haben sie, wie sie mir später erzählten, für mehrere Wochen Ferien in Südamerika gemacht. Sie fuhren nach Ekuador und in andere Länder. Als ich älter war, haben sie mir Bilder von der Reise gezeigt, und ich erinnere mich, daß sich Mom ausgiebig über das Essen beschwerte. Mary und Pan habe ich sehr gern gehabt, aber ich glaube, daß ich schon als Baby Mom und Dad vermißt habe und mir wünschte, sie wären häufiger bei mir gewesen.

Das folgende Jahr brachte einen weiteren gewaltigen Erfolg für Hank, *Die Früchte des Zorns*, die Filmfassung von John Steinbecks Pulitzerpreis-Roman – und noch mehr Einsamkeit für Jane. Der Vater war während der gesamten Dreharbeiten unterwegs oder hatte etwas anderes im Kopf, und das traf auch auf Frances zu. Wieder nur Mary und Pan. Mit drei Jahren war Jane noch zu klein, um zu begreifen, daß ihr Vater nun eines der großen Idole der internationalen Filmwelt geworden war. Ihr kindliches Gemüt nahm von all dem lediglich wahr, daß sie in ein größeres Haus zogen.

Das Haus stand in der North Tigertail Road Nr. 900 in Brentwood. Hank und Frances ließen es nach eigenen Angaben auf dem etwa dreieinhalb Hektar großen Grundstück errichten, auf das sie schon einige Zeit ihr Auge geworfen hatten. Als Imitation der schindelgedeckten Farmhäuser von Neuengland besaß es Ställe, einen Gemüsegarten (den Hank mit vorgespanntem Pferd selbst pflügte) und ein Atelier, in das sich Hank zurückzog, wenn er Landschaften in der Art von Andrew Wyeth malte (später wurde aus ihm ein großartiger Maler, und seine Arbeiten wurden ausgestellt). Für die kleine »Lady Jane« blieb allerdings weniger Zeit.

Janes Bruder Peter wurde am 25. Januar 1940 geboren. Drei Monate danach beschloß Frances, eine Doppeltaufe vornehmen zu lassen, für Peter und – mit zwei Jahren Verspätung – für Jane. Einer der beiden Paten war ein Freund von Frances, der andere war Josh Logan.

Über die Fondas habe ich mich über viele Jahre hin oft mit Logan unterhalten, dem geplagten Genie von Bühne und Film. Kennengelernt habe ich ihn, als er bei dem Film *Bus Stop* (*Bus Stop*) mit Marilyn Monroe Regie führte, aber er dachte immer noch häufig zurück an seine früheren Verbindungen zu Hank Fonda, zu Jimmy Stewart und anderen. Logan erzählte:

> Sie müssen sich vergegenwärtigen, daß Hank seit langem einer meiner besten Freunde ist. Als ich im letzten Jahr meines Studiums Princeton verließ, gründeten einige Leute von uns, die sich am College mit Schauspiel befaßt hatten, ihr eigenes Theater, die »University Players on Cape Cod«. Hank zählte zu ihnen, ebenso Jimmy Stewart, Myron McCormick und die phantastische Schauspielerin Maggie Sullavan, mit der Hank eine Zeitlang verheiratet war. Danach wohnten Hank, Jimmy Stewart und ich zusammen in einem Rattenloch von Apartment in New York. Allmählich ging es mit uns allen aufwärts, und wir blieben Freunde. Als Hank Frances heiratete, spielte ich bei der Hochzeit seinen Trauzeugen.
>
> Jane und Peter kannte ich schon als Babys. Jane war ein kräftiger kleiner Balg mit ungeheuer großen, fragenden Augen. Sie wirkte andauernd wie aufgezogen. Peter war eher kränklich; er fing sich ständig was ein und brauchte länger als Jane, sich wieder zu erholen. Von Anfang an hat Frances offenbar Peter vorgezogen. Sie nannte ihn immer »mein anbetungswürdiges Kind« und verwöhnte ihn auf eine Art und Weise, wie sie es mit Jane nie gemacht hat.
>
> Unter diesen Umständen wandte sich das kleine Mädchen in ihrem Liebesbedürfnis Hank zu, doch der war

nicht fähig, dieses Bedürfnis zu befriedigen. Bei ihm drehte sich die ganze Welt nur um die Schauspielerei und um sein Hobby, das Malen. Früh um fünf fuhr er ins Studio und kam manchmal nicht vor acht Uhr abends nach Hause. Als Perfektionist in seinem Metier lernte er seine Texte nach dem abendlichen Dinner und versuchte dann, sich in seinem Atelier ein bißchen zu entspannen. Da blieb kaum Zeit übrig für ein kleines Mädchen, das nach Zuneigung schrie. Oh, Hank hat es versucht; ich weiß noch, wie er Jane im Swimming-pool der Familie das Schwimmen beibringen wollte, als sie nicht einmal drei Jahre alt war; er hielt es aber nicht lange durch und gab auf.

Auch ist sich Jane bis heute nicht im klaren, daß Hank eine ganze Menge am Hals hatte. Er stritt sich ständig mit den Studiobossen über irgendwelche schlechten Filmprojekte, in denen er keine Rolle übernehmen wollte. Sein Verhältnis zu Darryl Zanuck zum Beispiel glich fast einem andauernden Kleinkrieg. Der einzige Grund, aus dem er bei Zanuck unter Vertrag ging, war, daß Zanuck und Fox die Filmrechte an *Die Früchte des Zorns* besaßen, und das war die einzige Möglichkeit für Hank, darin mitzuspielen. Er betrachtete das Buch als eins der großen liberalen gesellschaftlichen Zeugnisse unserer Zeit. Wenn man Janes spätere politische Tätigkeit bedenkt, wirkte ihr Vater dagegen zuweilen wie ein Konservativer. Das war er aber nicht. Er setzte sich dafür ein, Filme mit fortschrittlichen Ideen zu drehen, und lehnte solche mit reaktionären Tendenzen ab. Zum Beispiel machte er Zanuck erhebliche Schwierigkeiten, als er an *Ritt zum Ox-Bow* (*The Ox-Bow Incident*) mitwirken sollte. Dieser Film handelte vom Lynchen, und er entschlummerte schon bald sanft an den Kinokassen. Hank war immer Demokrat gewesen; er trat für Roosevelt ein, für Truman und später für die Kennedys.

Logan machte ein nachdenkliches Gesicht.

> Dennoch, ich schätze, er hätte dem einsamen kleinen Mädchen ein liebevollerer Vater sein können. Für ein Kind muß es schwierig gewesen sein, diese seltsame Gewohnheit zu verstehen, daß er oft in längeres Schweigen versank. Du stellst ihm eine Frage, und er guckt an dir vorbei ins Leere, als ob du nicht da wärst. Dieses absolute Versunkensein kannte ich an ihm sehr gut aus der Zeit, als ich mit ihm arbeitete. Er konnte so dasitzen, vielleicht eine Stunde lang. Weil mir klar war, daß es nicht gegen mich ging, habe ich ihn immer in Ruhe gelassen, bis er wieder bereit war zu reden.
>
> Ich weiß, daß er die kleine Jane liebte, aber er wußte nicht, wie man Liebe in Worte faßt.

Dieses Thema hat Hank Fonda selbst im August 1972 in einem tiefgründigen Interview mit meiner verstorbenen Frau, Muriel Davidson, angeschnitten. Das geschah auf dem Höhepunkt der ganzen politischen Auseinandersetzung um Jane, und Hank beschützte sie wie ein Bär, der sein Junges verteidigt. Er gestand reumütig:

> Doch vielleicht trug ich auch auf irgendeine Weise Schuld. Als sie noch klein war, habe ich ihr zuwenig Zeit gewidmet. Sie stand sich nicht gut mit Frances, die mehr der Typ war, der was von sich her macht, und außerdem war Frances völlig von Peter in Anspruch genommen, der ganz offen ihr Liebling war. Die kleine Lady Jane sehnte sich nach meiner Zuneigung, doch ich habe es nicht bemerkt. Sie wollte wie ich sein. Früh um fünf ritt sie mit einem meiner Pferde aus, und sie half mir sogar, wenn ich den Gemüsegarten pflügte. Sie war wirklich ein Wildfang.
>
> Die Parties der kleinen Mädchen konnte sie nicht leiden,

und es gab offenbar fast jede Woche eine für die Kinder der Filmleute. Ein Anlaß fand sich immer, ein Geburtstag oder was in der Art, und jede Mutter versuchte, die anderen Mütter mit Clowns, Karussells oder Jongleuren zu übertrumpfen. Das galt auch dafür, wie sie ihre kleinen Mädchen für diese Parties herausputzten – in Seide, Satin und Rüschen aus Taft. Jane konnte das nicht ausstehen. Frances schickte sie auf die Party von Candice Bergen – der Tochter von Edgar Bergen – oder auf eine von Christina Crawford – Joans Tochter –, und immer kam sie heulend nach Hause. Sie sagte dann, alle wären hübscher als sie und nur sie wäre dick und häßlich. Ich habe versucht, ihr immer klarzumachen: »Das bist du nicht, Liebling, du bist das schönste Mädchen der Welt«, aber ich vermute, ich kann das nicht richtig, so zärtliche Gedanken in Worte fassen. Jedenfalls schien Jane schnell darüber hinwegzukommen. Sie ging lieber raus und wälzte sich mit ihrem kleinen Bruder Peter im Staub und Dreck. Sie war eben ein richtiger Wildfang, na gut.

Aber ich habe mir gedacht, das wird sie schon sein lassen, wenn sie erst mal zur Schule geht und sich für Jungen interessiert. Statt dessen aber interessierte sie sich mehr für Pferde. Ich habe einmal zu ihr gesagt: »Ich glaube, du wirst am Ende noch ein Pferd heiraten.«

6

Ihren Bildungsgang begann Jane (und Peter nach ihr ebenfalls) an der Brentwood Town and Country School, wenige Straßen vom Haus der Fondas entfernt. Sie gehörte und wurde geleitet von Cathryn Dye. Das war eine strenge Lehrerin, die keinen Unsinn zuließ und an eingefahrenen, unverrückbaren Prozeduren festhielt, zum Beispiel an dem morgendlichen Fahnenappell, an dem erzwungenen gemeinschaftlichen Aufsagen von Gedichten in der Natur und dem vorgeschriebenen Nachmittagsschlaf auf einer Pritsche. Viele Berühmtheiten und höhere Manager vom Film schickten ihre Kinder auf diese Grundschule: Zu Janes Klassenkameradinnen gehörten Gary Coopers Tochter Maria, Fred MacMurrays Tochter Susan, die Tochter des Agenten Paul Kohner, Susan, und Mervyn LeRoys Tochter Linda.

Mit diesen Sprößlingen von berühmten Leuten kam Jane nicht gut zurecht, schon von der ersten Klasse an. Statt dessen klammerte sie sich sofort an ein großes, grobknochiges, blondes Mädchen namens Sue-Sally Jones, die während der ganzen siebenjährigen Schulzeit ihre beste Freundin blieb – einige sagen, die einzige. Wodurch sie zusammengekommen sind, das war – laut Carole Peterson, einer Mitschülerin – ihre gemeinsame Vernarrtheit in Pferde. Jane hatte freie Verfügung über die Pferde ihres Vaters, und Sue-Sally besaß selbst zwei. Ein Großteil von Brentwood war immer noch unbebautes Land mit weiten Strecken von Büschen und Bäumen, und nach der Schule ritten die beiden Mädchen unablässig in dieser Halbwildnis herum. Das Schulpferd Traveller, das für alle Kinder bereitstehen sollte, nahmen sie gleichfalls ganz für sich in Beschlag.

Carole Peterson erinnert sich, daß Sue-Sally, die Tierärztin wurde, Maikönigin war und immer die Hauptrolle bei Schulaufführungen bekam. »Jane stand in ihrem Schatten, war ihre Freundin, und sie strahlte, wenn sie mit Sue-Sally zusammen war. Die übrige Zeit blies sie Trübsal. Aber mir kommt es ganz folgerichtig vor, daß sie eine solche Entwicklung durchlaufen hat, erst Filmstar und dann eine politisch aktive Frau. Zäh und unabhängig war sie. Von niemandem wollte sie sich was bieten lassen, und von niemandem wollte sie ausgestochen werden, außer von Sue-Sally.«

Jane konnte auch gemein sein. Einmal lud sie Carole zum Spielen zu sich ein. Zu der Zeit besaß Jane zwei Esel, die als Reittiere für Kinder abgerichtet waren. Sie sagte zu Carole: »Dieser Burro ist der böse; der andere ist der freundliche. Ich laß dich auf dem guten reiten.« Carole stieg auf den angeblich freundlichen Esel und wurde umgehend abgeworfen; sie schlug sich dabei die Ellenbogen auf – Jane hatte sie absichtlich auf den bösen gesetzt. Jane und Sue-Sally lachten, Carole heulte. »Das war ein Vorfall, den ich nie vergessen werde«, sagt die Psychoanalytikerin Carole Peterson vierzig Jahre danach.

Doch wiederum gibt es gegensätzliche Ansichten über Jane, selbst für dieses frühe Alter. In London sprach ich mit Jill Schary, einer anderen Mitschülerin, die als Jill Robinson eine berühmte Schriftstellerin wurde (*Bedtime Story* usw.); sie war die Tochter von Dore Schary, Produktionschef bei MGM. Jill erzählte:

> An der Brentwood Town and Country School war ich Carole Petersons beste Freundin, aber ich kann mich nicht besinnen, daß Jane Fonda zäh und unabhängig gewesen sein soll. Ich glaube, sie war extrem schüchtern. Damals haben wir uns alle für Pferde interessiert, und in Zeichnen war Jane die Beste von der Klasse. Und wir haben viel

darüber geredet, was wir mal werden wollten. Es stand zum Beispiel fest, daß Linda LeRoy den Aga Khan heiraten würde, und ich hätte zu der Zeit angenommen, daß Jane Senatorin oder Naturwissenschaftlerin oder Landschaftsmalerin werden würde.

Jane war groß und hatte lange, dünne Beine, wie wir sie damals alle haben wollten, aber sie glaubte, sie wäre dick. Das habe ich nie begriffen, weil ihre beste Freundin, Sue-Sally, kräftiger gebaut und schwerer war und Jane nie Sue-Sally als dick angesehen hat. Ich kann auch nicht verstehen, wieso einige Jane für gemein hielten. Für mich war sie ein sehr freundliches junges Mädchen.

Jill machte eine Pause und dachte einen Augenblick nach und fuhr fort:

Na ja, ich bin gewiß davon beeinflußt, was später geschah, mehr als zwanzig Jahre danach. Damals besaß Jane ein Haus am Strand von Malibu. Das war zu der Zeit, als sie mit Roger Vadim verheiratet war. Brooke Hayward rief mich an und sagte, Jane würde eine aufregende Party geben und ich solle mitkommen. Ich war fasziniert von der Idee und ging hin. Aber ich konnte keinen klaren Kopf behalten. Mein Alkoholproblem erwischte mich wieder, und ich lief zum Strand, wo ich die Besinnung verlor.

Was folgte, war ein Alptraum. Ein paar Burschen lasen mich auf – ich glaube, es waren Surfer –, und der langen Geschichte kurzer Sinn war, sie schleppten mich in ein Hotel und vergewaltigten mich der Reihe nach. Als ich wieder zu mir kam, taumelte ich zurück zu Janes Haus. Ich mußte dorthin, denn ich brauchte meinen Wagenschlüssel, um nach Hause zu fahren. Die Party war immer noch im Gange, aber als Jane mich sah, kam sie gleich angestürzt. Sie hat mich bemuttert, mich an sich gedrückt, sie hat mich abgeschirmt. Sie brachte mich auf schnellstem Weg hinauf in ihr Schlafzimmer und kümmerte sich um mich, als wäre ich ihr kleines Kind. Sie rief einen Arzt. Die Polizei ließ sie aus dem Spiel, wegen der Qualen, die ich in meinem Zustand hätte ausstehen müssen; man hätte mich vielleicht beschuldigt, selbst die Vergewaltigung provoziert zu haben, indem ich stinkbesoffen an den Strand ging. Jetzt wissen Sie also, weshalb ich Jane für einen der freundlichsten und mitfühlendsten Menschen halte, die ich je kennengelernt habe.

Um noch einmal auf die Brentwood Town and Country School zu kommen, die Direktorin Cathryn Dye sprach über Jane nicht in solch großen Tönen – wirklich überhaupt nicht in großen Tönen. »Jane war eine durchschnittliche Schülerin und eine durchschnittliche Unruhestifterin, immer gerade so raffiniert, daß sie bei ihren Bosheiten und der gelegentlichen Auflehnung gegen unsere strengen Regeln nicht erwischt wurde und dafür nicht bestraft werden konnte.«

Zu Hause änderten sich die Dinge für Jane. Der Zweite Weltkrieg war ausgebrochen, und 1943, als Jane sechs Jahre alt war, meldete sich Hank zur Navy. Er wurde zum Leutnant ernannt und als Nachrichtenoffizier im Pazifik eingesetzt. Im Laufe der nächsten beiden Jahre sah Jane wenig von ihrem Vater, nur wenn er auf einen kurzen Urlaub nach Hause kam.

Während der langen Abwesenheit Hanks kümmerte sich Frances als Mutter viel um Jane. Beiden Kindern widmete sie nun viel mehr Zeit, sie flocht Janes lange Zöpfe, machte die Kinder für die Schule fertig, sorgte dafür, daß sie beide nahrhafte Sachen zu essen bekamen, half ihnen nach den Mahlzeiten bei den Schularbeiten, führte den Haushalt, schränkte ihren eigenen geselligen Umgang ein – und schenkte den Kindern all die Zuneigung, deren sie fähig war, zu gleichen Teilen. Ihre Mutter, Oma Sophie Seymour – Jane mochte sie sehr –, zog in die Nähe und tat alles, um auszuhelfen. Auch Hanks Schwester Harriet kam oft von Omaha herüber, wo sie wohnte. Häufig hat sich Jane darüber gewundert, wie verschieden Hank und Harriet waren, obwohl Bruder und Schwester: »Es fiel mir ganz leicht, mich mit Harriet zu unterhalten; bei Dad war das ein ständiger Kampf mit nur wenigen Augenblicken ungebrochener Zärtlichkeit.«

1945 endete der Krieg, und Hank kam nach Hause. »Er war verändert«, erzählte Jane. »Er schien schwermütiger zu sein. Auch zog er sich anscheinend von Mom zurück. Wie nun Mom einmal war, tat sie alles, um es ihm angenehm zu machen, aber die meiste Zeit gelang ihr das nicht. Immer noch mochte sie Parties und ihre Freunde in der Gesellschaft. Dad, der Parties nie ausstehen konnte, ging nun überhaupt nicht mehr mit. Es schien, als wollte er sich ganz in seine Arbeit vergraben – sogar noch stärker als früher.«

Und Arbeit gab es jede Menge. In kürzester Zeit drehte er zwei Filme; einer davon war *Faustrecht der Prärie* bzw. *Tombstone* (*My Darling Clementine*), einer seiner besten. Damit endete der Zank und Streit mit Darryl Zanuck, denn das war der letzte Film, den er nach dem uralten Vertrag machen mußte, den er seinerzeit abgeschlossen hatte, um die Rolle des Tom Joad in *Die Früchte des Zorns* zu kriegen. Während Hank noch darüber nachdachte, was er in seiner Laufbahn als nächstes tun würde, erhielt er einen aufregenden Anruf von Josh Logan. »Ich bin gerade mit dem besten Roman fertig, den ich je in meinem Leben gelesen habe. Er heißt *Mister Roberts*. Das wird ein unglaubliches Stück für den Broadway. Wenn ich und Tom Heggen, der Autor des Romans, die Bühnenversion fertig haben, möchte ich, daß du in den Osten kommst, und wir machen die Sache zusammen.« Jane wußte davon nichts, aber ihre Tage an der Brentwood

Town and Country School mit Sue-Sally und den Pferden sollten bald zu Ende gehen – wie auch einige andere Dinge ihrer Kindheit.

7

Genaugenommen dauerte es noch zwei Jahre, bis Jane feststellte, daß ihr Leben umgekrempelt war – wie es ihr noch öfter ergehen sollte –, aber die ersten Anzeichen nahm sie schon 1947 wahr. Hank fuhr ständig an die Ostküste, um sich mit Logan und Heggen zu beraten, »und er war so oft weg, daß es fast so schien, als wäre er wieder bei der Navy«. Schließlich hörte Jane, wie Hank zu ihrer Mutter sagte: »Ich werde in Joshs Stück mitspielen.« Sie weiß noch, daß ihre Mutter fragte: »Wenn das Stück ein Renner wird, bleiben wir dann hier, oder wohnen wir dann dort?« Hank antwortete mit Entschiedenheit: »Natürlich werden wir dort wohnen.« Später teilte Jane mit: »Wie üblich, gab Mom Dad nach, obgleich sie einwandte, daß sie alle ihre Freunde jetzt in Kalifornien hätte und selbst Oma Sophie in Los Angeles wohnte. In Connecticut, wo Dad während der ganzen Laufzeit des Stücks wohnen wollte, wie er bereits entschieden hatte, kenne sie keinen Menschen. Dad sagte zu ihr: ›Du hast es da nur eine Stunde nach New York, und du hast doch Freunde in New York.‹ Wie gewöhnlich bei Dad war damit die Sache erledigt.«

In jenem Sommer schickte Hank Jane und Peter in ein Feriencamp in New Hampshire, damit sie sich an das Klima im Osten, wo sie dann ja leben sollten, gewöhnen konnten. Mit Logan und Heggen bereitete er in Connecticut die Proben für das Stück vor. Frances blieb in Brentwood.

Nach Voraufführungen in New Haven, Philadelphia und Baltimore lief *Mister Roberts* mit überschwenglichen Kritiken im Alvin Theater in New York an. Die Premiere stieg am

19. Februar 1948. Die Kritiker sagten dem neuen Broadway-Hit eine Laufzeit von zwei oder drei Jahren voraus und stimmten darin überein, daß Henry Fondas Darstellung so fabelhaft war, daß nur die eine Gefahr bestand, er könnte nach Hollywood zurückgelockt werden. Das passierte nicht. Er forderte Frances auf, das Haus in Brentwood zu verkaufen und etwas Ähnliches in Greenwich, Connecticut, zu mieten. Im Jahre 1949 zog die Familie dorthin um, und Jane kam in die siebente Klasse der Greenwich Academy.

Bei einer Zwölfjährigen kann eine solche drastische Veränderung ein Trauma hervorrufen, aber für Jane wurde alles dadurch etwas leichter, daß sie wieder mit Brooke Hayward zusammenkam, einer engvertrauten Freundin aus der Kindheit, die mit ihrer Mutter, Margaret Sullavan (die sich bald von Leland Hayward scheiden lassen sollte), schon in Greenwich lebte. Das waren die Jahre, die später von Brooke in ihrem herrlichen Buch *Haywire* so eindringlich geschildert wurden. Sie schreibt, daß sie genauso begeistert war, mit Jane wieder zusammenzusein, wie Jane es war, sie wiederzusehen.

Die beiden Mädchen waren gleichaltrig und gingen demzufolge auf der Greenwich Academy in dieselbe Klasse. Brooke bemerkt, daß Jane aufsässiger geworden war und zu solchen Ungezogenheiten neigte wie, ihre Klassenkameradinnen mit gekauten Papierkugeln zu beschießen oder jemandem aus der Nachbarschaft die Luft aus den Reifen zu lassen. Was sie in ihrem Buch nicht festhielt, war, daß die quälenden Eheprobleme, die Brooke zu Hause miterleben mußte, sich bis zu einem gewissen Grade bei den Fondas wiederholten.

Zwischen Hank und Frances lief nicht mehr alles so glatt. Schon über den Umzug nach Connecticut war Frances todunglücklich gewesen, und nun stellten sich bei ihr Gesundheitsprobleme ein. Sie mußte sich einer Nierenoperation unterziehen, die damals einen langen Krankenhausaufenthalt erforderlich machte und häßliche Narben hinterließ.

Während ihrer Genesung quälte sie sich dauernd mit der Frage herum, ob sie für Hank noch attraktiv sei oder nicht. Sie war erst einundvierzig und noch eine schöne Frau, aber sie hatte sich immer besonders viel auf ihre Figur eingebildet – auf das Äußere überhaupt. Sie beschäftigte sich nur noch mit ihrem vernarbten Körper, und das artete so aus, daß die kleine Jane ihr aus dem Wege ging, »um nichts mehr von der Narbe zu hören, die sowieso kaum zu sehen war, ebensowenig wie die vom Kaiserschnitt, die sie schon von meiner Geburt her besaß«.

Hank seinerseits rückte langsam weiter von ihr ab und wurde autoritärer. Wegen des Zeitplans seiner Theaterauftritte verbrachte er viele Nächte in New York, weshalb sich Jane noch einsamer fühlte als zuvor. Wenn Hank aber einmal zu Hause war, dann befaßte er sich mit dem Malen. Brooke Hayward schreibt: »Er hat versucht, freundlich zu den Kindern zu sein, aber gewöhnlich kriegte er es fertig, sie zu vertreiben, weil er irgendwas Schreckliches tat.«

Eins dieser schrecklichen Dinge, an die sie sich erinnert, hat Brooke 1988 in einem Fernsehinterview in blutrünstigen Details beschrieben:

> Jane hat schon immer was für Tiere übrig gehabt, und sie hat das Haus in Greenwich mit allen Arten von Tieren bevölkert – mit Hunden, Katzen, sogar mit Hühnern. Zu dem Zeitpunkt stand sie Tieren näher als Menschen und fühlte sich bei ihnen mehr geborgen. Eines Tages biß einer ihrer Hunde – ich glaube, es war ein Dalmatiner – ein Huhn tot. Hank schnappte sich den Hund und hängte ihm mit einer Kette das tote Huhn um den Hals. Der arme Hund mußte mit dem Hühnerkadaver am Hals herumrennen, bis das Huhn verwest war und abfiel. Igittigitt!

Nicht jeder hatte damals eine Ahnung davon, aber es gab einen Grund für Hanks häufige Abwesenheit und für seine Reizbarkeit zu Hause. Nach einer seiner Vorstellungen im Alvin Theater war eine junge Frau, Susan Blanchard, hinter die Bühne gekommen, um ihn zu sprechen, und er hatte sich dann mit Susan im zweiten Jahr von *Mister Roberts* immer öfter getroffen. Susan war die Tochter von Dorothy Hammerstein aus einer früheren Verbindung, bevor sie Oscar Hammersteins Frau wurde. Wie jede der letzten drei Ehefrauen, die Hank hatte, war Susan Blanchard beträchtlich jünger als er: damals war sie erst zwanzig.

Frances hatte einen Verdacht, wußte aber nichts Genaues. Da unternahm sie im Sommer 1949 eine Reise mit ihrer Tochter Pan nach Paris, die gerade einen jungen Mann namens Bun Abry geheiratet hatte; das junge Paar hatte sie eingeladen, sie auf der Hochzeitsreise zu begleiten. Offenbar versuchte Frances, den Trick »Abwesenheit belebt die Liebe« anzuwenden, in der Hoffnung, daß Hanks Interesse an ihr zu neuem Leben erweckt würde. Aber der Trick zog nicht. Gleich nach ihrer Rückkehr konfrontierte Hank Frances mit den Neuigkeiten. Er berichtete ihr von Susan und erklärte, daß er die Scheidung wolle, um Susan zu heiraten. Nach dem, was Frances Freunden weitererzählte, behauptete Hank auch, er sei während der ganzen dreizehn Jahre ihrer Ehe unglücklich gewesen.

»Ist nicht wahr«, äußerte sich Josh Logan 1964 mir gegenüber. »Das war reichlich grausam von Hank. Ich weiß mit Sicherheit, daß er und Frances sehr glücklich waren, bis er mit diesem mürrischen Wesen aus dem Krieg zurückkam. Das Problem bei Hank besteht darin, daß ihm jeder Zustand, in dem er sich gerade befindet, mit der Zeit auf die Nerven geht. Und wenn ihm etwas auf die Nerven geht, dann glaubt er, daß eine Veränderung in seinem Leben alles kurieren kann. Oft habe ich mit ihm über seine strenge Erziehung unter den

Protestanten des amerikanischen Mittelwestens geredet. Mehrfach habe ich ihm spaßhaft den Rat gegeben: ›Du mußt nicht gleich jede heiraten, die du fickst.‹«

Auf jeden Fall erlitt Frances, als ihr Hank die Sache mit der Scheidung und seinen Heiratsplänen eröffnete, einen tiefen Schock. Jane sagte von sich selbst, sie wußte nicht, was los war, »nur daß Dad nun in einem Apartment in New York wohnte und sich Moms Depressionen verschlimmerten. Ich habe geglaubt, ihre Bedrücktheit rühre noch von der Nierenoperation her.«

Kurz nach dem für Jane und Peter grausigen Weihnachten bekamen die Kinder mit, was los war. Frances reichte die Scheidung ein, und die Nachricht ging wie ein Lauffeuer durch alle Zeitungen – sie stand sogar in der *Greenwich Time*, die in der Schule gelesen wurde. Das rief dort kein allzu großes Aufsehen hervor, besonders nicht unter den Mädchen, die üblicherweise die damaligen Fan-Magazine lasen; darin erfuhr man sowieso von einer Menge Scheidungen unter den Leuten aus dem Showbusineß. Außerdem waren die Fondas relativ neu in der Stadt. Jane, die außer sich war, wollte mit niemandem darüber reden – nicht einmal mit Brooke Hayward. Sie versuchte, mit ihrer Mutter darüber zu sprechen, gab das aber bald auf. Frances' Depressionen wurden immer schlimmer, besonders während der anschließenden langwierigen Scheidungsverhandlungen zwischen ihren und Hanks Anwälten über die Besitzansprüche, über Alimente und ähnliches.

Die Verhandlungen nahmen ein abruptes Ende, als Frances' Mutter, Janes Oma Sophie, an die Ostküste kam, um im Haushalt zu helfen. Nur zwei Stunden verbrachte Sophie mit ihrer Tochter, da bemerkte sie deren Zustand, rief ihren Psychiater an und ließ sie in das Craig House Sanitorium (heute würde man das eine psychiatrische Klinik nennen) in Beacon, New York, bringen, ungefähr 25 Meilen entfernt. Die Scheidungsverhandlungen wurden aufgeschoben, bis sich Frances' Zustand besserte.

Und er besserte sich. Innerhalb von sechs Wochen erhielt sie die Erlaubnis, besuchsweise nach Hause zu ihren Kindern zu fahren, aber immer von einer Krankenschwester begleitet. Die Besuche verliefen ganz fröhlich, und Frances machte sich sogar darüber Sorgen, was die Angestellten im Haushalt alles falsch machten. Das nahm Jane als ein gutes Zeichen, als »die Rückkehr der alten Mom«.

Beim dritten Besuch plauschten Frances und die Krankenschwester gerade mit den Kindern und Oma Sophie, als Frances plötzlich nach oben auf die Toilette rannte. Als die Krankenschwester sich klarmachte, daß es unten auch eine gab, jagte sie Frances hinterher und fand sie im Herrenschlafzimmer, wo sie etwas aus einer Schublade nahm. Sie hielt den Gegenstand hoch, damit die Krankenschwester ihn sehen konnte. Es war eine kleine, kostbare, handgemalte Porzellandose aus England. Frances erklärte: »Diese kleine Dose ist ein wichtiges Andenken für mich. Ich will sie mit ins Krankenhaus nehmen.« Die Krankenschwester versäumte hineinzuschauen: Der praktisch denkende Hank verwendete die antike Dose als Behälter für seine Rasierklingen.

Am Nachmittag des 25. April 1950 ließ Amy Grey, Krankenschwester im Craig House, Frances wenige Minuten allein in ihrem Zimmer. Als sie wiederkam, entdeckte sie einen Zettel auf dem Bett: »Liebe Amy, geh nicht ins Bad.« Natürlich öffnete Miss Grey die Tür zum Bad. Bei dem Anblick schrie sie laut auf. Frances lag auf dem Boden in einer Blutlache; aus einer klaffenden Wunde an ihrer Kehle floß immer noch schwach pulsierendes Blut. Daneben lagen eine Rasierklinge und die kleine Porzellandose, die Frances bei ihrem letzten Besuch von zu Hause mitgenommen hatte. Andere Schwestern und ein Arzt eilten herbei und taten, was sie konnten, aber es war zu spät für Frances, denn sie hatte sich die Jugularader durchgeschnitten und starb binnen zwanzig Minuten. Sie hinterließ einen Abschiedsbrief, der es für die spätere gerichtsmedizinische Untersuchung eindeutig klärte, daß der gräßliche Gebrauch der hereingeschmuggelten Rasierklingen für Frances »der beste Ausweg« war.

Der erste Mensch, der verständigt wurde, war Frances' Mutter Sophie, die dann Hank hinter der Bühne von *Mister Roberts* anrief. Josh Logan berichtete mir später: »Hank brach zusammen. Ich weiß nicht, wie er es fertiggebracht hat, aber er bestand darauf, an dem Abend trotzdem zu spielen, und irgendwie hielt er während der Aufführung durch. Zu mir sagte er: ›Die Kinder dürfen das nie erfahren. Ich habe Sophie gebeten, ihnen zu sagen, daß ihre Mutter an einem Herzanfall gestorben ist.‹«

Der Schwindel klappte eine Weile, obwohl Jane später gestand, sie habe es gleich nicht recht glauben können. Von den Einzelheiten des Selbstmords ihrer Mutter hatte sie allerdings keine Ahnung. Die fand sie erst Monate danach heraus, und zwar auf die unglücklichste Art und Weise. Eine Freundin hatte beim Friseur ein Film-Fan-Magazin in der Hand gehabt – damals druckten die Fan-Magazine alle blutrünstigen Details, wie etwa die heutigen Boulevardblätter. Darin konnte Jane all die Einzelheiten über Frances' Selbstmord lesen.

Jane war erst dreizehn, aber diese Bilder verfolgten sie noch nach Jahren. Ihre Mitschülerinnen aus dem Schlafsaal der Internatsschule, die sie später besuchte, berichteten, daß sie Alpträume hatte und nachts aufschrie. Sie hat es nie über sich gebracht, darüber zu reden – nicht einmal zu Psychologen. Mir gegenüber äußerte Susan Strasberg, die Jane später im Actors' Studio kennenlernte: »Fast alle von uns gingen zur Psychoanalyse. Das gehörte damals einfach dazu. Jane hielt nur zwei Wochen lang durch. Sie sagte: ›Die Ärztin wollte, daß ich über den Tod meiner Mutter rede, aber ich konnte einfach nicht.‹«

Das ist aufschlußreich, denn es gehört zum Verdrängungsmuster der Bulimikerinnen, die sich nicht nur ihre Krankheit nicht eingestehen, sondern gerade auch den wahren Ursachen nicht auf den Grund gehen wollen. Man kann sich theoretisch vorstellen, daß die dreizehnjährige Jane, die entdeckt hat, auf welch besonders grausame Weise ihre Mutter das Opfer eines Selbstmords und nicht eines Herzanfalls geworden war, Trost fand in der Sucht, sich vollzustopfen und zu erbrechen, was sie nach eigenem Eingeständnis schon mit zwölf ausprobiert hatte. Das versetzte sie in eine Welt, mit der sie zurechtkommen konnte: in der sich ihr Verstand darauf konzentrierte, Essen zu sich zu nehmen, und darauf, wie sie es wieder loswerden konnte und wieviel Pfund sie dabei abnahm. Das beanspruchte einen ganz und gar; es war eine Art, mit etwas fertig zu werden – wenn auch eine recht miese.

Im Jahr 1950, also in den Wochen nach Frances' Tod, verbrachte Hank mehr Zeit zu Hause mit den Kindern. Oma Sophie war auch da. Sie sagte: »Man muß ihm zugute halten, daß er den Kindern gegenüber nun herzlicher war und mehr auf sie einging. Beim Märchen vom Herzanfall blieb er, aber er versuchte wohl, das Fehlen der Mutter ein wenig zu kompensieren. Er kämpfte sogar gegen sein phasenweises Schweigen an.«

In der Zwischenzeit trat Hank Fonda weiterhin in *Mister Roberts* auf – doch nun fuhr er nach der Vorstellung meistens mit dem Wagen nach Greenwich zurück. Die Beziehung zu Susan Blanchard hielt er dabei aufrecht; Susan wurde im Dezember 1950 – acht Monate nach dem Tod der zweiten Mrs. Fonda – seine dritte Frau.

Bei Jane hinterließ die neue Ehe ihres Vaters kaum merkliche Spuren. Sie hatte angefangen, sich vollzustopfen und zu erbrechen, doch wie bei den meisten Bulimikerinnen bemerkte das keiner. Ihr Bruder Peter reagierte deutlicher. Als Hank und Susan die Flitterwochen auf den Jungferninseln verbrachten, fuhr der nunmehr zehnjährige Peter übers Wochenende zu einem Freund nach Peekshill, New York, nicht weit von Greenwich. Peter spielte dort mit einer geladenen Schrotflinte. Was dann geschah, ist bis heute nicht geklärt. Verschiedene Male hat Peter angegeben, es sei ein Unfall gewesen; bei anderen Gelegenheiten deutete er an, er habe versucht, sich umzubringen. Die Flinte ging los, und die Schrotladung zerfetzte ihm die rechte Seite des Unterleibs.

Peter blutete fürchterlich und wurde ins Ossining Hospital gebracht. Das Schrot hatte seine Leber durchlöchert, und er wurde eiligst in die chirurgische Notaufnahme geschafft. Die Leber wurde wieder zurechtgeflickt, und andere zerrissene Blutgefäße wurden genäht, aber der Junge lag mehrere Stunden auf dem Operationstisch. Einige Bluttransfusionen waren erforderlich, und er berichtet, daß sein Herz zweimal aufgehört habe zu schlagen und wieder in Gang gesetzt werden mußte.

In einem Fernsehinterview von 1988 mit Barbara Howar beschrieb Peter sein Martyrium in allen Einzelheiten. »Ich war dem Tode sehr nahe, und ich wußte es. Nach der Operation lag ich da in meinem Bett, als Dad und Susan hereinkamen. Man hatte sie von den Jungferninseln zurückgerufen.« Was Peter als nächstes sagte, war wunderlich, denn es paßte überhaupt nicht zu der Tatsache, daß Peter schon lange zuvor mit dem Vater seinen Frieden geschlossen hatte und sich bis zu dessen Tod im Jahre 1982 mit ihm gut vertrug. Vielleicht kamen dabei frühere unterdrückte Gefühle hoch, jedenfalls erzählte Peter: »Dad kam ins Krankenzimmer, und die ersten Worte aus seinem Munde lauteten: ›Du hast mir die Flitterwochen verdorben.‹« Darauf murmelte Peter drei Buchstaben, »LMD«, deren Bedeutung den meisten Umstehenden verschlossen blieb.

»LMD« bedeutet »Leck mich doch«.

8

Der *New York Times* sagte Jane einmal in einem Interview: »Bis zu meinem dreißigsten Jahr war ich einsam«, eine Feststellung, die nicht ganz zutrifft. Es hat Zeiten gegeben, wo sie sich mit ihrem Vater gut verstand, und sie besaß einige gute Freundinnen – Sue-Sally Jones zum Beispiel und bestimmt Brooke Hayward.

Nach dem Schock durch den Tod der Mutter gewann sie die unwahrscheinlichste Freundin von allen, Susan Blanchard, ihre neue Stiefmutter. Susan war eine warmherzige, freundliche junge Frau, die sich große Mühe gab, an Jane und Peter heranzukommen. Offenbar spürte sie, daß jemand die Kluft zwischen ihnen und ihrem kühlen, strengen Vater schließen müsse, und das ist ihr ziemlich gut gelungen – besonders bei Jane.

Susan war nur acht Jahre älter als ihre Stieftochter; es gab also kaum einen Generationsunterschied zwischen ihnen. Da Susan selbst vor kurzem noch Teenager gewesen war, kannte sie alle Probleme des Mädchens, das gerade die Pubertät hinter sich hatte und so verwirrt und unsicher war. In fast nie abbrechenden Gesprächen versuchte Susan verzweifelt, Jane zu überzeugen, daß sie nicht plump und häßlich sei, sondern ein schönes, aufblühendes Mädchen mit all den eindrucksvollen Gesichtszügen ihres berühmten Vaters.

Janes Unsicherheit konnte Susan allerdings nicht völlig ausräumen (noch zehn Jahre danach, als ihr das bulimische Verlangen so zusetzte und Jane ganze 54 Kilo wog, hielt sie sich immer noch für dick), aber Janes ganze Erscheinung verwandelte sich auf wunderbare Weise. Susan nahm sie mit zum

Shopping, ermunterte sie, sich neue, schicke Sachen zu kaufen, und gab ihrem dichten, hellbraunen Haar ein neues Styling, weg vom Aussehen eines kleinen Mädchens mit Zöpfen. Auf Jahre hinaus sollten Jane und Susan enge Freunde bleiben, sogar als durch Hank Fondas nächste Scheidung das Verhältnis Stieftochter–Stiefmutter beendet wurde. Susan brachte auch noch etwas anderes in Janes Leben, eine kleine Schwester namens Amy, die von Hank und Susan adoptiert worden war. Jane bemutterte den Neuankömmling und spielte mit Amy fast wie eine Besessene.

Mit Peter hatte Susan nicht soviel Erfolg. Er flog von einer Schule nach der anderen, weil er sich prügelte, sich verrückt anzog, die Haare bunt färbte und weil er sich mit Phenobarbital bedröhnte. Schließlich wurde er weggeschickt zu Hanks Schwester Harriet nach Omaha.

An der Greenwich Academy hatte Jane nun die achte Klasse beendet, und sie entschloß sich, die höhere Schule in einem Internat zu absolvieren. Sie suchte sich Emma Willard in Troy aus, mehrere hundert Meilen weiter oben im Staate New York, eine Vorbereitungsschule für das Vassar College. Das Haus in Greenwich hatten Hank und Susan verkauft und waren in die East 74th Street in Manhattan, New York City, gezogen. Kein Mensch weiß, wieso Jane auf eine Internatsschule so weit weg verfiel, aber Josh Logan vertritt die Theorie, daß Jane die Schrecken überwinden wollte, die der Tod ihrer Mutter hervorgerufen hatte und die für sie sowohl mit Greenwich als auch mit New York verbunden waren. »Außerdem«, sagte Logan, »hätte sie auf jede Schule, die sie wollte, gehen können. Hank besaß eine Menge Geld und Jane selbst auch. Sie hatte von Frances einen Haufen geerbt.«

Das Trauma zu überwinden ging nicht so leicht. Im Internat Emma Willard hatte Jane Alpträume im Schlafsaal, in denen sie bisweilen laut schrie, wie ihre Schulkameradin Keven Bellows berichtete. Es gab auch lästige Nebenerscheinungen der fortschreitenden Bulimie – viele Stunden bei Tage schlafen, Reizbarkeit, Mattheit und ein unberechenbares Verhalten. Trotz alldem war Jane bei den Mädchen von Emma Willard ziemlich beliebt. Das ihr von Susan verliehene neue, schicke Outfit tat dem keinen Abbruch, auch nicht die Tatsache, daß sie Henry Fondas Tochter war.

Während der vier Jahre in Emma Willard war Jane keine gute Schülerin. Sie schwänzte lieber Unterrichtsstunden und kletterte nachts über die Mauer, weil sie mit Jungen von anderen nahe gelegenen Colleges verabredet war. Für das andere Geschlecht hatte sie sich bisher nicht sonderlich interessiert, aber jetzt war sie mit aller Macht hinter Jungen her. An freien Tagen und in den Ferien traf sie sich immer noch mit Brooke Hayward, und Brooke ist die Quelle der meisten Informationen über diese plötzliche sexuelle Aktivität außerhalb der Schule. (Könnte das ein weiteres Symptom des unberechenbaren bulimischen Verhaltens sein?) Brooke sagt:

> Immer, wenn wir uns trafen, überschüttete sie mich mit allen intimen Details ihrer Verabredungen. Ich wurde wütend, als ich erfuhr, daß sie mich in dem Punkt geschlagen hatte, wer zuerst die Unschuld verliert. Sie erzählte, es war ein Älterer, kein College-Junge, und daß er Erfahrung hatte und genau wußte, was er machte, und nicht wie ein Junge herumfummelte. Ich glaube, sie sagte, er sei Italiener gewesen, *viel* älter.

Wenn sie von der Schule wegkonnte, fuhr sie zu Hank und Susan in ihr Stadthaus an der East 74th Street. Diese Besuche hat sie anscheinend genossen – wahrscheinlich wegen Susans Einfluß. Hank war jetzt viel freundlicher zu ihr. Aber was das Ausgehen mit Jungen betrifft, biß sie bei ihm auf Granit: Hank spielte immer noch den strengen Erzieher seiner Kinder und hielt Jane mit sechzehn oder siebzehn Jahren für viel zu jung dafür.

Als sie das letztemal von Emma Willard aus nach Hause kam, 1955, litt sie Qualen. Sie bemerkte, daß Hank Susan gegenüber die gleiche Verdrießlichkeit und Unaufmerksamkeit an den Tag legte, die sie aus der Zeit kannte, bevor sich Hank von ihrer Mutter trennte, und sie fuhr mit bösen Vorahnungen zurück in die Schule.

Sie erwiesen sich als prophetisch. Das nächstemal fand sie zu Hause Susan in Tränen vor. Hank hatte die Filmversion von *Mister Roberts* abgedreht (*Keine Zeit für Heldentum*) und befand sich in Italien bei der Arbeit an der überdimensionalen Filmfassung von Tolstois *Krieg und Frieden* (*War and Peace*), die Dino De Laurentiis und Carlo Ponti produzierten, mit Audrey Hepburn. Auf einer Party für die Mitwirkenden hatte Hank eine italienische Aristokratin kennengelernt, die feurige, dreiundzwanzigjährige Afdera Franchetti, Schwester einer Baronin. Damit begann eine stürmische Liebesromanze, und für den damals fünfzigjährigen Fonda schien sich die Geschichte zu wiederholen. Immerhin wurde noch nicht von Scheidung geredet. Jane hatte in dem Jahr die höhere Schule erfolgreich abgeschlossen – mit Zensuren, die alles andere als imponierend waren, jedoch ausreichten, um am Vassar College zugelassen zu werden. Sie bereitete sich gerade vor, dorthin zu fahren und das Studium zu beginnen.

Doch zunächst kam ein interessantes – und wichtiges – Zwischenspiel. Folgendermaßen erzählte es Henry Fonda meiner Frau Muriel 1972 für einen Artikel in ihrer Zeitschrift *Family Circle*:

> Nichts, aber auch gar nichts deutete mir während Janes Kindheit darauf hin, daß sie eines Tages Schauspielerin werden würde. Bei Peter war das etwas anderes. Schon als er vierzehn war, hatte er ein Stück, das er in der Grund-

schule geschrieben hatte, auf die Beine gestellt, Regie geführt und fünf Rollen darin gespielt.

Ich glaube, es war im Spätsommer 1955, da erhielt ich einen Anruf von meiner Schwester Harriet aus Omaha. Harriet war im Omaha Community Playhouse sehr aktiv, das Marlon Brandos Mutter gegründet hatte. Sie teilte mir mit, das Theater platze aus allen Nähten und wolle ein Stück aufführen, dessen Einnahmen zum Ankauf eines größeren Gebäudes verwendet werden sollten. Sie bat mich, von New York herüberzukommen und vierzehn Tage lang in *Ein Mädchen vom Lande* (*The Country Girl*) von Clifford Odets aufzutreten.

Ich stöhnte ziemlich, weil ich wegen *Krieg und Frieden* bald nach Europa zurückfliegen mußte, aber ich sagte zu. Dann warf mir Harriet regelrecht einen Brocken hin, an dem ich zu kauen hatte. Sie sagte, sie wolle, daß Jane die Rolle der Naiven übernehme. »Lächerlich!« lautete meine Antwort. »Jane macht das nicht. Sie weiß gar nicht, wie man das macht.« Und wie die Erfahrung aller klug redenden Väter überall auf der Welt bestätigt, stimmte meine Tochter selbstverständlich nicht nur zu, in dem Stück mitzuspielen, sondern äußerte obendrein, sie denke, das werde ein Spaß sein. Ich versuchte Jane zu erklären, daß Theater spielen meist kein »Spaß« ist. Es ist bloß harte Arbeit, von der man höchst wenig oder aber gar nichts hat. Also, ich sage Ihnen, ihre Darstellung auf der Bühne hat mich umgehauen.

Am ersten Abend stand ich hinter den Kulissen und wartete auf meinen ersten Auftritt, als Jane zu mir kam. »Daddy«, sagte sie, »ich muß da diese Flennszene spielen, und ich glaube, ich kriege das Flennen nicht hin.« Ich weiß noch, daß ich dachte: »Gott, schwirrt mir nicht schon genug im Kopf herum, und jetzt soll ich mir auch noch den Kopf zerbrechen, ob Jane aufs Stichwort heulen kann.« Ich sagte zu ihr: »Du mußt nicht richtig heulen, Baby. Mach bloß, daß die Leute glauben, du heulst.« Nun, wie ich von der Bühne zurückkam, ging sie raus. Ihrem Auftritt habe ich womöglich banger entgegengesehen als meinem eigenen. Dann schaute ich ihr zu. Und da stand sie auf der Bühne. Weinend. Da wußte ich, was sie noch nicht wußte: Es würde bei den Fondas noch jemand geben, der Theater spielte.

Wie Hank Fonda nun einmal war, sagte er das nicht zu Jane. Tatsächlich fuhr er fort, sie vom Gedanken an eine Laufbahn als Schauspielerin abzubringen – obgleich er ihr später gestattete, einige kleine Rollen mit ihm im Sommertheater zu spielen –, und er wiederholte, daß »Schauspieler sein ein brutaler Beruf ist, bei dem man immer gewärtig sein muß, bei nächster Gelegenheit durchzufallen«.

In einem anderen Interview mit Muriel, ungefähr ein Jahr später, gab Hank seinem Kummer über Janes Zeugnisse in der Schule und auf dem College Ausdruck. »Sie besitzt einen klugen Verstand«, sagte er, »und sie hätte einen aussichtsreichen Beruf ergreifen können, aber sie ist kein Mensch, der sich eine solide Bildung angeeignet hat. Sie hat bloß herumgespielt, so daß die vier Jahre höhere Schule und die beiden Jahre in Vassar größtenteils für die Katz waren.«

Das ist wahr. Als Jane zum ersten Studienjahr nach Vassar kam, waren alle Erinnerungen an ihren Auftritt auf der Bühne von Omaha vergessen, ebenso alle Gedanken daran, mit der Schauspielerei als Beruf Ernst zu machen. Sie selbst hat zugegeben, daß Vassar die Fortsetzung ihrer Playgirl-Aktivitäten von Emma Willard bildete. Verabredungen standen an erster Stelle, und sie nahm sich gerade nur so viel Zeit zum Büffeln, daß es reichte, um gerade so durch die Prüfungen zu schlüpfen. Manchmal blieb sie die ganze Nacht weg und versäumte am folgenden Tag den gesamten Unterricht. Ihr Mißfallen über die nach Geschlechtern getrennte Erziehung, die sie schon in Emma Willard mitgemacht hatte und jetzt in Vassar wieder erfuhr, drückte sie so aus: »Frauen sollten nicht wie Bürger zweiter Klasse behandelt werden, die man wegsperrt von der realen Welt.« Die Zeit gab ihr recht: Die meisten Mädchenschulen und -Colleges sind heutzutage gemischt. Als sie von der Lokalzeitung nach der Schauspielerei gefragt wurde, antwortete sie: »Niemals. Ich beobachte meinen Vater und weiß, wo meine Grenzen liegen, und mir ist klargeworden, daß ich nie gut genug sein werde. Ich will nichts anfangen, wo ich nicht die Allerbeste sein kann.«

Am Ende dieses Jahres in Vassar lagen ihr andere Dinge auf der Seele. Als sie nach Hause kam in die East 74th Street, fand sie nur Susan, Amy und die Hausangestellten vor. Sie mußte weinen, als Susan erzählte, daß Hank sich nun ständig bei Afdera Franchetti in Europa aufhielt. Hanks und Susans Scheidung lag schon in den Händen der Anwälte. Susan blieb ruhig und entschlossen und wurde mit der Situation ganz anders fertig als zuvor Janes Mutter Frances.

Nachdem Jane einige Zeit bei Susan verbracht hatte, wobei sie ihr ewige Freundschaft schwor, fuhr sie los nach Cape Cod, um ihre zukünftige Stiefmutter kennenzulernen; Hank hatte dort für sich und seine Schwester Harriet ein Haus für den Sommer gemietet. Afdera mochte Jane auf den ersten Blick und nannte sie »ein typisches, süßes, schönes amerikanisches Mädchen mit den Augen des Vaters, aber noch mit Babyspeck auf den Knochen«. Zuerst wußte Jane nicht, was sie von der nur fünf Jahre älteren Afdera halten sollte. Als Tochter einer unverschämt reichen Familie aus Venedig gab Afdera das Musterbeispiel für den europäischen Jet-set der Zeit ab. Behangen mit Juwelen und Pelzen, richtete sie ihr ganzes Sinnen und Trachten auf die Parties der internationalen Gesellschaft an solchen Orten wie Cap d'Antibes an der Riviera und verkehrte mit Leuten wie dem Herzog und der

Herzogin von Windsor. Jane war sprachlos, daß der bislang immer für sein sparsames Wesen bekannte Vater Afderas wildes, verschwenderisches Leben mitmachte. Aber er machte es mit.

So reiste Jane nach Vassar zurück ins zweite Studienjahr, völlig durcheinander und zunehmend brummiger. Sie hörte auf, Schmuck und Designerkleidung zu tragen, vermutlich um sich möglichst stark von Afdera zu unterscheiden. Das zweite Jahr in Vassar verlief nicht anders als das erste – Verabredungen mit Männern und nur ein Minimum an Arbeit fürs Studium. Sie entschloß sich, zum dritten Studienjahr nicht mehr zurückzukehren: sie wurde zum College-Aussteiger.

Afdera und Hank heirateten am 10. März 1957 im New Yorker Haus in der East 74th Street. Jane und Peter waren beide da. Die Flitterwochen wurden verschoben, weil Hank den Film *Die zwölf Geschworenen* (*Twelve Angry Men*) beenden mußte und in den Vorbereitungen für den Paramount-Film *Der Stern des Gesetzes* (*The Tin Star*) und für das Bühnenstück *Zwei auf einer Schaukel* (*Two for the Seesaw*) von William Gibson steckte. Doch im Juli brausten die Jungvermählten ab in einen Sommer voller Jet-set-Trubel in Venedig, Pamplona und Cap Ferrat; Jane wurde dazu eingeladen. Das Ganze ähnelte Szenen aus einem frühen Hemingway-Roman: endlose Parties, Tanzen bis in den Morgen; Verehrer in Hülle und Fülle umschwärmten Jane wie Bienen die Bougainvillea. Eine Zeitlang hatte sie eine ziemlich ernste Beziehung mit dem Schauspieler James Franciscus und danach (durch Afdera) mit Graf Giovanni Volpi, dessen Vater das Filmfestival von Venedig gegründet hatte.

Für Hank Fonda wurde mit einundfünfzig das Tempo allerdings zu scharf, und er schraubte es herunter, indem er Gesellschaftsspiele organisierte, bei denen sprachliches Kombinationsvermögen gefragt war. Darauf verstand er sich gut. Der Tempowechsel gefiel Afdera und ihren europäischen

Landsleuten; diese veränderten das Spiel so, daß mehrere Sprachen einbezogen wurden. Für seine abendlichen Wettkämpfe fand Hank reichlich Mitspieler – manchmal machte Jane sogar mit. Auch Jane trat nun kürzer und legte öfter ein Mittagsschläfchen ein – Bulimie.

Meiner Frau Muriel erklärte Hank: »Äußerlich gesehen mag ich vielleicht nicht der beste Vater gewesen sein, aber ich habe meine Kinder geliebt und mich um sie gesorgt. Jane aß eine Menge, schien aber dabei immer magerer zu werden, im Gesicht mehr als am Körper. Selbst wenn sie die ganze Nacht herumschwirrte, konnte ich nicht begreifen, wieso sie so viel Schlaf brauchte. Bei den Spielen mit Wörtern lag sie immer mit vorn, aber dann versank sie oft in absolute Gleichgültigkeit.«

Auch fiel Hank auf, daß Jane seine neue Frau nicht sonderlich mochte. »Das war überhaupt kein Vergleich zu dem herzlichen Verhältnis, das sie zu Susan hatte, aber ich mußte mein eigenes Leben führen und wußte, daß ich daran nichts ändern konnte. Es verletzte mich, als mir andere berichteten, Jane habe einige Afdera-Witze über deren Einkaufstouren auf Lager, die sie amerikanischen Freunden wie Jim Franciscus erzählte.«

Hank erwähnte auch, daß er zu der Zeit keine weiteren Diskussionen mit Jane darüber führte, ob sie Schauspielerin werden solle. »Ich war bloß froh darüber«, sagte er, »denn obwohl mich die Vorstellung von einer Schauspielerdynastie Fonda lockte, wäre es mir lieber gewesen, wenn meine Kinder ein normales Leben geführt hätten.«

Ein normales Leben wäre für Henry Fonda wohl so was wie eine Laufbahn in der bildenden Kunst und Malerei gewesen, die ihm als Nebenbeschäftigung soviel Befriedigung geschenkt hatte. Er war deshalb überglücklich, als Jane am Ende dieses verrückten Sommers zu ihm kam und erklärte, sie wolle nicht mehr nach Vassar zurückkehren, sondern statt dessen nach Paris fahren, um Renoir, Cézanne, Monet und die anderen Impressionisten zu studieren, die der Vater so bewunderte.

Also schwirrte sie ab nach Paris, wie sie glaubte, zu einem ganz neuen Leben, das nichts mit dem von Hank und Afdera zu tun haben sollte. Wie sie später mitteilte: »Ich habe verzweifelt versucht, mich selbst zu finden, etwas Besonderes aus meinem Leben zu machen, etwas, bei dem ich meiner eigenen Persönlichkeit Ausdruck verleihen konnte. Ich wollte immer noch so sein wie mein Vater, aber eben nicht *genau* wie er. Es ist ziemlich schwierig, im Schatten eines Nationaldenkmals aufzuwachsen.«

9

Ein zielloses reiches Kind mit einem Stich ins Wilde – nur so ungefähr läßt sich Jane Fonda im Jahre 1957 beschreiben. Nachdem sie den Vater herumgekriegt hatte, sie nach Paris zu schicken, um die Impressionisten zu studieren und zu malen, blieb sie den Beweis schuldig, daß sie sich dem einen wie dem anderen besonders gewidmet hätte.

Jane erzählte: »Ich zog bei Comtesse Sowieso ein. Die hatte eine dunkle, elegante Wohnung, wo man von jungen Damen erwartete, daß sie bei Tische nicht schwatzten. Und während ich an der École de la Chauvierre eingeschrieben war, habe ich in Wirklichkeit den Unterricht geschwänzt.«

Eins ihrer Probleme bestand darin, daß sie mit der französischen Sprache nicht gut zu Rande kam und zu faul war, Sprachunterricht zu nehmen – deshalb war die Verständigung mit den Kunstlehrern hoffnungslos. (Natürlich hat sie später die Sprache fließend beherrscht, so daß sie französische Filme drehen konnte, wenn auch mit einem starken amerikanischen Akzent, was in dem Lande als »ach wie süß!« betrachtet wird.)

Anstatt Französisch auf die herkömmliche Weise zu lernen, setzte sich Jane in den Kopf, daß sie die Sprache genausogut aufschnappen könne, wenn sie sich in Studentencafés herumtrieb und zuhörte, wie die Einheimischen redeten. Tatsächlich jedoch schloß sie sich meist amerikanischen jungen Leuten an, denn bei ihnen brauchte sie sich sprachlich natürlich nicht anzustrengen. Es dauerte nicht lange, da verfiel sie wieder auf die alte Tour, sich unterschiedslos mit Männern einzulassen, wie sie es in Emma Willard und Vassar getrieben hatte.

Zu der großen Schar neuer Freunde gehörten einige, die bei dem kleinen literarischen Magazin *Paris Review* arbeiteten, das damals von einem anderen reichen amerikanischen Sprößling herausgegeben wurde, aus dem später der weithin bekannte Schriftsteller und Sportsatiriker George Plimpton wurde. Bei der *Paris Review* erledigte Jane für Plimpton und andere einige untergeordnete Jobs wie Botengänge, Kaffee kochen und inoffiziell als Bürokraft arbeiten. Geld bekam sie keins – aber sie erhielt reichlich Geld von Hank und besaß ihr eigenes Vermögen, so daß sie nach Büroschluß in den Cafés am linken Seine-Ufer herumsitzen konnte.

Ein New Yorker Klatschkolumnist, der durch Paris reiste, berichtete in seinem Blatt, daß »Henry Fondas Tochter einen draufmacht und von einem Bett ins andere hüpft«. Es wurde dabei angedeutet, daß in den Betten Männer wie auch Frauen lagen – möglicherweise die unglaubwürdige Übertreibung von einem, der gern mit Dreck wirft. Als Henry Fonda den Bericht las, ging er an die Decke und befahl seiner Tochter, sofort nach Hause zu kommen.

»Wie ich wieder in New York ankam«, sagte Jane, »hat mich Dad erst mal richtig zusammengestaucht. Als er sich dann etwas beruhigte, schimpfte er: ›Was zum Teufel wirst du nun mit deinem Leben anstellen?‹ Ich dachte, ich könnte ihn noch weiter beruhigen, und sagte also, ich würde mich in New York bei der Art Students' League anmelden – da gab es für mich keine Sprachschwierigkeiten.«

Was dieses absonderliche Jahr in Janes Leben angeht, bemerkte ihr Bruder Peter: »Sie hat auf alle Arten, die ihr nur einfielen, versucht, die Aufmerksamkeit unseres Vaters zu erringen – von Vassar weglaufen und in Paris solche krassen ausgeflippten Sachen anstellen, wo sie Kunst studieren sollte, aber statt dessen rannte sie lieber mit den Top-Playboys des Jet-sets durch die Gegend. Als Dad sie nach Hause rief, versuchte sie immer noch, ihm weiszumachen, daß sie ernsthaft

Kunst studierte, dabei murkste sie nur herum und ging auf Parties.«

Es ist wahr, Jane brachte nur einen Bruchteil der Zeit beim Aktzeichnen in der Art Students' League zu. Viel länger hielt sie sich im New Yorker Büro der *Paris Review* auf, wo sie neue Bestellungen am Telefon entgegennahm und Termine für die Mitarbeiter vereinbarte. Nebenbei fing sie auch an, sich dilettantisch als Model zu betätigen. Sie hatte den berühmten Fotografen Richard Avedon kennengelernt (»ich weiß nicht mehr, ob es in Paris oder New York war«), und der begann sie versuchsweise in einigen seiner Mode-Layouts zu benutzen. Obgleich sie ihre eigene langbeinige Figur nicht leiden konnte – mit zwanzig war sie nun 1,73 groß und wog wegen der Bulimie nur 54 Kilo –, fand Avedon sie attraktiv. Besonders gefielen ihm die großen Augen und das ausdrucksstarke Gesicht mit der Andeutung von Sexualität und Verwundbarkeit. Später erschien sie auf einer Titelseite von *Vogue*, fotografiert von Avedon; aber was den Umfang der Arbeit als Model betrifft, die sie bekam, konnte sie mit Cheryl Tiegs nicht mithalten. Wie mit allem anderen, murkste sie immer noch bloß herum.

Wie also konnte sich diese ewige Dilettantin plötzlich auf eine einzige Sache ernsthaft konzentrieren – auf das Theaterspiel, das sie ihr ganzes bisheriges Leben lang vor sich selbst herabgesetzt hatte? Das ist wiederum Teil ihres widerspruchsvollen Wesens. Es war ein erneuter Ausdruck von Auflehnung, gepaart mit Eigeninteresse. Sie wollte wie ihr Vater sein, aber eben nicht *genau* wie ihr Vater, wie Josh Logan häufig bestätigt hat. Die Revolte bestand darin, daß sie sich auf eine Darstellungsart stürzte, die völlig von der des Vaters abwich, der in seinem Beruf ein Traditionalist war. Das genaue Gegenteil von Hanks Stil bildete »Die Methode«, die am Actors' Studio von Lee Strasberg gelehrt wurde. Sie betonte die innere Stimulierung dadurch, daß man seine

Gedanken auf die eigenen vergangenen Erfahrungen konzentriert, statt zu beobachten, wie die anderen agieren und reagieren, so wie es Hank tat. Hank war gerade in *Zwei auf einer Schaukel* aufgetreten, zusammen mit Anne Bancroft, einer Schülerin Strasbergs, und er haßte diese Darstellungsweise (besonders da die meisten Kritiker der Auffassung waren, daß Anne Bancroft ihm die Schau gestohlen habe).

Auch Josh Logan haßte die Methode, die vermeintlich von Stanislawskis Technik aus Rußland übernommen war. Über solche Behauptungen lächelte er immer höhnisch und sagte: »Ich bin der einzige Amerikaner, der je bei Stanislawski studiert hat, und diese sogenannte Methode ist nicht das, was ich gelernt habe. Lee Strasberg hat seine Ideen aus zweiter Hand von einem x-beliebigen russischen Schauspieler, der vielleicht bei Stanislawski in die Schule gegangen sein mag und dann in die Vereinigten Staaten auswanderte, wobei auf der langen Reise über den Atlantik eine Menge verlorengegangen ist.« Nichtsdestoweniger haben Strasberg und seine Methode einige glänzende Schauspieler und Schauspielerinnen hervorgebracht, unter ihnen Marlon Brando, Paul Newman, Joanne Woodward, James Dean, Geraldine Page – und später Dustin Hoffman und Al Pacino.

Woher Jane ihre Verbindung zu Strasberg und dem Actors' Studio hatte, ist umstritten. In einigen Publikationen findet man, daß Jane Susan Strasberg kennenlernte, die Schauspielerin und Tochter des Gurus, als Susan den Film *Eines Tages öffnet sich die Tür* (*Stage Struck*) mit Hank in New York drehte. Nach dieser Version verstanden sich die beiden Mädchen, ungefähr im gleichen Alter und beide Töchter von brillanten, aber lieblosen, schwierigen Vätern, von Anfang an glänzend. Susan überzeugte Jane, daß sie es sich noch einmal überlegen solle, ob sie nicht doch die Laufbahn einer Schauspielerin einschlagen will, aber mit einer Ausbildung im Actors' Studio. Mir erzählte Susan:

So war es nicht. Ich habe Jane ja erst in dem Sommer, nachdem sie aus Paris zurückgekehrt war, kennengelernt, und das war nicht in New York; es war am Strand von Santa Monica. Meine Mutter Paula war an die Westküste gekommen, um Marilyn Monroe bei einem Film zu coachen – ich glaube, es war für *Manche mögen's heiß* (*Some Like It Hot*) –, und Dad hatte für den Sommer ein Haus am Strand gemietet. Mein Bruder John und ich fuhren hin, um bei ihnen zu sein. Ich machte gerade eine schwere Zeit durch, mußte über eine Affäre mit Richard Burton hinwegkommen – wir hatten uns gerade getrennt.

Jedenfalls saßen wir alle am Strand, zusammen mit anderen, die in der Nähe wohnten – Peter Lawford mit seiner Frau, Lauren Bacall, Marilyn und Arthur Miller –, da lief dieses hübsche Mädchen vorbei. Es war Jane Fonda. Sie war nicht so schön, daß es einem den Atem verschlug, wie Vivien Leigh oder Ava Gardner, aber sie hatte etwas Sanftes und Saftiges an sich. Mich erinnerte sie an einen reifen Pfirsich oder an etwas, das gerade erblüht. Mein Bruder, der ihren Bruder Peter kannte, brachte sie zu uns, um mit Dad zu reden. Mein Vater liebte Genies, Psychotiker und schöne Frauen, und zwar genau in dieser Reihenfolge. Offensichtlich zählte Jane zur letzten Kategorie. Ich hörte, wie er zu ihr sagte: »Ja, Sie können Schauspielerin werden«, und er nahm sich viel Zeit, ihr von der Methode zu erzählen, wie das nur Lee Strasberg konnte.

Jane war an die Westküste gekommen, um den Sommer mit Hank und Afdera zu verbringen, und zwar in einem Haus, das er von Tyrone Powers Ex-Frau Linda Christian gemietet hatte. Aber als Hank entschieden etwas dagegen hatte, daß Jane sich bis spät in die Nacht mit einem Mann namens Sandy Whitelaw herumtrieb, zog Jane eingeschnappt aus und mietete sich ein eigenes Apartment in Santa Monica. Auf diese

Weise lernte sie Marty Fried kennen, einen von Strasbergs Schülern, mit dem sie dann ging, und danach den großen Meister der Methode selbst.

Gegen Ende des Sommers schloß Jane mit Hank und Afdera Frieden und fuhr mit beiden zurück nach New York. Umgehend meldete sie sich im Actors' Studio an. Bei einer ihrer ersten Übungen in der Klasse schaute Lee Strasberg herein und lobte sie – und Jane wurde in eine Gruppe ausgesuchter Eliteschüler Strasbergs aufgenommen. Damals sagte sie: »Lee Strasberg bescheinigte mir, daß ich Talent habe, wirklich begabt bin. Das war das erstemal, daß mir jemand gesagt hat, ich sei gut. Bei irgendwas. Es war ein Wendepunkt in meinem Leben. Ich dachte beim Schlafengehen ans Schauspielen, ich dachte beim Aufwachen ans Schauspielen. Mir war, als schwebte ich davon zu neuen Ufern.«

Und so entfaltete Jane zum erstenmal eine Leidenschaft für eine Sache – wenn man von ihrer Vernarrtheit in Pferde absieht, als sie klein war. Gewissenhaft nahm sie am Unterricht des Actors' Studio teil. Mit dem Schwänzen war es vorbei. Sie liebte die Ausbildung, sie liebte es, mit den Mitschülern zusammenzusein, die fast alle zum Psychiater gingen und unaufhörlich über ihre »inneren Konflikte« sprachen, von denen Jane selbst genügend besaß. Susan Strasberg erinnert sich daran, daß Jane »leidenschaftsvoll und impulsiv« war, »ein Widerspruchsgeist, was nur der äußere Schein war, hinter dem sie ihre tiefe Unsicherheit verbarg«. Kevin McCarthy, einer der Mitbegründer des Actors' Studio, hat noch im Gedächtnis, »daß sie fast von Beginn an verriet, daß aus ihr mal eine sehr gute Schauspielerin werden würde«.

Wie es bei ihr damals schon zur Gewohnheit geworden war, verliebte sich Jane bald auf romantische Weise in einen jungen Mann. Es war Timmy Everett, ein Mitschüler, der schon am Broadway in *Das Dunkel am Ende der Treppe* (*The Dark at the Top of the Stairs*) von William Inge in einer kleinen Rolle aufgetreten war. In der Klasse taten sich Jane und Timmy zusammen und probierten gemeinsam Szenen. Für eine solche Szene aus einem dramatischen Werk von Dylan Thomas erhielten sie den Beifall der Lehrer wie der anderen Studenten ihrer Gruppe. Danach keimte die Liebe auf, und Jane und Timmy waren ein anerkanntes Duo sowohl im Actors' Studio als auch außerhalb. Sie wohnten in Janes Hälfte eines Luxusapartments, das sie mit einer anderen reichen Tochter aus Kalifornien teilte, Susan Stein, der Tochter Jules Steins von MCA – Jane war bei Hank und Afdera wieder ausgezogen, um unabhängig zu sein.

Von Zeit zu Zeit brachte sie jedoch Timmy mit zu den Fondas in die East 74th Street. Dem Vater gefiel Timmy, aber Afdera, die sich noch an Janes Liaisons mit europäischen Grafen und Baronen erinnerte, rümpfte die Nase über den stillen, unauffälligen jungen Mann. Wenn sie so nebeneinander herliefen, sah das schon seltsam aus, denn er war mindestens sieben Zentimeter kleiner als Jane und wirkte schwächlich. Mit ihrer Aufnahme in den Kreis des Actors' Studio änderte sich gewiß Janes Geschmack in puncto Männer. Susan Strasberg galt nach *Das Tagebuch der Anne Frank* (*The Diary of Anne Frank*) von Frances Goodrich und Albert Hackett schon als großer Star; sie hat Timmy als klug und fürsorglich in Erinnerung, »aber wie so viele am Studio machte er einige unbegreifliche Dinge. In New York erschien er in dem Jahr mit Jane auf einer Silvesterfeier, krempelte sich die Ärmel hoch und zeigte uns die Narben, wo er sich beide Pulsadern aufgeschnitten hatte.

Jane hatte auch eine kleine Macke. Sie ließ sich ständig das Gesicht massieren, weil es ihrer Meinung nach nicht schmal genug wäre. Ich weiß noch, wie ich einmal abends bei ihr zum Dinner war. Sie fraß wie ein Scheunendrescher und lief dann ins Bad. Ich konnte hören, wie sie sich übergab, ziemlich laut. Als sie wieder herauskam, gab sie offen zu, daß sie gekotzt hatte.« Susan ist in psychologischen Dingen sehr scharfsinnig und bekam bald mit, daß Jane Bulimie hatte – sie war eine der wenigen, die das bemerkten.

Während das Verhältnis mit Timmy Everett noch bestand, zog Jane einen anderen Bewunderer am Actors' Studio an. Sein Name war Andreas Voutsinas; er machte bei Lee Strasberg eine Ausbildung zum Regisseur durch, nicht zum Schauspieler. In der nächsten Phase von Janes turbulentem Leben sollte er eine wichtige Rolle spielen. Voutsinas war Grieche. Sein Vater hatte ein Vermögen gemacht, indem er nach Äthiopien ging und sich im Krieg gegen Kaiser Haile Selassie in den dreißiger Jahren auf die Seite der Italiener schlug. Als der Kaiser zurückkehrte, wurde die Familie Voutsinas ausgewiesen und verlor alles. Der junge Andreas fuhr daraufhin nach England und in die USA, um Schauspiel und Regie zu studieren, und landete auf Empfehlung seines griechischen Landsmanns, des großartigen Regisseurs Elia Kazan, im Actors' Studio.

Wie die meisten anderen am Actors' Studio ging auch Voutsinas zur Psychoanalyse. Mehreren Leuten erzählte er, daß er und der Psychologe sich darin einig waren, daß er bisexuell sei. Susan Strasberg sagt:

> Ich nahm an, er sei schwul, aber das spielte für mich keine Rolle. Er war ein wunderbarer junger Regisseur. Wenn ich im Studio eine Szene spielen mußte, wollte ich keinen anderen Regisseur als ihn, weil ich wußte, er würde sich gut um mich kümmern. Die Requisiten würden an Ort und Stelle sein, die Stichwörter würden richtig kommen. Aber im ganzen war Andreas ein sonderbarer Bursche. Er ging nur ganz in Schwarz, und mit seinem schwarzen Umhang, schwarzen Haaren, schwarzem Schnurrbart und schwarzem Kinnbart sah er wie Mephisto aus – ein Eindruck, den er sicher bewußt erwecken wollte.

Wie ist er eigentlich mit Jane zusammengekommen? Ich kann mir gut vorstellen, daß Jane nach all den Jahren der fehlenden Aufmerksamkeit seitens ihres Vaters eine Autoritätsperson brauchte, auf die sie sich verlassen konnte. Andreas entsprach dem gewiß. Ihm gefiel es, und er war ganz wild darauf, ein Talent zu formen. Er unternahm alles, was er konnte, um alles aus einem herauszuholen. Er gab einem schlichtweg das Gefühl, daß man denkt: »Mir bringt jemand seine ganze Aufmerksamkeit entgegen; den interessiert, wie ich aussehe, was ich anhabe, wie ich mich verhalte.« Er coachte Jane im Studio und führte Regie, wenn sie bei einigen kleinen Aufführungen außerhalb mitwirkte. Er war sehr streng und verlangte viel von ihr; er wurde wütend und schrie eine Menge herum. Aber das war offensichtlich genau das, was Jane brauchte. Selbst Zorn ist ein Ausdruck von Fürsorge.

So ließ sich Jane, die schon einige seltsame Beziehungen zu Männern hinter sich hatte, nun auf eine der seltsamsten ein. Da war also Timmy Everett, mit dem sie zusammenlebte, feinfühlig und liebevoll; sie brachte ihm viele Geschenke mit. Dann gab es als dritten in dem Trio Voutsinas, die autoritäre Vaterfigur, die sie anscheinend brauchte. Nach anfänglichem Interesse an Jane hielt Lee Strasberg sie nicht mehr für eine neue Marilyn Monroe, und Voutsinas, der sich mit seiner ganzen Aufmerksamkeit um Janes Entwicklung als Schauspielerin bemühte, schien nun diese Lücke zu füllen.

Damit soll nicht gesagt werden, daß es sich bei dem Trio Jane-Timmy-Andreas um ein Dreiecksverhältnis handelte. Voutsinas wartete geduldig, bis sich die Beziehung zu Timmy Everett abkühlte, was tatsächlich eintrat, und erst dann stieg er ein. Unterdessen rief Jane bei den Dienstags- und Freitagsübungen der Gruppe einiges Stirnrunzeln hervor, weil sie beiden Männern Zeichen ihrer Zuneigung zukommen ließ.

Vielleicht geschah es erst später, aber Maurice Zolotow, der Biograph Marilyn Monroes, wurde von Lee Strasberg eingeladen, eine Zeitlang als Gast an allen Klassen teilzunehmen. »Das eine, an was ich mich bei Jane Fonda erinnere«, erzählte mir Zolotow, »war, daß sie sich mit Voutsinas immer etwas abseits setzte, seine Hand hielt und ihn mit Augen wie ein junger Hund anstarrte.«

Hank Fonda machte kein Geheimnis daraus, daß er Andreas Voutsinas nicht ausstehen konnte. Mehr als einem Interviewer sagte er: »Der Kerl ist ein verdammter Svengali, der das abhängige Mädchen ihm hörig macht.« Und wenn, dann sollte Voutsinas der erste einer Reihe von Svengali-Typen im Leben seiner Tochter sein. In seiner einsträngigen Denkungsart des Mittelwestens kam Hank nie auf die Idee, daß er vielleicht wenigstens teilweise daran schuld war. Er hätte Janes Mentor werden können, aber bei dem merkwürdigen Vater-Tochter-Verhältnis brachten sie es nicht einmal fertig, miteinander zu reden. Also suchte Jane – die offensichtlich eine Art von Mentor ähnlich ihrem Vater brauchte, dem Nationaldenkmal, wie sie ihn nannte – woanders danach: bei Lee Strasberg, jetzt bei Andreas Voutsinas, später bei Roger Vadim und den politischen Gurus.

Das alles ruft einem schmerzlich ins Gedächtnis, wie Hank und Jane einander schadeten, weil ihre Kommunikation scheiterte, und das in einer ernsthaft belasteten Beziehung voller verborgener Liebe.

10

Es läßt sich nicht beweisen (obwohl die Ereignisse allzu augenfällig sind, als daß man sie für Zufall halten könnte): 1959, als Jane noch nicht zweiundzwanzig war, brütete Hank Fonda einen raffinierten Anschlag aus, um Jane sowohl von Voutsinas als auch vom Actors' Studio loszureißen. Es funktionierte nicht ganz, war aber dennoch typisch für Hanks Gerissenheit, wenn ihm etwas gegen den Strich ging.

Jane wurde einmal unverhofft von Josh Logan, ihrem Paten und dem besten Freund des Vaters, angerufen und zu ihm bestellt. Logan befand sich auf dem Höhepunkt seiner Karriere. Er hatte bereits eine erstaunliche Filmarbeit geleistet und gerade aus Marilyn Monroe in dem Film *Bus Stop* eine außergewöhnliche Leistung herausgeholt (obwohl das auch ein Verdienst ihres Coach Paula Strasberg vom Actors' Studio war, Lee Strasbergs Frau). Ohne das Verdienst mit irgend jemand teilen zu müssen, hatte Logan auch in *Picknick* (*Picnic*) mit Kim Novak, die fast noch Anfängerin war, so etwas wie ein Wunder vollbracht.

Als Jane in sein Büro kam, erzählte ihr Logan (der jede Absprache mit Hank hartnäckig leugnete) von diesen Erfolgen und unterbreitete ihr folgendes Angebot: »Jane, ich möchte, daß du einen Fünfjahresvertrag unterschreibst, für mich sowohl im Film als auch auf der Bühne aufzutreten.« Da sie bislang in keinem der beiden Metiers beruflich gearbeitet hatte, war sie regelrecht sprachlos. Logan fuhr fort: »Mir gehören die Filmrechte an dem Stück *Je länger – je lieber* (*Tall Story*) von Howard Lindsay und Russel Crouse. Das ist das erste, womit du anfangen sollst. Es handelt von einer gewieften Studentin, die am College hinter einem Basketballstar her ist und ihn sich angelt.«

Jane, die am Actors' Studio nur Ibsen und Eugene O'Neill gewöhnt war, sagte: »Uh.«

Logan redete weiter auf sie ein: »Keine Angst, meine Liebe. Es ist zwar nicht Shakespeare, aber das wird ein guter Einstieg für dich. Für den Film brauche ich zwei unbekannte junge Leute. Den Jungen habe ich schon. Ich habe einen Burschen, der Warren Beatty heißt, unter Vertrag genommen – denselben Vertrag, den ich dir anbiete.«

Obwohl Logans Angebot, was die finanzielle Seite betraf, kaum der Rede wert war (250 Dollar die Woche plus Spesen, damals die üblichen Bedingungen für eine unbekannte junge Schauspielerin), bot es doch eine gar zu gute Chance, als daß man es ablehnen konnte, und Jane nahm schließlich an – aber mit einem unguten Gefühl, wie sich diese Arbeit auf ihr Studium im Actors' Studio auswirken würde. Hank war von der Abmachung begeistert, ebenso Timmy Everett. Voutsinas reagierte mürrisch negativ und meinte, Jane habe sich »verkauft«.

Für eine Weile gingen die Verhandlungen zwischen Logan und Warner Brothers, die den Film finanzieren sollten, hin und her. Jack Warner lehnte Warren Beatty ab, mit der Begründung, daß er noch keinen Namen hatte (den Jane in seinen Augen wohl besaß, da sie eine Fonda war), und Anthony Perkins wurde für die Rolle des Basketballspielers engagiert. Als Jane schließlich nach Hollywood rüberfuhr, um mit den Dreharbeiten zu beginnen, fühlte sich Warner, der die Probeaufnahmen sah, plötzlich auch bei Jane nicht ganz wohl. Er machte eine inzwischen zur Legende gewordene dämliche Bemerkung: »Sie hat Zukunft, wenn man ihr die Haare blond färbt, ihr den Kinnladen bricht, um ihm eine andere Form zu geben, und ihr ein bißchen Silikon in die Titten spritzt oder ihr falsche umhängt.«

Obwohl Logan sie besänftigend anleitete, machte Jane bei den Dreharbeiten eine schreckliche Zeit durch. Da sie in dem Geschäft groß geworden war, kannte sie die Vermarktungsseite des Filmemachens – das ständige An-einem-Herumzerren der Presseleute und der Fotografen. Sie sehnte sich zurück in die vergleichsweise ruhige Atmosphäre des Actors' Studio, »wo man nur von Ebenbürtigen beurteilt wird, von denen einige besser sind als man selbst«. Der *New York Times* erklärte sie später, daß sie während der Filmaufnahmen überhaupt kein Selbstvertrauen besessen habe: »Eines Nachts hatte ich solche Angst davor, eine große Liebesszene zu schmeißen, daß ich einen Alptraum bekam und schlafwandelte, bis ich um drei Uhr morgens nackt auf der Straße aufwachte.«

Als der Film abgedreht war, kehrte sie schnurstracks zurück nach New York – in den Schoß des Actors' Studio. Was ihr verworrenes Liebesleben betraf, hatte sie einen Entschluß gefaßt: Timmy Everett war out, Voutsinas war in. Sie mietete sich nun ein eigenes Apartment in der East 55th Street, und Voutsinas zog auf Dauer ein. Dem Vater stattete sie einen kurzen Besuch ab und sprach dabei nur flüchtig von *Je länger – je lieber*. Später äußerte sich Henry Fonda so: »Ich verstehe das Kind nicht. Hier wurde ihr als junger Schauspielerin diese riesige Chance geboten, die nur eine von einer Million bekommt, und wenn sie mit mir darüber spricht, tut sie es ab, als wäre es gar nichts.«

Wie Maurice Zolotow feststellte, hing Andreas Voutsinas überall und den ganzen Tag mit Jane zusammen. Aus ihrem Verhältnis machten sie kein Geheimnis und brachten viele Mitglieder des Actors' Studio in Verlegenheit – die ja allerlei gewöhnt waren –, wenn sie sich fast ständig öffentlich küßten und liebkosten. Es war auch offenkundig, daß Voutsinas nun ihre Karriere völlig in die Hand genommen hatte. Bei allem, was sie im Studio machte, fungierte er als ihr coachender

Betreuer. Sooft es ihm von den Studioleitern gestattet wurde, führte er bei ihren Übungsszenen Regie. Er ließ vernehmen, daß er ein Broadway-Stück suche, bei dem er die Regie und Jane die Hauptrolle übernehmen könne.

Man schrieb nun 1960. *Je länger – je lieber* wurde noch nicht in den Kinos gezeigt, also gab es noch keine Kritiken, denen man hätte entnehmen können, wie sich Jane in ihrem ersten Film machte. Den Mitgliedern des Actors' Studio war das eventuelle Ergebnis egal, denn sie hatten das dürftige Stück, das die Vorlage des Films bildete, schon gesehen und betrachteten es als »nicht ganz das richtige für das Actors' Studio«.

Der unbezähmbare Josh Logan scherte sich nicht darum, was die Kritiker von *Je länger – je lieber* hielten. Er erwarb nun ein Bühnenstück von Dan Taradash mit dem Titel *There Was a Little Girl* und behauptete Jane gegenüber, das sei für sie nach Maß geschneidert. Sie fühlte sich geschmeichelt und war begeistert, denn das wäre ihr erstes Auftreten am Broadway in einer Hauptrolle. Zunächst fragte sie aber Voutsinas um Rat; er hörte sich ernst den Inhalt an, wie ihn Jane umriß, und meinte dann, sie solle losmachen damit. Er erklärte, er würde ihr während der gesamten Proben und der Laufzeit des Stücks zur Seite stehen – als Coach –, ob es dem Regisseur Logan gefiele oder nicht.

There Was a Little Girl besaß durchaus ein vielversprechendes Sujet. Logan stellte es mir so dar:

> Es handelt von einem bürgerlichen Mädchen. Sie geht bei ihrer ersten Liebesnacht mit ihrem Freund in ein Motel, doch wegen seiner puritanischen Vorbehalte gegen vorehelichen Sex landen sie in einer Bar. Dort betrinken sie sich, und das Mädchen wird von einer Gruppe von Punks, die dort herumhängen, aus der Bar herausgeschleppt und von ihnen der Reihe nach vergewaltigt. Sie spürt die Schufte

auf, die sie überfallen haben, und stellt sie zur Rede. Die Kerle versichern ihr, daß sie sich gegen ihre Zudringlichkeit zur Wehr gesetzt habe und es nicht »so haben wollte« – genau das hatte ihr Gewissen geplagt. Das verändert nun ihre ganze Haltung zum Sex, denn jetzt spürt sie, daß sie sich selbst gehört.

Das Stück besitzt ein ziemlich unmögliches Ende: Das Mädchen gabelt einen Fremden auf und geht mit ihm ins Bett; Voutsinas machte keinerlei Einwände gegen diesen Schluß, jedenfalls sagte er nichts. Also begann man mit den Proben zu dem Stück, Voutsinas immer an Janes Seite. Logan packte die Wut. Er hatte natürlich von Hank Fonda über ihn erfahren, aber, so erzählte er mir: »Ich hatte ja keine Ahnung, was für einen Einfluß der Kerl auf Jane hatte. Ich sagte ihr, wie sie etwas spielen soll, und sie geht mal kurz in ihre Garderobe, wo dieser Voutsinas wartet, und dann kommt sie zurück und fängt an, mit mir darüber zu streiten. Das war nicht gerade angenehm für mich.«

Nach der Premiere des Stücks am 29. Februar 1960 in New York hauten es die Kritiker in die Pfanne. Brooks Atkinson von der *New York Times* nannte es »ein höchst unappetitliches Melodrama«. Atkinson überwand sich aber und lobte Jane in der Rolle der »erbärmlichen Heldin«. Er schrieb: »Sie liefert eine wache, vielseitige Darstellung, die professionell reif ist und verrät, daß sie den richtigen Beruf gefunden hat.«

Obwohl *There Was a Little Girl* nach kaum zwei Wochen wieder abgesetzt wurde, war Jane endlich so etwas wie eine Berühmtheit geworden, und das aus eigener Kraft – nicht als Hank Fondas kleine Tochter. *Life* interviewte sie und berichtete, »daß sie niemals irgendwelche Hilfe oder Ermunterung von ihrem Vater erhalten hat«. Den verblüfften Vater zitierte das Magazin mit den Worten: »Jane hat in einem Jahr einen größeren Sprung gemacht als ich in dreißig Jahren.« Andreas

Voutsinas wurde weder befragt noch zitiert. Später im selben Jahr tauchte sein Name jedoch in einer der Nachrichten auf, als »Miss Fondas Coach«, nämlich als sie vom New York Drama Critics Circle zur »Vielversprechendsten Schauspielerin der Saison« gewählt wurde.

Kurz nachdem *There Was a Little Girl* kam und wieder verschwunden war, lief *Je länger – je lieber* in den Kinos an und kam und verschwand genauso. Es hatte sich kaum gelohnt, auf die Kritiken zu warten; sie waren so schlecht, daß Voutsinas äußerte: »Hab ich dir doch gesagt!« Hier folgen einige typische Besprechungen:

> Den Film konnte nichts retten, nicht einmal der schmerzlich sympathische Anthony Perkins, der wieder seine berühmte Verlegenheitsnummer abzog, und auch nicht die Fonda der zweiten Generation mit dem Lächeln ihres Vaters und Beinen wie ein Ballettmädchen. (*Time*)

> Ein verzweifelter Versuch geistreicher Blasiertheit und eine unaufhörliche Kanonade aufgemotzter Witzeleien, das meiste davon reichlich abgestanden, über Sex auf dem Campus und das Geschäft mit der Bildung ... Auf dem Basketballplatz stolpert der schlaksige Perkins einigermaßen überzeugend herum. In Miss Fondas Nähe gafft er mit offenem Mund und erstarrt zur Salzsäule, und wer kann ihm das vorwerfen? Wenn Miss Fonda hin und wieder *ihn* schief anzusehen scheint, wer kann ihr das vorwerfen? (Howard Thompson in der *New York Times*)

Panne, Pech & Pleite. Immerhin hatte Jane bei ihren ersten beiden Starts als Schauspielerin, während sie im Actors' Studio immer noch Anfängerübungen machte, die Hauptrolle in einem größeren Film und einem größeren Broadway-Stück gespielt, selbst wenn beide auch miserabel ausfielen. Die meisten jungen Frauen ihres Alters quälten sich noch auf der Bühne von Provinztheatern ab, oder wenn sie Glück hatten, konnten sie sich mit kleinen Nebenrollen im Film die Treppe hinaufarbeiten. Im Actors' Studio war nur Susan Strasberg schneller vorangekommen, dank dem Film *Das Tagebuch der Anne Frank*. In Janes Alter – zweiundzwanzig – hatte Marilyn Monroe bei Columbia Pictures etwas gedreht, das *Die Damen vom Ballett* (*Ladies of the Chorus*) hieß. Nichtsdestoweniger gab Jane bereits, angestachelt von Andreas Voutsinas, ihrer Unzufriedenheit mit Josh Logan Ausdruck und behauptete: »Logan beutet mich aus.«

Es war auch wieder eine Periode tiefer Entfremdung von ihrem Vater. Sie berichtete: »Von Zeit zu Zeit ging ich ihn besuchen, aber auf Afderas Tagesordnung stand immer eine Cocktailparty oder eine Dinnerparty in ihrem Haus in der Stadt, und ich fühlte mich da nicht wohl.« Der Vater hatte ihre eigene Wohnung in der East 55th Street bisher noch nicht betreten, weil er Voutsinas nicht leiden konnte; deshalb hatte sie eines Abends, nachdem sie dafür gesorgt hatte, daß Voutsinas nicht dasein würde, Hank zu einem Besuch bei sich eingeladen, um mit ihm einen Vater-Tochter-Plausch zu halten.

Viele Leute im Actors' Studio können sich vorstellen, was an dem Abend geschah, denn sie haben die Geschichte sowohl von Janes als auch von Voutsinas' Standpunkt gehört. Janes Version lautete so:

> Ich sagte Andreas, er solle ins Kino gehen und dafür sorgen, daß er nicht vor elf Uhr wieder auftauchte. Dad kam zu mir ungefähr um acht. Zuerst benahm er sich steif und förmlich. Er sah sich in der Wohnung um und bewunderte sie. In die Schränke schaute er nicht. Ich glaube, er wollte Andreas' Klamotten nicht sehen. Dann haben wir uns hingesetzt und fingen an, miteinander zu reden; da taute er ein

Je länger – je lieber. Mit Henry Fonda, 1960

Um 1960

Zeit der Anpassung. 1962

Cat Ballou. Mit Lee Marvin, 1965

Cat Ballou. Drehpause

Barbarella. Mit John Philip Law, 1968

1968

Mit Ehemann Roger Vadim unter den Gästen bei der Oscar-Verleihung, Hollywood 1970

Mit Tochter Vanessa (* 28.9.1970)

Fest in Venedig, 1966

bißchen auf. Er erzählte mir, daß er über meine Arbeit eine Menge Gutes vernommen habe und wie sehr sich Josh über mich freue. Dann sprach er über seine eigenen Vorhaben, daß er wahrscheinlich in dem Bühnenstück *Critic's Choice* von Ira Levin und in dem Film *Sturm über Washington* (*Advise and Consent*) spielen werde. Wir unterhielten uns auch über Peter, der an der University of Nebraska studierte und anfing, ernsthaft davon zu reden, daß er Schauspieler werden möchte. Ich fragte, wieso Afdera nicht mitgekommen wäre; da wurde er plötzlich still und nachdenklich. Mir hatte schon jemand angedeutet, daß es auch um diese Ehe nicht allzugut stand. Armer Dad. Passierte es ihm wieder? Ich wollte auf ihn zugehen und ihn an mich drücken, aber das machte man nicht mit Dad.

Offenbar schaute Jane um dreiviertel elf auf die Uhr und deutete ihm an, er müsse nun gehen, weil Andreas jeden Augenblick nach Hause kommen würde. Jane erzählte: »Dad machte auf mich einen aufgewühlten Eindruck, er klatschte sich den Hut auf den Kopf und stakste hinaus.«

Später sagte Andreas: »Um elf kam ich in die Wohnung. Jane war ganz außer sich und heulte. Sie sagte, sie habe aus dem Fenster geguckt, nachdem ihr Vater gegangen war, und gesehen, wie er auf der Rinnsteinkante saß, den Kopf in den Händen.«

Das kann man sich kaum vorstellen: Der große Henry Fonda sitzt in New York am Rinnstein, voller Verzweiflung.

11

Das Seltsame an dem Verhältnis von Jane und ihrem Vater war, daß sie es fertigbrachten, einander so weh zu tun. Liebe war auch dabei, aber diese wurde immer von äußeren Einflüssen überdeckt, für die jeder dem anderen die Schuld zuschob. Jahre danach vertraute sie dem Magazin *Ms* folgendes an:

> Den einzigen größeren Einfluß auf mich übte mein Vater aus. Er besaß Macht. Alles drehte sich um ihn, auch wenn er nicht da war ... Ich wurde meines Vaters »Sohn«, ein Wildfang. Ich wollte unerschrocken sein, wollte erreichen, daß er mich liebt, wollte zäh und stark werden ... Er ist so aufrichtig. Er steckt voller guter Absichten und Aufrichtigkeit. Sogar die Dinge, die merkwürdig an ihm sind, habe ich liebengelernt, zum Beispiel wie er der Presse etwas Warmherziges und Vertrauliches über mich erzählen kann, es mir aber nicht selbst sagt ... Ich liebe ihn wirklich, aber es ist einfach so, daß er es nicht zu mir sagt; er erzählt es der Welt! Umgekehrt, als ich dreiundzwanzig war und meine eigenen Muskeln spielen ließ, um unabhängig von ihm zu werden, rührte mein Zorn eher von der Presse her als von der direkten Auseinandersetzung mit ihm.

Für die Dreiundzwanzigjährige war der Vater der allerletzte, mit dem Jane sich auseinandersetzen wollte, als sie sich der Herausforderung stellte, die eigene Identität zu finden. Stattdessen hielt sie sich an Voutsinas. Es sollte noch eine Menge Voutsinasse in ihrem Leben geben. Das würde sich später ändern, aber auf dieser Stufe ihrer Unsicherheit scheint sie

Männer gebraucht zu haben, die halfen, sie zu formen. Hätte sie sich an Josh Logan gehalten, bei dem sie unter Vertrag stand, wäre es in ihrem Leben vielleicht anders gekommen. Aber Logan ähnelte viel zu sehr ihrem Vater – tief versunken in seine eigenen Projekte, scheu und einfach nicht verfügbar, um ihr vierundzwanzig Stunden am Tage beizustehen, mit ihrem Mangel an Selbstachtung fertig zu werden, wie es Voutsinas tat.

Der Mangel an Selbstachtung nahm ein solches Ausmaß an, daß sie einmal sagte:

> Im Actors' Studio einfach aufzustehen und eine Szene zu spielen ist hart, hauptsächlich weil ich weiß, daß es da welche gibt, die viel mehr Talent als ich besitzen. Ich weiß aber, daß ich etwas anderes besitze: Ich habe das Zeug zum Star, ich habe Persönlichkeit. Auf der Bühne habe ich eine Ausstrahlung, derentwegen ich vielleicht bedeutender bin als die anderen. Was ich besitze, ist augenfällig – es ist wie eine Ware, nach der Nachfrage herrscht. Aber wenn es um die Fähigkeit des Spielens geht, da haben die anderen mehr zu bieten. Aus dem Grunde ist es so hart. (*New York Times*)

Unter Josh Logans Regie war diese Starqualität schon ans Licht getreten, doch nun nahm Jane, angestachelt von Voutsinas, es Logan allmählich übel, daß er sie wie eine Handelsware ausnutzte. Laut Vertrag mit Jane besaß Logan das Recht, sie an andere Produzenten »auszuleihen«, sich ihre Gage in die Tasche zu stecken und ihr nur den vereinbarten Wochenlohn plus Spesen zu zahlen. Nach *Je länger – je lieber* und *There Was a Little Girl* hatte Logan nichts Neues für Jane, aber es gab viele Produzenten, die sie »ausleihen« wollten.

Das erste Projekt war ein Broadway-Stück, *Invitation to a*

March von Arthur Laurents, der zuvor mit *Home of the Brave* einen Hit gelandet hatte. Neben Jane spielte Celeste Holm, und es wirkten noch zwei andere großartige Schauspielerinnen mit, Eileen Heckart und Madeleine Sherwood. In dem Stück geht es um eine junge Frau, die das Leben so langweilig findet, daß sie sich in eine Art Dornröschen verwandelt; es bedarf der Anstrengungen ihrer Mutter und der Freunde, aus ihr etwas anderes zu machen, damit sie mit ihrer Situation fertig werden kann. Das war so eine moralisierende Fabel, wie sie seinerzeit am Broadway äußerst beliebt waren.

Jane machte *Invitation to a March* nicht so großen Spaß. Laurents, der auch Regie führte, war ein ausgesprochener Gegner von Lee Strasbergs Methode, und er bestand darauf, daß Jane sich an seine traditionellere Schauspieltechnik hielt. Madeleine Sherwood, die auch vom Actors' Studio kam, war genauso unglücklich. Am Ende brachte man jedoch ein ziemlich gutes Stück zustande, das fast vier Monate am Broadway lief. Die Kritiker verteilten Noten von »einigermaßen« bis »gut«, wobei Jane erneut einige Extra-Lorbeeren erntete. *Newsday* schrieb: »Miss Fonda besitzt eine glühende Ausstrahlung, die fast das Mondlicht verdunkelt. Hier haben wir mit Sicherheit die bezauberndste und begabteste unter allen neuen jungen Schauspielerinnen.« Im *New Yorker* bemerkte der nicht leicht zufriedenzustellende Kenneth Tynan: »Jane Fonda kann wie eine Stimmgabel vibrieren, und ihre neurotischen Ausbrüche schockieren ebenso wie das mutwillige In-Stücke-Hacken einer unschätzbar wertvollen Harfe. Darüber hinaus verfügt sie über außergewöhnliche physische Mittel.«

Dennoch entschloß sich Jane in einem Akt von Unbarmherzigkeit, die sie von Zeit zu Zeit an den Tag legte, sich ihres Entdeckers zu entledigen. Sie unternahm rechtliche Schritte, um sich von dem Vertrag mit Logan loszukaufen. Angesichts seiner langjährigen Verbindung mit Jane und auch mit Hank und weil Jane die Ablösung mehr als hunderttausend Dollar gekostet hätte, nahm Logan diese Verhandlungen nicht allzu ernst. Er fuhr einfach fort, Jane wie gewöhnlich an andere Filmproduzenten auszuleihen, die sie einsetzen wollten. Es entstanden drei furchtbare Filme hintereinander, alle irgendwie schwach und kaum wert, auf der ansonsten recht beachtlichen Liste von Filmen Janes Erwähnung zu finden.

Der erste war *Auf glühendem Pflaster* (*Walk on the Wild Side*) von Columbia. Darin mausert sich Jane zu einer Nutte in einem Bordell, dem eine lesbische Madame vorsteht, gespielt von einer alten Freundin der Familie Fonda, Barbara Stanwyck. Deren freundschaftliche Beziehung zur Familie Fonda reichte so weit zurück, daß sie die ganzen Dreharbeiten hindurch Jane »Lady Jane« nannte, wie in ihren Kindertagen. Auf halbem Wege der Dreharbeiten wurde der glänzende Regisseur Edward Dmytryk gefeuert. Hinter der Kamera waren allerlei widerstreitende Kräfte am Werk: Laurence Harvey ließ sich mit Joan Cohn ein, der Frau des Columbia-Magnaten Harry Cohn; und Capucine hatte was mit dem Produzenten des Films, Charles K. Feldman. Heraus kam Schund, die Verfälschung eines guten Romans von Nelson Algren.

Die zweite von Janes Pleiten bildete *Chapman Report* (*The Chapman Report*) von Warner Brothers. Das war die Geschichte des irren Liebeslebens einer Gruppe von Sex-Forschern, die an den Kinsey-Report erinnerten; sie wurde geschrieben und umgeschrieben und mußte noch einmal umgeschrieben werden, damit sie den Filmmaßstäben der Zeit gerecht wurde. Dabei gingen die Würze und der ursprüngliche Sinn des Werks größtenteils verloren. Andreas Voutsinas hatte nun die Theorie aufgebracht, Janes Zukunft liege in Rollen, die eine intensive Sexualität ausströmten, aber er kriegte sich mit dem Regisseur George Cukor in die Haare, der Jane als zugeknöpfte, frigide junge Frau aus der Oberklasse besetzte und sie nicht die Rolle der Nymphomanin spielen ließ, wie Voutsinas es wollte. Das Ergebnis von alldem war ein riesiger Flop.

Noch schlechter in diesem fürchterlichen Dreierpack war *Begierde an schattigen Tagen* (*In the Cool of the Day*) von MGM. Angela Lansbury spielte auch mit, und als ich sie nach ihren Erinnerungen an Jane Fonda fragte, da antwortete sie, daß der Film zu entsetzlich gewesen sei, um sich daran zu erinnern – das ging so weit, daß sie ihn vollkommen aus dem Gedächtnis gelöscht hatte. Gedreht wurde er in Griechenland und produziert von dem sonst so brillanten John Houseman. Für Jane lief bei der ganzen Sache von Anfang an alles schief. Andreas Voutsinas konnte nicht mitkommen, denn als griechischer Staatsbürger hätte er seine Wehrpflicht in der griechischen Armee ableisten müssen (ein Zwang, dem er sich bisher entzogen hatte). Die Geschichte glich im Grunde einer Seifenoper, in der Jane ein Tbc-Opfer spielte, verliebt in Peter Finch, der später zugab, er habe die Rolle nur angenommen, »um einen bezahlten Urlaub in Griechenland zu kriegen«. Nicht einmal Housemans und Angela Lansburys Begabung konnten den Film retten, bei dem sich Finch, der sich aufs Sightseeing konzentrierte, und Jane, ohne Voutsinas verlassen, durch das kitschige Script quälten. »Und das ist noch nicht einmal *guter* Kitsch«, schrieb die *New York Times* dann in einer Rezension.

Wunder über Wunder: Wenn dieses Dreigespann von Kitschfilmen dem Ruf der anderen Mitwirkenden nicht zuträglich war, hob es doch Janes Ansehen. Strenge Kritiker verwandelte sie in Fans. Man lese die folgende ausgesprochene Lobeshymne von einem der strengsten, Stanley Kauffman von der *New Republic*:

> Ein neues Talent ist im Kommen: Jane Fonda. Sie stellt ihr Licht nicht unter den Scheffel, doch was eine angemessene Würdigung betrifft, muß man sie mit Sandra Dee auf eine

Stufe stellen. Ich habe Miss Fonda nun in drei Filmen gesehen. In allen liefert sie Darstellungen, die sich nicht nur grundlegend voneinander unterscheiden, sondern die auch ohne schauspielerische Klischees geboten und mit Kunstfertigkeit ausgeführt werden. Und in allem kann man, bildlich gesprochen, das Summen einer magnetischen Anziehungskraft vernehmen, ohne die kluges Spiel und gute Technik zwar zu bewundern sind, aber einen nicht hinreißen ... Es wäre Miss Fonda und dem Leser gegenüber nicht fair, ihren Sex-Appeal zu verschweigen. Obwohl sie nach konventionellen Maßstäben nicht schön ist, besitzt sie die Art von herben, fesselnden Gesichtszügen und vollen Lippen, die von Leidenschaft oder aber auch von einer Karikatur von Leidenschaft erfüllt sein können, je nachdem, wie sie sie einsetzt. Ihre schlanke, große Figur hat eine rassige, bäurische Anmut. Die Stimme ist anziehend und flexibel. Sie besitzt ein gutes Ohr für feine Zwischentöne. Welche Aussichten hat diese begabte und attraktive junge Schauspielerin? Mit guten Rollen in guten Stücken und Filmen könnte sie sich zu einer erstklassigen Künstlerin entwikkeln. Unterdessen wäre es bedauerlich, wenn ihre Anlagen in diesen unbedeutenderen, obwohl langen Rollen, nicht gänzlich gewürdigt würden.

Kauffmans Bemerkungen, geschrieben vor mehr als fünfundzwanzig Jahren, erklären besser, als ich es könnte, die Grundlagen von Jane Fondas enormer Anziehungskraft während der letzten Jahrzehnte – sexuelle Attraktivität gepaart mit Intelligenz und eine angeborene Begabung für ihr Handwerk. Kauffman ließ jene andere Eigenschaft Janes, die ihren Ruf später in ihrem Leben mitformen sollte, noch unerwähnt. Aber schon mit Anfang Zwanzig gewann sie Pluspunkte bei den Journalisten wegen ihrer Streitlust und der Neigung, ungeheuerliche Erklärungen abzugeben – weswegen sie oft in die Zeitung und in die Fan-Magazine kam. Sie zögerte nicht, *Begierde an schattigen Tagen* einen Film zu nennen, »den ich am besten gleich wieder vergesse«; und sie hielt einem Interviewer eine flammende Rede, in der sie ihr Verhältnis zu Voutsinas erklärte und kategorisch behauptete, die Ehe sei überholt, ein künstlich geschaffener gesellschaftlicher Zwang, nicht besonders zuträglich für Frauen. »Weshalb sollte eine Frau heiraten müssen? Ich könnte jetzt nicht heiraten, und wenn mein Leben davon abhing.« Ein erstes Anzeichen für die streitbare Jane Fonda künftiger Tage?

Doch diese Lady der Widersprüche, die sie damals schon war, barg im Innern eine keineswegs so verbissene Sentimentalität. Es tat ihr weh, daß Afdera den Vater wegen eines anderen Mannes verließ und Hank, wieder einmal geschieden, allein und melancholisch in seinem Stadthaus in der East 74th Street saß. Es tat ihr weh, daß ihr Bruder Peter, der sich in Brooke Haywards Schwester Bridget verliebt hatte, daran zerbrach, daß Bridget sich das Leben nahm. Und es tat ihr weh, daß Marilyn Monroe im Jahr 1962 an einer Überdosis starb. Es tat ihr sogar weh, als das Zuhause ihrer Kindheit, Tigertail Road 900, in dem Großfeuer von Bel Air 1961 niederbrannte.

Obwohl die beruflichen Rückschläge sie intensiv beschäftigten, fand sie doch immer wieder zurück auf den Weg, den sie nun als den richtigen für sich betrachtete. Sie entfernte sich vom Actors' Studio trotz der bestandenen strengen Prüfung für die vollgültige Aufnahme, und von nun an gewann ihr Coach, Regisseur, Partner und Lebensgefährte Andreas Voutsinas die absolute Kontrolle über sie. Viel Zeit verwendete er jetzt darauf, das eine Broadway-Stück zu finden, in dem Jane als Star glänzen und zugleich er als einer der Top-Regisseure der Theatermeile um den Times Square groß herauskommen würde. Dem stand nur eins im Wege: Janes langjähriger Vertrag mit Josh Logan.

Einige Monate schon hatten sich die Verhandlungen, durch die Jane aus dem Vertrag herauszukommen trachtete, hingeschleppt. Wenn Logan die vier Filme und die beiden Bühnenstücke in Betracht zog, die er ihr besorgt hatte, sowie seine Stellung als Pate und ihre langjährige Beziehung, so kam er überhaupt nicht auf die Idee, daß Jane die ernsthafte Absicht haben könnte, ihn sich vom Halse zu schaffen. Außerdem wollte MGM Jane für den Film *Zeit der Anpassung* (*Period of Adjustment*) nach dem Stück von Tennessee Williams ausgeliehen haben, und Logan glaubte, das würde Janes heftiges Verlangen nach »aussagestärkeren Filmen« befriedigen.

Er unterschätzte Janes Schläue. Durch ihren Agenten wandte sie sich direkt an MGM und überredete die Leute von diesem Studio, ihr das Geld vorzuschießen, das sie brauchte, um aus dem Vertrag auszusteigen; dann würde sie zusagen, *Zeit der Anpassung* für sie zu drehen. Die Höhe der Ablösesumme ist nie in der Öffentlichkeit bekanntgeworden.

Konfrontiert mit diesem Fait accompli leistete der entgeisterte Logan keinen Widerstand und ließ Jane ziehen. Als sie schieden, blieb Bitternis zwischen ihnen, und sie sahen sich nie wieder.

12

Mein allerletztes Interview mit Josh Logan brachte einiges Licht in diese seltsamen Machenschaften. Es war ein trauriger Besuch. Er fand am 22. Oktober 1987 statt, und Logan war nur noch ein Schatten seiner selbst – des bärenstarken, vitalen und redegewandten Mannes, den ich schon seit vielen Jahren kannte. Er litt an einer seltenen, paralytischen Krankheit und stand dem Tode nahe. Wir trafen uns in dem berühmten Salon seiner Wohnung in New York mit Blick auf den East River. An den Wänden hingen noch all die Erinnerungsstücke seiner illustren Laufbahn, darunter ein paar originale Ölbilder von Henry Fonda.

Die eingesunkene Gestalt Logans kauerte in der Ecke eines riesigen Sofas. Ihn bediente eine Pflegerin, die auch den Rollstuhl schob. In dem Raum befanden sich außerdem Nedda, seine wunderbare Frau seit vielen Jahren, und Chris, sein junger Sekretär und im Grunde Logans Dolmetscher. Obgleich Logans Geist nichts an Scharfsinn eingebüßt hatte, konnte ihn niemand verstehen – nicht einmal Nedda –, weil die Paralyse die Funktion der Stimmbänder ernsthaft in Mitleidenschaft gezogen hatte: Seine Stimme gab nur eine schwache Mischung von unverständlichem Stöhnen und Flüstern von sich. Wie im Falle des berühmten Naturwissenschaftlers Dr. Stephen Hawking konnte nur ein einziger Mensch entziffern, was er sagte und in ein verständliches Englisch übertragen. Und das war Chris.

Logan sprach zu mir durch Chris, und er begann mit Erinnerungen an Jane, als sie noch klein war, wobei er viel von dem wiederholte, was er mir schon einmal erzählt hatte. Dann aber fügte er etwas Neues und Ergreifendes hinzu: »Ich habe mich wirklich ganz elend gefühlt wegen Jane, als ihre Mutter Frances sich das Leben nahm und alle dem Kind erklärten, sie wäre an einem Herzanfall gestorben, und Jane es erst später erfuhr, daß sich ihre Mutter die Kehle durchgeschnitten hatte. Genau das gleiche ist mir selber passiert. Mein Vater hat sich in einer Nervenklinik das Leben genommen. Erst mit dreiundfünfzig fand ich heraus, daß er keines natürlichen Todes gestorben war.«

Nedda unterbrach: »Wir wollen über Janes Vertrag mit Josh reden. Alles begann eigentlich damit, daß sie uns eines Sonntagnachmittags in unserem Landhaus in Connecticut besuchte. Wir hatten sie lange nicht gesehen, weil sie weit weg war, in Emma Willard und danach in Vassar. Als sie eintrat, sagte ich: ›Oh, mein Gott, schaut euch das schöne Mädchen an. Du gehörst auf die Bühne.‹ Jane erwiderte: ›Nicht um alles Geld der Welt möchte ich Schauspielerin werden.‹ Darin war sie unerbittlich. Aber wenige Monate darauf, als Josh sie herrief, um den Vertrag für *Je länger – je lieber* zu unterschreiben, hatte sie es sich offensichtlich anders überlegt.«

Josh Logan berichtete:

Ich besinne mich genau auf das Datum, als ich sie unter Vertrag nahm. Sie unterzeichnete ihn am 15. Januar 1959. Nach *Je länger – je lieber* sollte sie sieben weitere Filme für mich machen. Der gesamte Vertrag belief sich auf eine Summe von 100 000 Dollar für sie. Ihre Monatsgage von 1 000 Dollar plus Make-up, Garderobe und andere Spesen klingt nach heutigen Maßstäben gering, aber zu der Zeit war das großzügig. Die Studios engagierten unbekannte junge Schauspielerinnen im allgemeinen für nur 150 Dollar die Woche.

Jedenfalls drehte sie *Je länger – je lieber*, und obwohl das kein so herausragender Knüller war, bekam sie einige gute

Kritiken und zog eine Menge Aufmerksamkeit auf sich. Als nächsten Film wollte ich *Fanny* machen, mit Jane in der Hauptrolle. *Fanny* war in Frankreich ein Begriff – Teil der Trilogie *Marius*, *Fanny* und *César* von Marcel Pagnol; das waren dort Bestseller gewesen, die haben sogar die Herstellung von Porzellanfiguren inspiriert, von denen ich eine besitze – die gingen in ganz Frankreich weg wie warme Semmeln.

Plötzlich schimmerte etwas vom Humor des alten Logan durch, als Josh sagte:

Also, der Produzent David Merrick brauste rüber nach Frankreich und kaufte die Rechte von einem seiner zahlreichen unehelichen Kinder – davon besaß er zur Genüge –, und wir brachten das Musical *Fanny* am Broadway heraus. Nun war also *Fanny* als Film dran, nicht das Musical. Zuerst gefiel Jane die Idee, aber dann hat sie mit ihrem Kumpel Andreas Voutsinas geredet, und danach meinte sie, die Franzosen würden es unerhört finden, wenn einer ihrer Klassiker von einer amerikanischen Schauspielerin dargestellt würde statt von einer Französin. Ich dachte, vielleicht hat sie recht, und ich habe dann schließlich Leslie Caron für die Rolle genommen. Aber ich glaube immer noch, wenn Jane sie gespielt hätte, wäre sie über Nacht ein großer Star geworden, schon mit ihrem zweiten Film.

Statt dessen folgte Logans Bühnenstück *There Was a Little Girl*. Nedda sagte: »Das ging schon seltsam zu. Da war also dieser Junge, Timmy Everett, der jeden Tag mit Jane ankam und sie jede Nacht nach Hause brachte; und in ihrer Garderobe saß dieser Andreas Voutsinas.«

»Na klar«, sagte Josh. »Der saß da hinten und spielte Platten, um Jane in die richtige Stimmung für ihre Szene zu versetzen. Ich habe Jane immer gesagt: ›Blödsinn. Geh einfach raus, und mach es so, wie wir es einstudiert haben.‹«

Nach Logans Meinung fingen die Vertragsprobleme mit Jane gleich nach *There Was a Little Girl* an. Er erinnerte sich:

> Jane kam zu mir und sagte, sie wolle aus dem Vertrag aussteigen. Sie setzte noch hinzu, sie wollte die 100 000 Dollar haben, die ich ihr angeblich schuldete. Ich antwortete: »Jane, das ist ja lächerlich. Du hast immerhin noch vier Jahre von dem Fünfjahresvertrag abzuleisten, und du bist meilenweit davon entfernt, die 100 000 Dollar verdient zu haben.«
>
> Dann traf mich ein Schlag aus einer ganz anderen Richtung. Bei Columbia Pictures kam Ray Stark als Produzent gerade groß heraus, und seine Leute sprachen mich an und sagten, wörtlich, Stark wolle von mir, daß ich ihm Jane verkaufe. Er bot mir einen gewaltigen Haufen Geld an, aber mein Anwalt Bill Feitelson sagte, das reicht nicht mal, um sein Anwaltsbüro für die Zeit zu bezahlen, die sie gebraucht hatten, um den ursprünglichen Vertrag zwischen Jane und mir auszuhandeln.

Nun wurde die Geschichte, wie sie Logan erzählte, verworren:

> Ich habe es Jane nicht übelgenommen, daß sie von mir weg wollte, weil sie ja schließlich die Tochter meines besten Freundes war, und so habe ich Bill Feitelson gebeten, er soll den Minimalpreis festsetzen, um ihn zu entschädigen, und den Vertrag nur an Jane verkaufen, an niemanden sonst. Bill legte den Preis auf 100 000 Dollar fest, und Jane schleppte dann das Geld an. Ich habe sie gedrückt und ihr viel Glück gewünscht. Ich hatte keine Ahnung, daß das Geld von MGM stammte, die sicherstellen wollten, daß Jane für sie *Zeit der Anpassung* dreht.

Bis auf den heutigen Tag glaube ich, daß ich für Jane ihr Abraham Lincoln war, der sie von der Sklaverei befreite. Indem ich Jane ihren eigenen Vertrag offiziell zurückgab und ihn nicht einem anderen Produzenten oder Studio verkaufte, habe ich sie davor bewahrt, daß sie Leuten in die Hände geriet, die ihr auf Jahre hinaus Fesseln angelegt hätten. Statt dessen gehörte sie nun sich selbst, traf ihre eigenen Entscheidungen, wie sie es bis heute tun kann. Außer den beiden Jahren bei mir hat sie nie mehr jemandem außer sich selbst gehört.

Eine Wolke des Kummers überflog Logans abgehärmtes Gesicht.

Und doch hat sie mich aus ihrem Gedächtnis gelöscht, und ich habe sie nie wiedergesehen oder -gesprochen. Seit ich krank bin, hat sie nicht angerufen oder sich erkundigt, was ich mache. Anonyme Anrufe kamen, die fragten: »Warum hast du Jane übers Ohr gehauen?«, und ihr Bruder Peter wollte genau dasselbe von mir wissen, als wir einmal in der *Merv Griffin Show* zusammen auftraten. Während der Einblendung eines Werbespots habe ich ihm erklärt, wie ich es dir jetzt erkläre, daß ich, anstatt sie auszubeuten, ihr Abraham Lincoln und bereit war, sie für eine minimale Summe ziehen zu lassen, und sie nicht wie eine Sklavin an jemand anderen verkauft habe. Ich glaube, Peter hat das kapiert.

Dieser traurige Besuch bei Logan endete damit, daß er mich wehmütig fragte: »Kannst du mir erklären, wieso sich Jane mit solcher Rachsucht gegen mich stellt?«

Mit absoluter Ehrlichkeit mußte ich antworten: »Tut mir leid, Josh, aber ich weiß es einfach nicht.«

13

Nach Jane Fondas endgültiger Trennung von Josh Logan im Jahre 1962 ging es mit ihr weiter voran, aber noch nicht aufwärts. *Zeit der Anpassung* erwies sich als schwächer, als sie erwartet hatte. Das Broadway-Stück von 1959, auf dem der Film basierte, war ein zweitrangiger Tennessee Williams, weit entfernt von der Klasse einiger seiner vorherigen Triumphe wie *Die tätowierte Rose* (*The Rose Tattoo*) und *Die Katze auf dem heißen Blechdach* (*Cat on a Hot Tin Roof*), mit dem er den Pulitzer-Preis gewann. Anders als Williams' übrige Werke stellt *Zeit der Anpassung* einen Versuch im Genre der leichten, bittersüßen Komödie dar – über die Drangsale eines frisch verheirateten jungen Paars, kontrastiert mit dem Gezänk eines älteren Ehepaars, das sich gerade trennen und scheiden lassen will.

In dem MGM-Film spielten Jane und Jim Hutton die Jungvermählten, Tony Franciosa und Lois Nettleton stellten das andere Gespann dar. Voller Hoffnungen fuhren Jane und Andreas ab nach Hollywood (das Stück hatte keiner von beiden am Broadway gesehen). Für die Dauer der Dreharbeiten mietete Jane ein Haus, entdeckte aber bald, daß das heuchlerische Moralgedusel von MGM, öffentlich artikuliert von Louis B. Mayer (der längst nicht mehr dem Studio angehörte), immer noch vorherrschte. Mayer pflegte zu sagen: »Unsere Stars sind Amerikas Königshaus, und man darf nicht zulassen, daß sie sich in den Augen des amerikanischen Bürgers beflecken.« Aus diesem Grunde wurden die Liaisons zwischen William Randolph Hearst und Marion Davies, Spencer Tracy und Katharine Hepburn von MGMs Magnaten für Presse und Öffentlichkeitsarbeit Howard Strickling so erfolgreich vertuscht. Strickling erzählte mir: »Jane Fonda wurde herbestellt und bekam gesagt, daß Mr. Voutsinas – oder wie er auch geheißen haben mag – nicht in ihrem Haus wohnen kann. Er müsse in ein Hotel ziehen.«

Das tat dann Voutsinas auch, obwohl er auf dem Filmgelände jede Minute mit Jane zusammen war. Hinter der Kamera coachte er Jane weiter. Den Regisseur George Roy Hill, der das Stück am Broadway inszeniert hatte und beim Film neu war, störte das nicht. Im völligen Gegensatz zu Josh Logan, der Voutsinas so schlecht behandelt hatte, sagte Hill: »Andreas besaß einen guten Instinkt, wenn er Jane auf eine Szene vorbereitete. Ich habe seine Hilfe geschätzt.«

Zum erstenmal wurde Janes Haar ganz blond gefärbt. Sie ließ einen tiefen Ausschnitt sehen und trug enge Kleider – all die sexy Dinge, die sie verabscheut hatte und später noch viel entschiedener verabscheuen sollte. Unter den Augen des wachsamen Voutsinas nahm ihr Betthäschen-Image der frühen sechziger Jahre langsam Gestalt an.

Doch geschah dies nicht ganz ohne Einwände von seiten Janes. Während der Dreharbeiten erklärte sie einem Interviewer:

> Als Braut, die fast den gesamten Film hindurch heult, kann ich nicht sagen, wie gut ich aussehe, trotz des Make-ups und der Garderobe. Die ganze Geschichte spielt innerhalb der vierundzwanzig Stunden nach der Hochzeit, und alles geht schief. Es ist eine Geschichte vom Mangel an Kommunikation zwischen Mann und Frau – die alte Ansicht, daß der Mann mit seiner Männlichkeit protzen muß, und das Mädchen muß hübsch aussehen und schwach sein. Sie sind beide so fest in dieser Gedankenwelt gefangen, daß sie regelrecht aneinander vorbeileben.

Interessant, denn diese Gedankenwelt war – mit einigen kleinen Abweichungen – genau die ihres Verhältnisses zu Voutsinas. Er spielte die Rolle des starken Antreibers, sie war die willenlose Ausführende. Jedenfalls galt das zu dieser Zeit. Aber Jane agierte immer so sprunghaft, daß niemand wußte, ob nicht Andreas' Tage gezählt waren, ähnlich wie zuvor die Logans.

Dank der Namen Tennessee Williams und Jane Fonda fand der Film bei Erscheinen einen ziemlichen Zuspruch an den Kinokassen. Es gab freundliche Kritiken. Bosley Crowther von der *New York Times* bezeichnete ihn als »besser als im Theater«, und Janes ständiger Fan Stanley Kauffman von der *New Republic* schrieb: »Ihr Gefühl für das Komische ist ebenso sicher wie das für das Ernste ... Ihre Darstellung bereitet nur Entzücken.«

Zurück in New York, fühlte sich Jane alles andere als glücklich. Obwohl der Film ihr Image als kleiner Star festigte, hatte er aus ihr nicht, wie erwartet, einen großen gemacht. Mit fünfundzwanzig verlor sie allmählich die Geduld. Sie wäre nur allzugern zum Theater zurückgekehrt, besonders wenn sie sich an die Begeisterung erinnerte, mit der sie Josh Logans *There Was a Little Girl* gespielt hatte, unter Voutsinas Anleitung hinter der Bühne. Zwar lief das Stück nicht lange, aber es brachte ihr einige der besten Besprechungen ein. *Life* hatte ihr einen ganzen Artikel gewidmet. Und obwohl der nunmehr abgeschobene Logan Regie geführt hatte, gefiel ihr das kreative Geben und Nehmen zwischen Schauspielerin und Regisseur auf der Bühne besser als das weniger direkte Geben und Nehmen zwischen Schauspielerin und Regisseur beim Film.

Voutsinas hätte gar nicht stärker frohlocken können. Seine Suche nach einem Broadway-Stück, in dem er als Janes Regisseur selbst groß herauskommen könnte, hatte er nie aufgegeben, und nun verdoppelte er seine Anstrengungen. Wenige Wochen, nachdem er und Jane 1962 aus Hollywood zurückgekehrt waren, kam er plötzlich mit einem Stück an, das seiner Meinung nach für sie beide genau das richtige war.

Es hieß *The Fun Couple*. Es spielte keine Rolle, daß ein Zahnarzt das Stück verfaßt hatte (gemeinsam mit einem Koautor). Er besaß Gönner und genug Geld, um das Stück am Broadway zu produzieren. Und am wichtigsten, die Geldgeber erhoben keine Einwände, Voutsinas als Regisseur unter Vertrag zu nehmen, obwohl er keine größeren Verdienste als Theaterregisseur aufzuweisen hatte. Jane war begeistert. Zu einem Reporter der *New York Daily News* sagte sie: »Dieses Stück wird dafür sorgen, daß künftig mit dem Namen Andreas Voutsinas im amerikanischen Theater gerechnet werden muß.«

The Fun Couple handelt von einem jungen Mann und einem Mädchen, die beide gerade von religiös geprägten Colleges kommen und extrem puritanischer Gesinnung sind. Sie begegnen sich im verruchten Tijuana, verlieben sich ineinander und heiraten – und all das im Laufe eines Tages. Janes Partner wurde von Brad Dillman gespielt; der sehr junge Dyan Cannon wirkte auch mit.

Die Proben begannen im Sommer. Sie wurden dadurch erschwert, daß Time-Life Films während dieser Theaterarbeit eine Fernsehdokumentation über Jane drehen wollte. Überall standen Kameras – auf der Bühne, hinter der Bühne, in Janes Apartment, und sie folgten ihr sogar auf dem Weg von ihrem Apartment zum Theater. Dyan Cannon beschrieb das so: »Es war verrückt. Nicht genug, daß wir einen Anfänger als Regisseur hatten, der auch ein bißchen verrückt zu sein schien. Er flatterte auf der Bühne herum, mit fliegenden langen Haaren, und brüllte die meiste Zeit. Er brüllte immer: ›Nein, das ist nicht so, wie ich es haben will … Halt, versuch's noch einmal … Du machst mich noch rasend.‹ Am ekligsten war er zu Jane. Das meiste Gebrüll galt ihr.«

Aber Jane nahm das hin, ohne zu mucksen; zwischen seinen Ausbrüchen küßte und drückte sie ihn immer ab. Als die erste Probeaufführung des Stücks von dem Zahnarzt in Wilmington, Delaware, begann, wußte ein jeder, daß diese Produktion in Schwierigkeiten steckte. Es sollte eine Komödie sein, aber kein Mensch lachte. Der ganze erste Akt wurde umgeschrieben, und man sagte den Schauspielern, sie sollten ihre Texte selbst zurechtstutzen, um sie knapper und griffiger zu machen.

Als das Stück in Philadelphia anlief, reagierte das Publikum genauso lauwarm, trotz der Änderungen im Text. Lee Strasberg fuhr hin, um sich mal anzuschauen, wie zwei seiner besten Schüler zurechtkamen. Seine Tochter Susan, die ihn begleitete, berichtet: »Dad schlug die Hände überm Kopf zusammen und erklärte Voutsinas: ›Hier werden alle Fehler gemacht, die man überhaupt nur machen kann. Ich weiß nicht, wie ihr das zu diesem Zeitpunkt noch hinkriegen wollt.‹«

Die Premiere fand am 26. Oktober 1962 am Lyceum Theater in New York statt. Vor der Aufführung erhielt Jane Blumen von ihrem Bruder, aber nichts, nicht einmal ein Telegramm, von ihrem Vater. Die Kameras von Time-Life Films standen immer noch überall herum, um die Dokumentation abzuschließen, wurden aber während der Aufführung allmählich abgezogen, als sie die Reaktion des Publikums einfingen. Es wurde gegähnt, dann standen eine Menge Leute auf und verließen das Theater. In der Geschichte des Broadways eine der schlimmsten Katastrophen.

Nach der Premiere gingen die Mitwirkenden in Sardi's Restaurant, um nach uraltem Brauch den Beifall der dortigen Dinnergäste entgegenzunehmen und auf die Kritiken in den Mitternachtsausgaben der Zeitungen zu warten. Voutsinas benahm sich noch ganz und gar wie ein Broadway-Regisseur und begrüßte munter andere Theaterleute an den Tischen, offensichtlich in der Hoffnung auf ein Wunder. Das Wunder trat nicht ein. Die erste Kritik traf ein, und sie glich allen folgenden. In der *New York Herald Tribune* schrieb Walter Kerr: »Ich kann unmöglich glauben, daß *The Fun Couple* überhaupt zu einer Voraufführung außerhalb New Yorks gelangt ist. Wenn es aber schon dazu kam, hätte man es dort auf jeden Fall absetzen müssen.«

Am nächsten Tag zählte der Shubert-Verband, dem das Lyceum Theater gehörte, an der Kasse weniger als zweihundert Kartenbestellungen. Das Stück wurde auf der Stelle abgesetzt. Es lief am Broadway also nur einen Abend. Ein bißchen länger dauerte es bis zum endgültigen Aus, aber es war auch der Anfang vom Ende für die Beziehung von Voutsinas und Jane.

14

Nach dem Fiasko von *The Fun Couple* zogen sich Jane und Andreas eine Weile in ihre Wohnung in der East 55th Street zurück. Anscheinend hoffte Voutsinas, daß irgend jemand wenigstens etwas Gutes an seiner Regieführung bei dem Stück entdecken und ihm einen neuen Regieauftrag geben würde. Niemand tat das.

Andererseits wirkte sich das Fiasko nicht auf Janes weitere Perspektive als Schauspielerin aus – jedenfalls nicht für den Film. Produzenten und Studios riefen laufend bei ihrem Agenten Dick Clayton an, der mir erzählte: »Jane war zwar noch nicht in aller Munde, aber sie hatte sich in einer Reihe lausiger Filme bewiesen und spielte sowohl Komödie als auch Melodrama. Die Leute meinten, sie sei besser geworden, besser als die Stoffe. Auch gelangte ihre Schönheit gerade zur vollen Blüte – das ovale Gesicht, der volle, sexy Mund, die reine Alabasterhaut. Und der Babyspeck verschwand allmählich. Deshalb herrschte eine große Nachfrage nach ihr, und wir versuchten, entsprechende Vereinbarungen zu treffen.«

Unnötig zu sagen, daß dies die wachsenden Spannungen in der Beziehung zwischen Jane und Andreas nicht abbaute. Immerhin sollte *The Fun Couple* ja dem Hauptziel dienen, daß am Broadway »künftig mit dem Namen Voutsinas gerechnet werden muß«, und das war nicht erreicht worden. Voutsinas konnte das nicht vergessen und Jane auch nicht. Allerdings lebten sie weiter zusammen, und Andreas' wichtigste Aufgabe bestand nun darin, bei jedem Engagement, das sie bekam, weiter als ihr Schauspiel-Coach zu fungieren.

Der nächste Job, den Jane erhielt, sollte sich als ihr letzter

Auftritt im Theater erweisen. Das geschah 1963, als sie gerade sechsundzwanzig geworden war; da beschloß das Actors' Studio, Eugene O'Neills Marathonstück *Seltsames Zwischenspiel* (*Strange Interlude*) am Broadway wiederaufzunehmen. Regisseur José Quintero besetzte die Rolle der Madeline Arnold mit Jane, was ihr nach der letzten, katastrophalen Theaterinszenierung neuen Auftrieb gab. Auch die Aussicht, mit einigen der größten Stars des Actors' Studios wieder zusammenzuarbeiten, stimmte sie freudig.

Es kam jedoch anders, als sie dachte. Madeline Arnold tritt nur in den beiden letzten der acht Akte auf, und Jane, deren Darstellung durchaus beachtlich war, wurde von den Superstars der Besetzung an die Wand gespielt; zu ihnen zählten Geraldine Page, Ben Gazzara, Betty Field, Pat Hingle, William Prince und Franchot Tone. Voutsinas präparierte Jane wie üblich für die Rolle, aber sie war untröstlich, als die begrenzte Laufzeit der Inszenierung endete. Freunde behaupten, sie habe sich sofort entschlossen, in ihren Plänen für die Zukunft auf die Bühne zu verzichten und sich ganz darauf zu konzentrieren, sich an den Film »als Handelsware zu verkaufen«.

Das sollte sich immer noch als ein ziemlich unsicheres Vorhaben erweisen. Die Filmindustrie betrachtete sie weiterhin als den Typ des »Mädchens von nebenan«, das sowohl mit guter als auch mit schlechter Moral glaubwürdig schien, und der nächste Film lag ganz auf dieser Linie. In *Sonntag in New York* (*Sunday in New York*) von MGM, einer altmodischen Komödie ähnlich den frühen Doris-Day-Filmen, spielte sie ein unberührtes Mädchen, dessen Bruder immer gerade dann in ihr New Yorker Apartment stürzt, wenn es gilt, sie vor den lüsternen Absichten eines Mannes zu retten, den sie zufällig kennengelernt hatte. Der Film, Drehbuch von Norman Krasna, bestand nur aus reinem Sinnenkitzel – bis zur Heirat, die man in jenen Tagen von solchen Sexkomödien verlangte.

Der Film konnte Janes Ansehen nicht heben – außer in den Augen Stanley Kauffmans, eben des Kritikers, dem einfach alles gefiel, was sie machte.

Jane durchlebte nun eine Periode großer Unzufriedenheit. Sie hatte dem Theater den Rücken gekehrt und spürte, daß es mit ihrer Filmkarriere nicht weiterging – sie trat auf der Stelle, und nichts bewegte sich. Voutsinas brütete vor sich hin und hing mehr oder weniger bloß herum. Ihr Vater, immer noch untröstlich nach der Scheidung von Afdera, vergrub sich in eigenen Filmprojekten und stand Jane noch viel weniger mit Rat und Ermunterung zur Verfügung – falls sie diese von ihm erbeten hätte, was sie aber nicht tat. Peter Fonda hatte geheiratet und sich selbst auf eine Schauspielerkarriere eingelassen; zu der Zeit arbeitete er gerade eifrig für Robert Rossens Film *Lilith* mit Jean Seberg, in dem er die zweite Hauptrolle spielte.

Jane traf sich mit Peter kurz in New York, und sie redeten über Jean Sebergs ungewöhnlichen Aufstieg. Sie hatte in den Vereinigten Staaten einen ziemlich schlechten Start gehabt, mit Otto Premingers Film *Die heilige Johanna* (*Saint Joan*), für den sie unter achtzehntausend unbekannten Schauspielerinnen ausgewählt worden war. Dann war sie nach Frankreich gegangen und mit Jean-Luc Godards Gangsterfilm *Außer Atem* (*A bout de suffle*) über Nacht zu einem großen internationalen Star geworden. Jean Seberg war eine der Heldinnen der Neuen Welle junger französischer Filmemacher. Die Arbeiten der Franzosen wurden von der gesamten Filmbranche am heftigsten diskutiert und erweckten den Neid der Regisseure Hollywoods, die sich auch in jenem Stil versuchten, aber damit scheiterten.

Jane Fonda bildete sich langsam autodidaktisch zu einer Kennerin des Films und eignete sich alles an, was sie über die Giganten der Neuen Welle in Erfahrung bringen konnte: über Jean-Luc Godard, Claude Chabrol, François Truffaut,

Alain Resnais. Sie war absolut fasziniert von dem, was da im französischen Film gärte, und kam zu dem Schluß, daß ihre zukünftige Laufbahn vielleicht nach Frankreich führte, wie es Jean Seberg ergangen war, die inzwischen den berühmten französischen Romancier Romain Gary geheiratet hatte.

Und plötzlich, wie aus heiterem Himmel, bot sich Jane eine Chance. Jedenfalls dachte sie so. Ihr Agent erhielt einen Anruf von MGM, die gerade den Versuch unternahm, sich die Popularität der Neuen Welle in den USA zunutze zu machen. Das Studio hatte einen Vertrag über die Mitfinanzierung eines Films abgeschlossen, der in Frankreich von dem Regisseur René Clément gedreht werden sollte, *Wie Raubkatzen* (*Les félins*); in den Vereinigten Staaten sollte er den Titel *Joy House* tragen.

Dabei hatte MGM, wie so oft nach dem Abtreten von Louis B. Mayer, einen Fehler begangen. Clément gehörte nicht zu den Regisseuren der Neuen Welle, sondern war ein älterer, eher als traditionell geltender Regisseur, der sich bemühte, seinen Stil zu ändern, um vom Boom der Neuen Welle zu profitieren. Es ist ein Rätsel, wieso das bei MGM niemand wußte. Oder wieso Jane Fonda bei ihren neugewonnenen Erkenntnissen auch keine Ahnung davon hatte.

Doch Jane unterschrieb freudestrahlend und flog mit Voutsinas ab nach Paris. Da MGM an der Sache beteiligt war, befand sich ein ganzer Stab von Presseleuten dort, um sie zu begrüßen. Zu der Zeit hielt ich mich in Frankreich auf, und ich erinnere mich daran, daß Presse und Rundfunk dortzulande von Interviews mit Jane Fonda nur so strotzten. Sie beantwortete Hunderte von Fragen über ihren berühmten Vater; sie redete über ihre Zeit als Kunststudentin in Paris (nicht ohne Übertreibungen – zum Beispiel gab sie zu verstehen, daß sie an der Sorbonne als Studentin eingeschrieben war); und sie erörterte so ernste Themen wie die weibliche Sexualität.

Wie stand Jane eigentlich dieses Interviews durch, wenn

man bedenkt, daß sie sieben Jahre zuvor mit ihrem Kunststudium gescheitert war, weil sie es nicht schaffte, Französisch zu lernen? Die Antwort darauf ist ganz einfach: MGM hatte ihr generös ganztägig eine Sprachlehrerin zur Verfügung gestellt – Jane hatte darauf bestanden, daß es eine Frau war. Das geschah alles, bevor die Arbeit an *Wie Raubkatzen* überhaupt begann. Jane sprudelte heraus: »Zwei Monate lang hat mir meine persönliche Sprachlehrerin verboten, auch nur ein Wort Englisch zu sprechen. Und der ganze öffentliche Rummel, wo sich die Reporter ständig um mich drängten – in Europa bewundern sie meinen Vater. Und das alles wohlgemerkt in meinem Französisch. Ich habe mich nie so gut gefühlt.«

Ein zynischer französischer Journalist betonte jedoch, daß Janes Französisch noch nicht so großartig sei. Er schrieb: »Miss Fondas Akzent ist grauenhaft. Auch verwendet sie ständig die Anrede *tu*, egal, mit wem sie spricht. Man sollte sie darauf aufmerksam machen, daß man mit der vertraulichen Form *tu* nur den Ehepartner, Geliebten, enge Freunde, Kinder und Schoßtiere anredet.«

Mit ihrer Hartnäckigkeit überwand Jane schließlich die *tu*-Hürde, nicht aber ihren starken amerikanischen Akzent, der freilich die meisten Reporter entzückte. Immerzu wurde sie »die amerikanische BB« tituliert – ein Vergleich mit der regierenden französischen Filmkönigin Brigitte Bardot, der Jane ein wenig ähnelte. Ihr Foto kam sogar auf die Titelseite von *Cahiers du Cinéma*, der seriösen französischen Filmzeitschrift der Spitzenklasse. Deren Kolumnist Georges Belmont schrieb: »Äußerlich entspricht Mademoiselle Fonda ihrem Image: groß, blond, die perfekte Amerikanerin mit langen, fließenden Bewegungen. Innerlich ist sie schwül und gefährlich, wie ein Tier im Käfig.«

So wie sie in dem Nobelhotel Relais Bisson lebte, konnte man kaum von einem Käfig sprechen. Doch in dem Maße, wie sie ihre alten Freundschaften in Paris wieder auffrischte, benahm sich Voutsinas immer mehr so, als sei *er* eingesperrt. Sie teilten dieselbe Suite, und er begleitete Jane täglich zum Drehort, doch seine Stimmung wurde immer gedrückter. In einem ihrer kichernden Interviews äußerte sich Jane gegenüber einem Reporter über den ungewöhnlich attraktiven Star, mit dem sie in dem Film spielte, Alain Delon: »Ohne Zweifel werde ich mich in Alain verlieben. In Liebesszenen bin ich nur gut, wenn ich in meinen Partner verliebt bin.« Das war das übliche Hollywood-Blabla, um Interesse für einen bevorstehenden Film zu wecken.

Aber genau das passierte. Jane ließ sich mit Delon auf eine ernsthafte Liebesromanze ein – wirklich so intensiv, daß sich Delons Geliebte Romy Schneider, mit der er lange zusammengelebt hatte, von ihm in einem Streit trennte, der durch die Medien ging. Kurz darauf verkündete Voutsinas Jane, daß er krank sei, sie nicht länger coachen könne und umgehend nach New York zurückfliegen werde. Was er auch tat.

Und wie es Josh Logan prophezeit hatte, war dies das Ende der Beziehung zu Andreas. Nach jüngsten Berichten ist Voutsinas nach Paris zurückgekehrt und erteilt dort Schauspielunterricht nach der Methode Lee Strasbergs.

Falls das so klingt, als hätte Jane die Angewohnheit besessen, von einem Verhältnis in das andere zu schwirren, so mag das höchstens für ihre frühen, von der Bulimie beeinträchtigten Jahre zutreffen. Ihr späterer Lebensweg verrät diese Neigung nicht.

Tatsächlich fühlte *sie* sich verlassen, als Voutsinas weg war, aber kurz darauf steckte sie tief in den Verwicklungen ihres Pariser Lebens.

Die Romanze mit Alain Delon dauerte nicht lange; sie sagte, sie habe ihn »gutaussehend, aber langweilig« gefunden. Viel mehr machte ihr das Gefühl zu schaffen, daß sie schon wieder bei einem schlechten Film mitwirkte. Sie berichtete:

»Beim Drehen ging alles sehr planlos zu. Es gab kein Drehbuch, und die ganze Organisation war schlecht. Das hat mich fast umgehauen, denn ich bin es nicht gewöhnt, unter so laxen Bedingungen zu arbeiten. Für meinen Geschmack wurde da zuviel auf Zuruf gespielt.«

Je mehr der Regisseur Clément sich bemühte, die Regisseure der Neuen Welle zu imitieren, desto lächerlicher wurde die Story. Der ursprüngliche französische Titel *Ni saints, ni saufs* (etwa: Weder Heilige noch Gerettete) hatte kaum eine Beziehung zu der Handlung. Es ging um einen Schmalspurkriminellen (gespielt von Delon), der vor der Vergeltung einer Verbrecherbande flieht und in einer billigen Absteige an der Riviera landet. Dort machen sich zwei reiche Amerikanerinnen (Jane und Lola Albright) an ihn heran und bringen ihn in Schwulitäten. Die Ladies nehmen ihn mit in ihr stattliches Haus. Jane schläft mit ihm, Lola Albright schläft mit ihm. Lola bewahrt in einem Kasten einen menschlichen Schrumpfkopf auf. Irgend jemand versucht, den von Delon gespielten Mann zu vergiften. Eine wahnsinnige frühere Geliebte wandert auf dem Grundstück herum. Jane besitzt irgendeine geheimnisvolle Macht über Lola Albright, die nie aufgeklärt wird. Ständig landet Jane in Delons Bett, sogar als die Verbrecherbande das Netz zuzieht. Was für ein Gebräu!

Die Kritikerin Judith Crist schrieb, Jane habe ihre Rolle gespielt, als sei es eine Mischung aus *Die Irre von Chaillot* und *Baby Doll*, und sie rechnete den Film zu den zehn schlechtesten von 1965. Sogar Janes größter Lobhudler, Stanley Kauffman, mußte ein Klagelied anstimmen: »Jane Fondas Entwicklung als Schauspielerin wird umwölkt durch ihre schlechte Auswahl der Filme. Ihr jüngster Film ist ein absurder Krimi mit dem Titel *Joy House* ... Eine Zusammenfassung der albernen Handlung erübrigt sich.«

Ein weiterer furchtbarer Film und das Ende von Janes Versuch, in die Welt der französischen Neuen Welle einzudringen? Ganz gewiß nicht, denn während der Dreharbeiten zu Cléments *Wie Raubkatzen* in den Studios von Epinay außerhalb von Paris trat sie in nähere Beziehung zu einem wirklichen Regisseur der Neuen Welle, zu Roger Vadim. Er besuchte Epinay, und als er einmal an der Bar des Studios einen Drink nahm, kam Jane hereingestürzt, klitschnaß, nachdem sie gehört hatte, daß er da war.

»Und in dem Moment wußte ich«, schrieb Vadim, »daß ich mich verliebt hatte.«

15

Roger Vadim, geborener Plemiannikov, war Sohn eines russischen Einwanderers. Im Jahre 1956 platzte er mit seinem kühnen und innovativen Film *Und immer lockt das Weib* (*... et Dieu créa la femme*) in die Landschaft der Neuen Welle. Er wurde nicht in dieselbe Klasse mit Godard und Truffaut gesteckt, aber für einige seiner anderen Filme wie *Gefährliche Liebschaften* (*Les liaisons dangereuses*) errang er beträchtliche Anerkennung.

In Frankreich und auf der ganzen Welt war Roger Vadim hauptsächlich wegen seiner freizügigen Art bekannt – sowohl in seinen Filmen als auch in seinem Lebenswandel. Seine Filme beuteten ohne jede Scham Frauen wegen ihrer Sexualität aus, und sein Markenzeichen wurde die weibliche Nacktheit. Mit seiner Lebensweise löste er ganze Schockwellen aus, wenn auch nicht so sehr in Frankreich, dann aber sicher im prüderen Amerika. Er war berüchtigt für seine wilden Parties, für Nacktbaden und Strandfeten und, wie er selbst gestand, für den gelegentlichen Genuß von Drogen.

Er hatte Brigitte Bardot entdeckt, als sie fünfzehn war; er baute sie in seinen Filmen als das universelle »Sexkätzchen« auf und heiratete sie, als sie achtzehn wurde. Für Vadim bildete Brigitte Bardot das Symbol der sexuellen Befreiung der Frau; in den Augen anderer hielt er nur weiter an dem uralten Konzept fest, daß die Frau Eigentum des Mannes ist, ein Spielzeug. Der Streit darüber hat neben den Nacktszenen dafür gesorgt, die meisten Bardot-Filme Vadims in riesige Kassenerfolge zu verwandeln.

Nach Brigitte Bardot hatte Vadim Annette Stroyberg

geheiratet, mit der er *Gefährliche Liebschaften* drehte. Mit ihr hatte er auch ein Kind. Danach folgte die lange Affäre mit Catherine Deneuve (mit ihr besaß er ein weiteres Kind, diesmal unehelich). Sie haben nicht geheiratet. Ihre stürmische Liebesromanze diente der Skandalpresse überall als Dauerbrenner.

Vor der schicksalhaften Begegnung in der Bar des Filmstudios in Epinay hatte Jane ihn schon ein paarmal getroffen – dabei war nichts Weltbewegendes passiert. Während ihres Pariser Aufenthalts als achtzehnjährige Kunststudentin hatte Vadim einmal im Restaurant Maxim's beobachtet, wie sie mit einem seiner Freunde tanzte, und er bat darum, »Henry Fondas Tochter« vorgestellt zu werden. Bei diesem kurzen Kennenlernen verhielt sich Jane auffällig kühl, und Vadim bemerkte nur, daß »Janes Fesseln an dem Tage offenbar geschwollen waren«.

Die nächste Berührung hatten sie, als Vadim im Beverly Hills Hotel in Kalifornien wohnte und Jane bat, ins Café des Hotels zu kommen, um mit ihm über einen Film zu reden, an dem sie vielleicht Interesse haben könnte. Sie sagte nein zu dem Film. Sie gab sogar ein noch kräftigeres Nein von sich, als sie einige Zeit danach ein Telegramm von dem französischen Produzenten Francis Cosne betreffs eines weiteren Films erhielt, in dem Vadim Regie führen sollte. Ihr Agent telegrafierte folgende Antwort, die Cosne Vadim zeigte:

> JANE FONDA IST AN EINEM KOSTÜMSTÜCK NICHT INTERESSIERT. SIE BITTET MICH AUCH MITZUTEILEN, DASS SIE NIE EINEN FILM MIT ROGER VADIM MACHEN WIRD.

Über diese frühen Abwehrparaden gegen Vadim berichtete Jane:

Ich habe ihn zum erstenmal in Paris getroffen, als ich zum Studium der Malerei dort war. Damals habe ich Dinge über ihn gehört, da sträubten sich einem die Haare. Daß er ein Sadist ist, lasterhaft, pervers, daß er Frauen manipuliert ... Zwei Jahre später traf ich ihn in Beverly Hills wieder, und er lud mich zu einem Drink ein, um über die Mitwirkung an einem Film zu sprechen. Ich ging hin, aber ich hatte fürchterliche Angst. Als ob ich dächte, er wird mich da in der Polo Lounge vergewaltigen. Aber er war furchtbar ruhig und höflich. Ich dachte mir: »Junge, das ist ein gerissener Kerl!« Als ich ihm in Paris wiederbegegnete, während ich *Wie Raubkatzen* drehte, kam alles völlig anders.

Wieso anders? Zum einen war Voutsinas aus Janes Leben verschwunden, der Reiz Alain Delons war verblichen, und Jane fühlte sich äußerst einsam. Zum anderen hatte sich Vadim unerwartet wie ein Gentleman benommen, als ihn Janes französische Agentin Olga Horstig zu einer Geburtstagsparty für Jane in ihre Wohnung eingeladen hatte. Damit war der Weg gebahnt für jenen regnerischen Nachmittag im Studio von Epinay, als Jane von Vadims Anwesenheit auf dem Gelände hörte und zu ihm in die Studiobar rannte.

Zwei Stunden lang plauderten sie gemütlich in der Bar, und Janes noch verbliebene Befürchtungen schwanden offenbar dahin. Sie verließen die Bar und gingen in Janes Hotel. Wie Vadim später in seiner Autobiographie über den Vorfall schrieb, fuhren sie zu Janes Suite hoch, rissen sich die Sachen runter und fielen voller Leidenschaft ins Bett. Aber nach Vadims eigenem schriftlichen Geständnis passierte etwas Unvorstellbares – ihm. Er war plötzlich impotent und versagte. Er traf sich weiter mit Jane, und er versuchte es weiter, aber er gibt zu, daß er drei weitere Wochen lang impotent blieb, bis er eines Nachts, »als der Bann endlich gebrochen war«, imstande war, den Liebesakt zu vollziehen. »Ein positives Ergebnis dieser Erfahrung, die meinen Stolz so verletzte, lag darin, daß Jane nun keinen Grund mehr hatte, sich vor meinem Ruf zu fürchten.«

Sie fürchtete sich nicht mehr. Sie sagte Vadim, daß sie ihn liebe, und von da an wohnten sie während der Arbeit an *Wie Raubkatzen* in ihrer Hotelsuite. Vadim unterschied sich von den meisten Männern, zu denen sie eine Beziehung gehabt hatte. Er sah nicht so gut aus wie Timmy Everett oder Alain Delon oder so verblüffend absonderlich wie Andreas Voutsinas. Tatsächlich wirkte Vadims Gesicht leicht zerfurcht, mehr wie das eines Fabrikarbeiters oder Bergmanns als wie das eines Filmregisseurs. Doch er verfügte über einen charmanten Geist. Da Jane auf dieser Stufe ihres Lebens intellektuell nicht gerade viel von sich hermachen konnte, ließ sie sich von Vadim einiges beibringen und las eifrig die Bücher, die er für sie aussuchte: Werke von Malraux, Gorki und Machiavelli.

Unterdessen hatte Vadim Jane engagiert, in seinem nächsten Film die Hauptrolle zu übernehmen: *Der Reigen* (*La ronde*). Deshalb verlor sie nicht die Fassung, als die Arbeiten an *Wie Raubkatzen* zu Ende gingen und ihr wie allen anderen Mitwirkenden klar wurde, daß René Cléments Experiment dazu verurteilt war, von den Kritikern und dem Publikum in der Luft zerfetzt zu werden. Da MGM nun Janes Hotel nicht länger bezahlte, bezogen sie und Vadim eine Wohnung in der Rue de Séguier Nr. 12 nahe der Seine. Sie weiß noch, daß das Apartment einen riesigen Kamin besaß, grobe Balken und ungeheuer viel Platz. Es war sehr teuer. Sie kam für die Miete auf.

Zu Beginn des Jahres 1964 begannen in Paris die Dreharbeiten zum *Reigen*. Es war das zweite französische Remake von Arthur Schnitzlers erotischem Bühnenstück über verschiedene Liebespaare, die sich jeweils mit einem anderen Partner zusammenfinden, so daß sich der Kreis vom letzten zum ersten schließt – daher der amerikanische Filmtitel *Circle of Love*. Die erste Version war vierzehn Jahre zuvor entstanden, mit Danielle Darrieux, und hatte Triumphe gefeiert. Jane sollte die Rolle der Frau übernehmen, die Danielle Darrieux gespielt hatte. Sie geht in der ersten Episode dieses Ringelspiels erst mit dem Ehemann ins Bett, dann mit dem Liebhaber. Warum den Film noch einmal drehen? Vielleicht wollte der amerikanische Produzent Joseph E. Levine von Vadims skandalösem Ruf in Amerika profitieren.

Während der Arbeit an dem Film verstanden sich Jane und Vadim ausgesprochen gut. »Sie war sehr lernbegierig«, berichtet er, »und ich mußte sie nur davon überzeugen, daß sie eine schöne Frau war, woran sie aus irgendeinem Grunde zweifelte. Ich mußte auch dafür sorgen, daß sie in ihrem Spiel ein paar schlechte Angewohnheiten ablegte, die sie irgendwo aufgelesen hatte. Doch eigentlich war sie schon eine sehr gute Schauspielerin, professionell, pünktlich – nicht wie einige meiner französischen Filmdivas. Ich beschreibe sie am liebsten als einen feinen Diamanten, dem nur vom Diamantenschleifer der letzte Schliff verpaßt werden mußte – von mir.«

Vadim fügt hinzu, daß sie in gewissen Dingen so starr und unbeweglich blieb »wie die Chinesische Mauer«. So weigerte sie sich, beim Herumtoben in der Bettszene für den Film alle Hüllen fallen zu lassen, und Vadim übte in diesem Punkt keinen allzu großen Druck auf sie aus. Er erlaubte ihr, in ihren Szenen nur halbnackt zu spielen, »einfach nur den Rücken und die Schultern zu zeigen – vor allem die Schultern.«

Als der Film in den USA anlief, wurde diese Vorsichtsmaßnahme allerdings zunichte gemacht. Die New Yorker staunten nicht schlecht, als sie eines Tages ein riesiges Filmplakat am Times Square erblickten, das für den Film warb – es zeigte Janes völlig nackten Hintern, den Betrachtern zugewandt. Vadim leugnete, etwas mit der Sache zu tun zu haben, und schob die Schuld auf den Produzenten Levine. Die zornige

Jane klagte, und ihr Hintern wurde auf dem Plakat mit einem Streifen schwarzer Farbe übertüncht. Das machte es noch schlimmer. Es provozierte noch mehr Gekicher, bis das Plakat dann nach Androhung weiterer gerichtlicher Schritte von seiten Janes abgenommen wurde.

Diese Panne tat natürlich der Kinokasse nicht weh, und *Der Reigen* wurde ein Hit. Obwohl in den meisten Besprechungen Jane beim Vergleich mit Danielle Darrieux schlecht abschnitt, spielte der Film eine Menge Geld ein – viel mehr als ihre früheren sieben Filme. Die Weltpresse trompetete die Tatsache aus, daß Jane Brigitte Bardot als Vadims neuestes »Sexkätzchen« abgelöst hatte – eine Bezeichnung, die Jane nicht übelnahm, jedenfalls *damals* nicht.

Nach Abschluß der Arbeiten am *Reigen* besaß Vadim, wieder in Paris, keine neuen Filmprojekte; deshalb hatte Jane nun nichts anderes vor, als sich Vadims ziemlich hektischem Leben anzupassen. Es gab Parties in ihrer Wohnung in der Rue de Séguier, und es gab Parties am Strand von St-Tropez. Vadim hatte zuvor schon dazu beigetragen, diesen Badeort als Freizeittreff der französischen Filmleute in Mode zu bringen. Eine Menge Drogen wurden konsumiert, einschließlich harter Sachen wie Heroin, aber laut Christian Marquand, Vadims bestem Freund, hat Jane sich nie mehr als ein paar gelegentliche Züge an einem Marihuana-Joint eingezogen.

Nachdem Jane und Vadim zum Paar geworden waren, gingen sie auch ruhigeren Unternehmungen nach. Sie besuchten Kunstmuseen und unternahmen eine kurze Sightseeing-Tour in die Heimat seiner Vorfahren in Sowjetrußland. Als Kontrastprogramm zu all dem Trubel im verrückten St-Tropez führte Vadim Jane in abgelegene, stille Restaurants des ländlichen Frankreich, wo niemand die beiden kannte. Als guter Vater richtete er es so ein, daß seine beiden Kinder Nathalie (Annette Stroybergs Tochter) und der kleine Christian (Catherine Deneuves Sohn) Tage und Wochen bei ihm und

Jane verbrachten. Die beiden Kinder hat Jane richtig bemuttert.

Die Beschäftigung mit Vadims Kindern scheint bei Jane ein schlummerndes instinktives Gefühl geweckt zu haben: Sie kaufte plötzlich in St-Ouen-Marchefroid, ungefähr sechzig Kilometer außerhalb von Paris, einen Bauernhof. In einer seltsamen Verwandlung kehrte sie zu dem Lebensstil zurück, den ihre Mutter in Brentwood, Kalifornien, gepflegt hatte. Sie legte Inventarlisten an, sie pflanzte Bäume, sie kaufte Antiquitäten, sie kommandierte ihre beiden Hausangestellten mit eiserner Hand. Vadim beklagte sich, daß sie aus dem Anwesen das Ebenbild des Hauses machen wolle, in dem sie ihre Kindheit verbracht hatte, und daß sie ihn häufig in ihre Pariser Wohnung zurückjagte, während sie allein draußen blieb auf dem Bauernhof.

Falls das ein Zeichen von Heimweh war, fand sich das Gegenmittel unverhofft im Sommer 1964. Jahre schon schwirrte ein Filmstoff mit dem Titel *Cat Ballou* in Hollywood herum. Kein Mensch wollte den Film drehen, weil es sich um eine Satire auf den Western handelte, und in der Sprache der Theaterleute vom Broadway galt Satire – besonders die eines so angebeteten Filmgenres wie des Western – als etwas, »bei dem man spätestens Samstagabend das Haus dichtmachen kann«. Jetzt hatte allerdings der Produzent Harold Hecht die Filmrechte für Columbia Pictures erworben, und er war es auch, der die Verbindung zu Jane in Paris aufnahm. Er wollte, daß sie die Hauptrolle der Cat spielt, Catherine Ballou, mit Lee Marvin als ihrem Gegenspieler.

Jane las das Drehbuch, und es gefiel ihr. »Ich habe ständig laut lachen müssen«, sagte sie, »was mir beim Lesen eines Drehbuchs noch nie passiert ist.« Sie gab es Vadim zu lesen. Der mußte nicht lachen, weil er die amerikanischen Feinheiten nicht mitbekam, aber er meinte zu Jane: »Ich glaube, das könnte Erfolg haben. Ich denke, du solltest es machen.« Also brausten sie ab nach Hollywood. Am Strand von Malibu, der Vadim mit den vielen Filmleuten, die dort wohnten, an St-Tropez erinnerte, mieteten sie ein Haus. Ein Teil des Films sollte im Raum von Los Angeles gedreht werden, auf der Columbia Ranch, wo viele echte Western aufgenommen worden waren. Das übrige sollte in Colorado geschossen werden.

Während Vadim sich am Strand rekelte und die neueste Ausgabe ebenso wie alte Nummern des Magazins *Mad* las, von dem er fasziniert war, fuhr Jane jeden Tag zum Drehtermin. Obwohl man ihr oft vorgeworfen hat, keinen Sinn für Humor zu haben, war sie von den wilden und irrsinnigen Vorfällen der Geschichte von Cat Ballou entzückt. Cat ist eine sittsame und anständige junge Dame, die mit ansehen muß, wie ihr Vater kaltblütig umgebracht wird, von einem gräßlichen Schurken namens Jim Strawn (gespielt von Lee Marvin), einem Mann mit einer silbernen Nase, weil ihm die eigene bei einer Prügelei abgebissen worden ist. Um Rache zu üben und die Ranch wiederzubekommen, schließt sie sich mit Kid Shelleen (ebenfalls von Lee Marvin gespielt) zusammen, einem Säufertyp, einst ein berühmter Revolverheld, der jetzt aber nicht mehr geradeaus schießen kann. Cat und Shelleen bilden ein Gespann von Gangstern, die höchst tölpelhaft einen Zug ausrauben und in Schnapslaune andere unwahrscheinliche Dinge drehen. Cat hat am Schluß eine Mordanklage am Hals und entgeht nur knapp dem Galgen – wozu Nat King Cole *The Ballad of Cat Ballou* singt.

Über diesen vergnüglichen Nonsens herrschte Regisseur Elliot Silverstein, der erzählt:

> Als Jane eintraf, hat sie mich sofort mit ihrem Arbeitseifer und dem angeborenen Gefühl für das Filmen beeindruckt. Zuerst war ich wegen ihrer Ausbildung am Actors' Studio ein bißchen besorgt, weil der Film doch so ein Ulk war und von einer Menge analytischer Selbstbeobachtung hätte ver-

masselt werden können. Ich hätte mir keine Kopfschmerzen zu machen brauchen, denn Jane war das klar und sie hat meine Regieführung sehr gut angenommen. Wir wendeten eine Technik an, die perfekt funktionierte: Jane spielte ihre Rolle absolut ungebrochen, als ob es ein richtiger Western wäre. Dadurch wirkten die irrsinnigen Mätzchen aller übrigen noch verrückter, besonders die von Lee Marvin. Deshalb glaube ich, daß Jane, die alles geradeaus spielte und alles ernst nahm und wie ein kleiner Sonnenschein wirkte, die Seele des ganzen Films und seines Erfolgs war.

Silverstein, der in Yale studiert hatte, hielt auch ein paar persönliche Bemerkungen bereit: »Mir gefiel Jane so gut, daß ich mit ihr ausgehen wollte. Dann entdeckte ich, daß der Franzose bei ihr Roger Vadim war und daß sie so gut wie ein Paar waren. Also habe ich den Gedanken an ein Rendezvous mit ihr fallengelassen. Komisch, aber irgendwie mochte ich dann Vadim nach und nach. Er hatte diesen Ruf als Sexbesessener, aber es stellte sich heraus, daß er ein netter, ruhiger, intellektueller Typ war, der Schach spielte und die Klassiker las. Als ich sie zusammen sah, war es offensichtlich für mich, daß er und Jane sehr verliebt ineinander waren – ein zärtliches Paar, die einander etwas bedeuteten ...«

Als der Film *Cat Ballou – hängen sollst du in Wyoming* in die Kinos kam, wurde er fast umgehend zu einem Hit. Lee Marvin brachte der Film 1965 den Oscar als Bester Schauspieler und Silverstein den Directors' Guild Award. Obwohl Silverstein Jane dafür lobte, daß sie die Schlüsselfigur war, die den ganzen Film zusammenhielt, wurde Jane nicht einmal für den Oscar vorgeschlagen. Ein Trost war ihr jedoch, daß *Cat Ballou* zu den zehn Filmen des Jahres gehörte, die das meiste Geld einspielten. Auch erkannten die Hollywood-Insider Janes Wert für den Film, und ihre Gage pro Film stieg auf

400 000 Dollar, damals eine große Summe. Nach dem Kassenerfolg des *Reigens* machte *Cat Ballou* Jane zu einem wirklichen internationalen Filmstar.

Doch wie das im Filmgeschäft so ist: Nach sechs Jahren finanziellen Sichabstrampelns trug Janes neuer Status ihr zwei gutbezahlte Rollen in Filmen ein, die so schlecht waren, daß es sich kaum lohnt, sie zu erwähnen. Ihren späteren Scharfblick bei der Auswahl der richtigen Filmstoffe hatte sie noch nicht entwickelt. Vadim schien sich damit zu begnügen, Jane machen zu lassen, was sie wollte.

Der erste dieser Reinfälle war *Ein Mann wird gejagt* (*The Chase*). Regie führte überraschenderweise der sonst so fähige Arthur Penn, und unter den Hauptdarstellern befanden sich, ebenso überraschend, Marlon Brando und Robert Redford. Der Film bot ein Beispiel für das alte Sprichwort des Showbusineß: »Was nicht im Text steht, kommt auch nicht auf die Bühne.« In diesem Falle stammte das, was im Text stand – so unglaublich es auch klingt –, von der großartigen Dramatikerin Lillian Hellman. Doch alles über diesen Film hat Bosley Crowther von der *New York Times* gesagt: »Ein Film, der einen kaltläßt ... Er ist verlogen und geschmacklos.« Es war eine der größten Pleiten von Columbia Pictures in den sechziger Jahren.

Janes zweite Pleite in dem Jahr war *Jeden Mittwoch* (*Any Wednesday*) von Warner Brothers; Jane war für die Rolle der Geliebten von Jason Robards Audrey Hepburn vorgezogen worden. Rex Reed schrieb: »Einfach alles ist falsch in diesem großmäuligen Film, der auf Muriel Resnicks warmherzigem und komischem Broadway-Stück beruht.« Das trifft's.

Zu dieser Zeit pendelte Jane mit Vadim zwischen Frankreich und Hollywood hin und her. Ihre längeren Aufenthalte in den USA brachten auch einiges Gute mit sich, als Entschädigung für die miserablen Filme. Nachdem sie drei Jahre hindurch praktisch keinen Kontakt zu ihrem Vater gehabt hatte, führte Jane eine Art Annäherung herbei. Vielleicht brauchte sie noch Papas Zustimmung – jedenfalls brachte sie Vadim und Hank an der Westküste und in New York zusammen. Vadim berichtet: »Meine Beziehungen zu Henry Fonda waren oberflächlich, doch angenehm. Er hielt mich nicht gerade für den idealen künftigen Schwiegersohn, aber im Vergleich zu Janes früheren Partnern muß ich eine gute Figur gemacht haben. Er glaubte, meinetwegen habe sich Jane von Andreas Voutsinas gelöst – was natürlich nicht stimmte, aber ich habe es ihm nicht ausgeredet. Von Zeit zu Zeit kam er zu uns nach Malibu zu Besuch, und einmal blieben wir bei ihm in seinem Haus in der East 74th Street in New York.«

Obwohl Hank Fonda nicht eben den Inbegriff von elterlicher Wärme gegenüber den Kindern verkörperte, war er nun doch beträchtlich milder gestimmt. Viel davon war seiner Beziehung zu Shirlee Adams zu verdanken, einer charmanten, jungen Frau, früher Flugzeugstewardeß, die Hank zu seiner fünften und letzten Ehefrau auserkoren hatte. Mit Shirlee kam Jane blendend aus. Wie Janes erste Stiefmutter, Susan Blanchard, war Shirlee fast in Janes Alter, und sie konnten miteinander plauschen und einander wie Freundinnen vertrauen. Das tun sie immer noch.

Vielleicht veranlaßte der Auftrieb durch die neuentdeckte Familienatmosphäre (Vadims Mutter besuchte sie gleichfalls in Malibu) Jane und Vadim zu dem plötzlichen Entschluß, im Sommer 1965 zu heiraten. Einige frühere Berichte verlauteten, daß der Vorschlag von Vadim kam und Jane lediglich zustimmte – eine Theorie, die Vadim heftig bestreitet: »Jane hat niemals zugelassen, daß irgend jemand eine für ihr Leben wichtige Entscheidung für sie trifft.« Aber diese Feststellung wird durch ihre Vorgeschichte mit Strasberg, Voutsinas und anderen nicht bestätigt.

Die Hochzeit fand nahezu heimlich statt. Da geisterte keine Meute internationaler Journalisten herum, um über die gesetzliche Vereinigung eines großen Filmstars mit einem gleichermaßen berühmten Bräutigam zu berichten. Das Paar flog in einem Privatflugzeug von Los Angeles nach Las Vegas, und die Zeremonie wurde am 14. August 1965 von einem Richter in ihrer Suite im Dunes Hotel vollzogen. Es gab nur acht Zeugen: Janes Bruder Peter und seine Frau Susan, Dennis Hopper, Brooke Hayward, drei Freunde Vadims aus Frankreich und Vadims Mutter. Janes Vater kam nicht. Er steckte in den Proben zu einem neuen Broadway-Stück, *Generations* von David Compton.

16

Mr. und Mrs. Roger Vladimir Plemiannikov, besser bekannt als Roger Vadim und Jane Fonda, flogen wenige Tage nach ihrer Heirat in Las Vegas zurück nach Frankreich. Weshalb hat Jane nach all ihren gesetzlich nicht beglaubigten Beziehungen zu Männern nun geheiratet? Vadim reimt sich das so zusammen: »Sie war jetzt achtundzwanzig, sie hielt noch immer an den traditionellen amerikanischen Wertvorstellungen ihres aus Nebraska stammenden Vaters fest, und sie hatte das Gefühl, daß es nunmehr Zeit für sie sei, Ehefrau und Mutter zu werden.«

Sie richteten sich auf dem Anwesen in St-Ouen ein. Für den Rest des Jahres 1965 hatte Jane keine Filmverpflichtungen mehr, und so nahm sie ihre »Phase als Hausfrau«, wie sie es später nannte, mit großem Elan in Angriff. Um diese Zeit hatte sie schon Teile des alten Bauernhauses auseinandergenommen, und eine kleine Armee von Zimmerleuten und Maurern ersetzten Wände und Verschläge. Sie ließ ganze Lastwagen voller Bäume bringen – Pinien, Birken, Zedern und Buchen – und pflanzte sie um das Gebäude herum, was Vadim zu der Frage veranlaßte: »Wenn du ein Haus unter Bäumen haben wolltest, warum hast du dann nicht gleich ein Haus unter Bäumen gekauft?« Genau wie in ihrer Kinderzeit mußte sie ihr eigenes Pferd auf dem Hof haben, und sie holte das Pony herüber, das sie in *Cat Ballou – hängen sollst du in Wyoming* geritten hatte – ein Geschenk von Columbia Pictures. Das Pony war Nathalies Wonne; ihre Mutter Annette Stroyberg ging fast ständig eigenen Abenteuern nach und ließ das kleine Mädchen des längeren beim Vater. Nathalie und das Pony waren unzertrennlich, und als Jane diese Reinkarnation ihrer eigenen Kindheit beobachtete, blühten ihre mütterlichen Gefühle auf.

Wie Vadim nun einmal war, fanden in dem Bauernhaus häufig Dinnerparties statt, und oft blieben Gäste übers Wochenende. Jane war immer die perfekte Gastgeberin, aber allmählich verlor si. den Geschmack an dieser Art von Geselligkeit. Sie sagt, sie hätte ihre Zeit lieber bei den Maurern verbracht. Auf der Suche nach mittelalterlichen Pflastersteinen für ihren Hof erkundete sie eifrig die Schloßruinen in der näheren Umgebung.

Im Januar 1966 hatten Vadim und zwei Mitarbeiter das Drehbuch seines nächsten Films mit Jane abgeschlossen, *Die Beute* (*La Curée*) nach einem Roman von Emile Zola. Gewöhnlich brauchte Vadim zwei Jahre, um einen Stoff für den Film einzurichten, und er hatte daran bereits in den Vereinigten Staaten gearbeitet, als er mit Jane wegen deren Filmaufnahmen dort war. Wie üblich bildete Sex das Hauptthema des neuen Films. Er handelt von einer Frau, die einen älteren, reichen Mann heiratet, sich dann jedoch in den gutaussehenden, sinnlichen Sohn des Gatten verliebt. Zolas Geschichte hatte Vadim in das Frankreich der Gegenwart transponiert und sie genau auf die Schwächen und Sitten zugeschnitten, wie sie in den sechziger Jahren in seinem Lande den oberen Schichten eigen waren. Es wurde beinahe eine Horrorstory, da sich der Ehemann an der treulosen Frau rächt, indem er sie in den absoluten Wahnsinn treibt; daher der für das englischsprachige Publikum gewählte Titel *The Game Is Over* (etwa: Das Spiel ist aus).

Die Beute war einer von Vadims besseren Filmen und wird in Frankreich noch immer fast als Klassiker betrachtet. Er war ausgezeichnet fotografiert und auf opulenten Adelssitzen gedreht worden, die Vadim in Südfrankreich ausfindig gemacht hatte. Zum erstenmal hatte er nun seine Frau, die

Hauptdarstellerin, ganz unter Kontrolle (in seinem Film *Der Reigen* war sie nur in einer der Episoden aufgetreten). In ihrer Beziehung als Star und Regisseur kamen sie gut miteinander aus, obwohl Vadim sich beschwerte: »Sie bemühte sich immer noch, jede Szene zu analysieren, um die jeweilige Motivation zu ergründen.« In seiner Autobiographie schreibt Vadim, er habe sich auch darüber gewundert, warum diese außergewöhnlich begabte, außergewöhnlich schöne Frau sich ihrer so unsicher war und jetzt noch versuchte, ihre Identität zu finden, »als ob sie nicht gewußt hätte, wer sie war«.

Zu dieser Suche nach der eigenen Identität gehörte offenbar Janes neue Idee, daß es gut und richtig sei, in den Filmen ihres Mannes auch nackt zu erscheinen. Damit machte sie interessanterweise eine totale Kehrtwendung, denn beim *Reigen* hatte sie das strikt verweigert. Wie sie aber nun in *Die Beute* mit dem jungen Liebhaber herumtobte, enthüllte sie praktisch ihre *ganze* Anatomie. Unglücklicherweise trieben sich am Drehort einige Paparazzi herum, und danach erschienen im *Playboy* Nacktfotos von Jane Fonda. Die streitsüchtige Jane verklagte *Playboy*. Der Prozeß zog sich monatelang hin, und schließlich verlor sie ihn.

Das spielte freilich keine Rolle. Obwohl *Die Beute* nirgendwo in den USA soviel Erfolg hatte wie in Frankreich, erhielt der Film von den amerikanischen Kritikern meist gute Besprechungen – wenngleich einige von ihnen wie Rex Reed ihre Vorbehalte wegen übertriebener Sinnlichkeit äußerten. So schrieb Reed: »Ich habe sieben Einstellungen gezählt, bei denen Jane Fonda frontal mit entblößtem Busen zu sehen ist; ihr Vater muß vor Verlegenheit hochrot geworden sein.«

Nach dem Film *Die Beute* hieß es für Jane wieder: Zurück in die USA. Bei ihrem noch unterentwickelten Sinn für die Qualität eines Drehbuchs hatte sie für die weitere Arbeit zwei Filme ausgewählt, von denen der eine furchtbar war, der andere gut. Der furchtbare hieß *Morgen ist ein neuer Tag* (*Hurry Sundown*), produziert und inszeniert von Otto Preminger mit einer guten Besetzung, zu der Michael Caine, Diahann Carroll, Burgess Meredith und Faye Dunaway gehörten. Es ging darin um den Rassenkonflikt zwischen Weißen und Schwarzen in den Südstaaten der USA; der Film trat für die Bürgerrechte ein, war aber gedreht wie eine geschmacklose Seifenoper. Offensichtlich beabsichtigte Preminger, aus Janes Image als Sexgöttin Kapital zu schlagen. Er setzte Jane in einigen vermeintlich erotischen Szenen ein; so mußte sie zum Beispiel ihren Ehemann (Michael Caine) mit Hilfe eines Saxophons erregen, um ihn aus seiner Impotenz zu reißen.

Noch nie zuvor hatte Jane bei einem Regisseur Temperament gezeigt, aber sie konnte den tyrannischen Preminger in seiner teutonischen Art einfach nicht ausstehen. Diahann Carroll berichtete: »Zwischen Jane und Otto gab es eine Menge Gebrüll und Gezeter. Ich nehme an, sie konnte die von uns zu spielende Geschichte nicht glauben, aber wiederum konnte das niemand von uns.« Der Film fiel durch. Sowohl schwarze wie weiße Zuschauer fanden ihn befremdlich, und wieder einmal wurde ein Film mit Jane Fonda von Judith Crist als »einer der schlechtesten Filme seit langem« bezeichnet.

Mit dem nächsten amerikanischen Streifen, in dem Jane 1966 mitwirkte, machte sie eine bessere Erfahrung. Es war *Barfuß im Park* (*Barefoot in the Park*). Ihm lag ein gutes Drehbuch zugrunde (Neil Simons Bearbeitung seines Erfolgsstücks), und es wurde von einem leicht zu beeinflussenden, rücksichtsvollen Regisseur, Gene Saks, inszeniert. Produzent Hal Wallis zog für die Hauptrolle Jane der Schauspielerin Elizabeth Ashley vor, die in dieser Rolle am Broadway mit Robert Redford aufgetreten war. Wallis erzählte mir folgendes: »Janes Name entwickelte sich zu einem Kassenmagneten, und ich brauchte sie, um Redford mitzuziehen, den ich auch haben wollte, der aber damals noch nicht so bekannt war.« Das ist eben die Ironie der Besetzung beim Film – wenn man bedenkt, welchen Rang Redford als Zugnummer bald erreichen sollte, beginnend mit *Zwei Banditen* (*Butch Cassidy and the Sundance Kid*) nur zwei Jahre später.

Jane erinnert sich, daß ihr die Arbeit an dem Film wirklich Spaß machte. Er stellt ein jungvermähltes Paar dar – einen spießigen jungen Mann und eine flotte Frau, die im fünften Stock eines fahrstuhllosen Mietshauses voller spinniger Typen in Greenwich Village, New York, wohnen. Die Geschichte zeigt, wie Corrie (Jane) ihren Mann Paul (Redford) von seiner Spießigkeit zu heilen versucht – tatsächlich durch einige bizarre, tückisch ausgeheckte Machenschaften.

Jane hatte schon einmal mit Redford zusammengearbeitet, in *Ein Mann wird gejagt* (*The Chase*), ihn während der Aufnahmen zu diesem Filmdebakel aber kaum richtig kennengelernt. Sie stand – und steht – in dem Ruf, daß sie sich so in ihre Darstellung vertieft, daß sie überhaupt keine Zeit findet, sich mit einem ihrer Schauspielerkollegen anzufreunden. Robert Redford scheint die einzige Ausnahme gewesen zu sein. »Das liegt daran, daß wir beide dieselben liberalen Auffassungen besitzen«, sagt Jane. »Das entdeckten wir, als wir wieder zusammen drehten, bei *Barfuß im Park*.« Redford erinnerte sich danach: »Zu der Zeit hatte sie, glaube ich, die meisten ihrer liberalen Ideen von ihrem Vater.« 1967 hatte sich Redford noch nicht in Sachen Umwelt engagiert, für die er sich heute einsetzt, und Jane war sich nach eigenem Eingeständnis noch nicht der sozialen Probleme bewußt, deren sie sich später so leidenschaftlich annahm. Mit unglaublicher Offenheit äußerte sie gegenüber einem Interviewer: »Ich habe nicht einmal gewußt, wo Vietnam liegt.«

Bei *Barfuß im Park* verletzte sie auch ihr eben genanntes

Prinzip, indem sie sich mit Charles Boyer auf freundliche, vertraute Gespräche einließ. Er spielt mit großem Entzücken einen alternden, exzentrischen Hippie, der sich in eine romantische Affäre mit Corries (Janes) Mutter in dem Film (Mildred Natwick) verstrickt. Jane sagt, sie und Boyer unterhielten sich oft über die Arbeit seines Landsmanns Vadim, dessen Filme er interessant fand, aber nicht sonderlich bewunderte. Boyer entsinnt sich an Jane als eine charmante junge Frau, »die mich beeindruckt hat, weil sie sich mehr mit ihrer Darstellung beschäftigte als mit dem Make-up oder mit der Frisur«.

Der Film selbst schlug gut ein und festigte Janes Image als Spezialistin für Sexkomödien (obwohl es diesmal keine richtigen Nacktszenen gab). Wonach sie sich aber am meisten sehnte, in den Vereinigten Staaten jedenfalls – nämlich nach Anerkennung ihrer Fähigkeit, bedeutungsvolle dramatische Rollen zu verkörpern –, das war noch Zukunftsmusik.

Der Fall trat auch nicht ein, als sie nach Frankreich zurückkehrte. Den Großteil der Zeit des Jahres 1967 verbrachte sie auf ihrem Bauerngehöft. Gelegentlich fuhr sie in die Pariser Stadtwohnung, während Vadim den Film *Barbarella* (*Barbarella*) vorbereitete, vermutlich die berüchtigtste Sexkomödie überhaupt, die Jane drehte. Die Idee hatte er von einem unter diesem Namen wohlbekannten französischen Comic strip für Erwachsene, und ihn reizte der Gedanke, mit *Barbarella* das gleiche zu tun, was anderen mit dem Comic strip *Superman* gelungen war. Hier hatte er es nicht nur mit reichlich viel Science-fiction-Action zu tun, sondern dazu noch mit reichlich viel Science-fiction-Sex.

Während Vadim mit der unglaublichen Anzahl von sieben Koautoren (einschließlich des Amerikaners Terry Southern) am Drehbuch von *Barbarella* saß, zog sich Jane für eine Weile ganz und gar in ihre private Sphäre zurück. Sie war eine ausgemachte Hausfrau. In Vadims merkwürdigem Haushalt kam oft seine frühere Frau Brigitte Bardot zu Besuch, und sie und Jane wurden recht gute Freundinnen. Brigitte engagierte sich nun stark für den Tierschutz und widmete ihre Zeit der Rettung streunender Katzen, Hunde und Pferde, denen sie ein Heim bot. Das schuf einen der Berührungspunkte zwischen den beiden. Auch pflegte Jane weiter das Verhältnis zu Vadims Kindern Nathalie, jetzt sieben, und Christian, drei Jahre, die immer häufiger bei ihr und Vadim blieben. Was Vadim selbst betraf, so spürte er, wie er schrieb, daß Jane über die Beziehung zu ihm hinauswuchs. Darauf reagierte er auf absonderliche Weise, wie er in *Bardot, Deneuve, Fonda: Mein Leben mit den drei schönsten Frauen der Welt* berichtet:

> Nachdem ich drei Jahre mit Jane zusammengelebt hatte, gelangte ich zu der Überzeugung, daß die Lösung in einer sexuellen Freizügigkeit bestand, die auf gegenseitiger Ehrlichkeit beruht ... Wenn ich mit einer anderen Frau schlief, redete ich mit Jane darüber. Mit der Zeit ging ich weiter. Einige meiner Eroberungen brachte ich mit nach Hause – manchmal sogar in mein Bett. Ich habe nicht verlangt, daß Jane bei meinen Exzessen mitmacht ... Jane schien das zu verstehen ... Was sie betrifft, so hat sie sich keine außerehelichen Eskapaden geleistet. Das hätte mir die Augen öffnen sollen. Ich raste eine Einbahnstraße entlang.

Wieviel Verständnis brachte Jane dieser »Einbahnstraße« entgegen? Darüber hat sie sich nie geäußert. Spielte sie die ideale französische Ehefrau, die die Seitensprünge ihres Gatten kaltlassen? Oder wurde sie allmählich gleichgültig? Das wahrscheinlich nicht, denn Ende 1967 sollte sie schwanger werden, von Vadim.

17

Mit gemischten Gefühlen begann Jane Ende 1967 die Dreharbeiten zu *Barbarella*. Sie näherte sich dem Ende ihrer Betthäschenphase, und sie schien das zu fühlen. Es versetzte ihr einen Stich, als sie, einer Laune folgend, ihren Vater anrief, ob er als großer Star in einer kurzen Szene als galaktischer Staatsmann in dem Film mitwirken würde, und er, verächtlich schnaubend, ablehnte: »Muß ich mich dabei ausziehen?« Als Hank dieses Gespräch dem Reporter von Associated Press Bob Thomas berichtete, fügte er hinzu: »Jane hat schon mehr schlechte Filme überstanden als jede andere Schauspielerin in ihrem ganzen Leben.«

Die Aufnahmen zu dem Film begannen in Rom und wurden in Paris fortgesetzt. Für die damalige Zeit standen riesige Mittel zur Verfügung. Paramount finanzierte *Barbarella*, und Dino De Laurentiis war der Produzent. Ein Großteil des Budgets wurde für Spezialeffekte ausgegeben – im Vergleich zu *Star Wars* (*Star Wars*) waren diese Effekte reichlich plump, aber in den sechziger Jahren wirkten sie.

Schon während der ersten Einstellung gerieten Jane und Vadim aneinander, wieder über den Grad ihrer Nacktheit. Während des graphischen Vorspanns des Films sieht man Jane, den Texten unterlegt, wie sie anscheinend schwerelos in ihrem Ein-Mann-Raumschiff in einem aufreizenden Stripteaseakt Stück für Stück ihren Raumanzug ablegt. Der Striptease blieb im Film, aber nach Janes Protest schnitt Vadim die Passagen mit der Entblößung ihrer intimsten Körperteile heraus – wenn auch nicht genug, um zu verhindern, daß der Film später anfänglich als »Nicht für Jugendliche« eingestuft wurde.

Es gab noch mehr Nacktszenen in dem Film, aber keine so drastischen. Allerdings hatten die Zensoren auch andere Probleme damit. Jane tritt in einer Sexszene mit einem blinden Engel auf, gespielt von John Phillip Law, und es gibt unmißverständliche Andeutungen einer lesbischen Beziehung zwischen Jane und dem weiblichen Schurken (Anita Pallenberg). Am umstrittensten war die wahrscheinlich komischste Passage des ganzen Films, in der Jane zur Strafe in einen Orgasmusapparat gespannt wird, der sie »zu Tode reizen« soll. Statt dessen brennen, während Jane gereizt wird, alle Sicherungen in der Maschine durch, womit Jane sie total kaputtmacht. Zu Janes Ehre sei gesagt, daß sie die Rolle so ähnlich anlegte wie seinerzeit in *Cat Ballou – hängen sollst du in Wyoming* (kein Mensch hat je behauptet, sie besäße keine schnelle Auffassungsgabe), mit stockernster Miene und extremer Naivität gegenüber den verrückten Vorgängen um sie herum – wirklich wie eine Alice im Wunderland des 40. Jahrhunderts.

Obwohl Jane später den Film als Tiefpunkt ihrer Karriere brandmarkte, weil er die sexuelle Ausbeutung der Frau vertrat, hat sie ihn während der Arbeit daran durchaus verteidigt:

> Ich glaube nicht, daß es ein erotischer Film ist. Er ist nur komisch und offen und nett. Wie Sie wissen, zeigt mich Vadim nur unter dem Vorspann ganz nackt. Er hat gesagt: »Jeder wartet darauf, also warum bringen wir es nicht gleich hinter uns und machen dann den Film?« So denkt er darüber ... Wenn ich als Schauspielerin eins besitze, dann ist es Vielseitigkeit. Weshalb sollte ich mich da *nicht* hinauswagen und so was wie *Barbarella* spielen?

Nach Aussage ihrer Freundin Elizabeth Vailland war Jane trotz dieser mutigen Worte reichlich deprimiert, als der Film abgedreht war. »Aus zwei Gründen machte sie sich Sorgen«, äußerte Mrs. Vailland. »Es stand der nächste Geburtstag bevor, am 21. Dezember, da wurde sie dreißig. Die zweite Sorge bestand in ihrer Befürchtung, daß *Barbarella* ein Mißerfolg wird und sie in ihrer Karriere wieder abgetrieben würde auf ein Meer schlechter Filme.«

Wie sich herausstellte, erwies sich die zweite Befürchtung als bloßer Verfolgungswahn. *Barbarella* erhielt einige gute Kritiken (bemerkenswerterweise auch eine von der ultrastrengen Pauline Kael vom *New Yorker*), und obwohl der Streifen tatsächlich von den meisten anderen Rezensenten als »schlechter Film« und als »geiler Herrenzimmerspaß« abgestempelt wurde, scheffelte er Geld. Das waren eben die sechziger Jahre, und *Barbarella* paßte genau zu den Theorien über das »Zeitalter der sexuellen Freizügigkeit«. Seltsamerweise ist er in Filmkunstkinos noch sehr populär, und die Videos davon sind in den Läden und Videotheken stark gefragt.

Die erste Sorge – Janes Furcht, dreißig zu werden –, das war etwas anderes. Ihre Rolle als Ersatzmutter für Vadims Tochter Nathalie hatte sich weiter ausgeprägt, und sie wollte nun, wie Vadim es formulierte, »ein eigenes Kind haben, mit einem legalen Vater, bevor sie noch älter wurde«. So feierte Jane ihren dreißigsten Geburtstag mit Vadim am 21. Dezember 1967 und bewies dabei schon die Entschlossenheit, die sie später immer an den Tag legen sollte. Sie fuhren zum Skiurlaub nach Megève in den französischen Alpen. Der Arzt bestätigte, daß Jane kurz nach Weihnachten schwanger geworden war, also während des Urlaubs.

Vadim war hingerissen vor Begeisterung; Jane, sagte er, habe eine langsam sich steigernde, belebende Freude empfunden, »als sie spürte, wie das Kind in ihr wuchs«. Es war eine vergleichsweise leichte Schwangerschaft. In den ersten Monaten nahm sie die Dreharbeiten an einem weiteren Film Vadims auf – oder genauer, an dem Vadimschen Teil einer Trilogie, genannt *Außergewöhnliche Geschichten* (*Histoires extraordinaires*, engl. Titel: *Spirits of the Dead*), deren andere beiden Teile von Federico Fellini und Louis Malle inszeniert wurden.

Vadims Beteiligung an diesem Unternehmen kam hauptsächlich aufgrund seines feinen Gespürs für das Showbusineß zustande. Janes Bruder Peter hatte gerade den Film *Easy Rider – Die jungen wilden Männer* (*Easy Rider*) abgedreht, der drauf und dran war, ein weltweiter Knüller zu werden. Vadim überlegte, daß es riesige Zuschauermassen anziehen würde, wenn man den gerade berühmt gewordenen Peter Fonda zum erstenmal mit seiner längst berühmten Schwester in einem Film zeigen würde.

Obgleich Peter und Jane wunderbare Tage miteinander verbrachten (wegen Hanks anhaltender Reserviertheit waren sie sich noch nähergekommen), funktionierte Vadims Überlegung nicht. Das lag daran, daß sein Teil der Trilogie, *Metzengerstein* (der sehr frei auf einer Erzählung Edgar Allan Poes basierte), ein weiterer jener mißratenen Filme wurde, die Jane am liebsten aus dem Gedächtnis strich. Vor mittelalterlichem Hintergrund spielen Jane und Peter Cousin und Cousine, zwischen denen sich eine inzestuöse Beziehung andeutet. Es lief da auch ein geheimnisvolles Pferd herum, das eine Inkarnation des von Peter gespielten Cousins sein konnte – oder auch nicht. Jane liebte oder haßte das Pferd. Außerdem gab es da noch eine Orgie, ein bißchen Bisexualität sowie groteske mittelalterliche Kostüme für Jane, mit durchsichtigen Stoffbahnen, die sogar ihren schwangeren Bauch sehen ließen.

Nicht ein Kritiker wurde aus diesem Durcheinander schlau, und man erinnert sich heute hauptsächlich an *Außergewöhnliche Geschichten* wegen der unendlich besseren Episode, bei der Fellini Regie führte. So sehr geriet Vadims *Metzengerstein* in Vergessenheit, daß sich nur wenige Leute und selbst nur wenige Filmwissenschaftler bewußt sind, daß Jane und Peter Fonda einmal in einem Film gemeinsam auftraten.

Nach Abschluß der Aufnahmen fuhr Jane auf den Bauernhof zurück, um die Geburt des Kindes abzuwarten. Sie hatte einen leichten Anflug von Mumps gehabt und sorgte sich furchtbar, ebenso wie Vadim, daß das Baby einen körperlichen oder geistigen Schaden haben könnte. Häufig ging sie zu ihrem Gynäkologen und Geburtshelfer. Noch wurde die Amniozentese nicht allgemein praktiziert, und der Arzt machte sich auch Sorgen, aber soweit er es feststellen konnte, entwickelte sich der Embryo normal.

Amerikanische Freunde kamen sie in ihrem Bauernhaus besuchen (darunter Warren Beatty, der gerade eine Liebschaft mit Brigitte Bardot suchte), und sie berichteten, daß Jane in eine Phase tiefer Selbstbeobachtung eingetaucht sei, in der sie einzig und allein ihre bevorstehende Mutterschaft interessierte. Sie bemerkten Spannungen in dem Verhältnis zu Vadim und daß sie nur eine Seite von ihm hervorkehrte, nämlich, was für ein zärtlicher und liebevoller Vater er für Nathalie und Christian war. Jane machte sich nach acht Jahren im Filmgeschäft auch eine Menge Gedanken über die anscheinende Zwecklosigkeit ihrer Karriere. Wollte sie trotz des Geldes, das sie verdiente, *wirklich* weitermachen mit der seichten Komödie, die letztlich auf Softpornos hinauslief? Würde sie jemals eine Rolle in einem bedeutenden Film angeboten bekommen, wie ihr Vater – einen, auf den Hank stolz sein würde?

Janes Baby kam am 28. September 1968 in einem Pariser Krankenhaus zur Welt. Sie und auch Vadim atmeten vor Erleichterung auf, als man ihnen mitteilte, daß ihr Mumps keine Schäden hinterlassen hat; das Kind war vollkommen gesund und in jeder Hinsicht normal. Merkwürdigerweise war bei der Geburt nur Janes erste Stiefmutter, Susan Blanchard, als einzige des Fondaclans anwesend. Sie hatte sich bereit erklärt, von New York herüberzufliegen und Jane zur Seite zu stehen. Hank und Peter gratulierten telegrafisch. Das Baby war ein Mädchen, und Jane nannte es Vanessa. Irgend jemand wußte zu berichten, »daß das Kind nach Janes radikaler Mitstreiterin Vanessa Redgrave genannt wurde«. Jane hat das immer bestritten; zu der Zeit kannte sie Vanessa Redgrave kaum, und sie selbst vertrat noch keine politisch radikalen Ansichten.

Nach Vanessas Geburt kehrten die alten Lebensgeister Jane Fondas wieder zurück und verdrängten für eine Weile ihre Niedergeschlagenheit. Vadim meint, die Mutterschaft wurde bei ihr zur Zwangsvorstellung; ständig hielt sie Vanessa auf dem Arm und verhätschelte sie, kaufte Unmengen von Babysachen, richtete das Kinderzimmer neu ein und veränderte alles gleich noch mal und besorgte sich alle Bücher, die es über Säuglingspflege gab. Sie stillte das Baby und schlief oft bei ihm im Kinderzimmer. Vadim hatte eine Säuglingsschwester angestellt, aber Jane ließ der Frau kaum was zu tun übrig.

Doch dann, Ende 1968, trat ein Ereignis ein, das Janes Leben grundlegend veränderte: Die Post brachte ein Drehbuch aus Hollywood ins Haus, mit einer Bemerkung von ihrem Agenten, daß der Verfasser und Regisseur James Poe der Ansicht sei, nur Jane könne die Heldin spielen. Jane war gleich Feuer und Flamme, denn während der Schwangerschaft hatte sie den Roman von Horace McCoy, auf dem das Drehbuch basierte, mehrmals gelesen. Der in den USA in den dreißiger Jahren veröffentlichte Roman war in Frankreich noch immer bekannt, und die französische Paperbackausgabe konnte man überall kaufen. Wehmütig erinnerte er sie an den Roman über die große amerikanische Wirtschaftskrise, John Steinbecks *Die Früchte des Zorns*, in dessen meisterhafter Verfilmung ihr Vater triumphiert hatte. Und hier wurde ihr nun die eigene Chance frei Haus geliefert: zum erstenmal in einem Film mitzuwirken, der vielleicht ein ebensolches Meisterwerk werden könnte! Sie vermochte es kaum zu fassen.

Roman und Drehbuch trugen den Titel *Nur Pferden gibt*

man den Gnadenschuß (*They Shoot Horses, Don't They?*). Die Handlung spielt zur Zeit der Wirtschaftskrise und dreht sich um den unbezähmbaren Geist einer Gruppe von armen Teufeln, die an einem Tanzmarathon der dreißiger Jahre teilnehmen. Erschöpft bis auf die Knochen und heruntergekommen, ist das ihre letzte Gelegenheit, etwas Geld zu verdienen, wenn sie nach einer Schinderei rund um die Uhr den Wettbewerb gewinnen.

Dieses Filmangebot akzeptierte Jane sofort (auch Vadim gefiel das Script), und so flogen sie mit Baby Vanessa nach Kalifornien, wo sie ein neues Haus in Malibu mieteten. Nach einiger Zeit der Studioarbeit wurde Autor und Regisseur James Poe gefeuert, weil sein Konzept viel zu versponnen war. Das Drehbuch wurde von Robert Thompson umgeschrieben, und als Regisseur wurde Poe durch den dynamischen, fünfunddreißigjährigen Sidney Pollack ersetzt. Mit Pollack begann für Jane eine Art von Zusammenarbeit zwischen Hauptdarstellerin und Regisseur, wie sie sie noch nie erlebt hatte. Sie meinte, sie habe nicht gewußt, daß ein Film auf diese Weise gedreht werden kann. Pollack bezog sie in alles ein – in die Besetzung, das Szenenbild, das Umschreiben von Szenen –, und natürlich gab es endlose Gespräche darüber, wie eine Szene gespielt werden soll. Pollack erzählt: »Gewöhnlich haben wir es zuerst so gemacht, wie Jane wollte, und wenn das nicht das richtige war, haben wir es geändert.«

Die Rolle der Gloria war für Jane die schwierigste, die sie je anpackte. Gloria ist eine Verliererin, eine Masochistin, die schon in Hoffnungslosigkeit ertrinkt, denn sie meldet sich zum Tanzmarathon nur, weil das die alleinige Überlebenschance für sie ist. Aber sie zeigt eine scharfe Zunge und einen forschen Verstand, als sie Kontakt mit den anderen Verlierern im Wettbewerb aufnimmt, und man möchte sie am liebsten anfeuern. Sie sieht Schreckliches – der von Red Button dargestellte Mann stirbt zum Beispiel an einem Herzanfall, verursacht durch den Dauerstreß auf der Tanzfläche. Und sie erleidet Rückschläge – sie erwischt ihren Freund, gespielt von Michael Sarrazin, wie er in einer Vorratskammer hinter dem Saal mit der von Susannah York gespielten Frau kopuliert. Doch sie bewahrt sich tapfer die eine Freiheit, die ihr geblieben ist: so zu sterben, wie sie es will – durch die Hand ihres Freundes.

Pollack äußert, er habe kaum je eine Schauspielerin erlebt, die so in der Rolle aufgeht: »Sie las das Buch immer wieder, und am Ende des Drehtags lebte sie weiter in dieser Gestalt. Nach einiger Zeit bestand sie darauf, auf dem Filmgelände zu wohnen, in einem Wohnanhänger mit Baby und Säuglingsschwester. Sie stillte die Tochter auf der Tonbühne.« Vadim kam sich am Strand von Malibu überflüssig vor, und ihm wurde Janes Veränderung deutlich bewußt: »Sie lebte in ihrer Rolle mit fast morbider Intensität.«

Vor allem wegen Janes kraftvollem Spiel wurde der bittere Film *Nur Pferden gibt man den Gnadenschuß* zur »Metapher des menschlichen Geistes«, wie Kritiker ihn dann nannten. Pollack führte auch die anderen Darsteller zu hervorragenden Leistungen – Gig Young, Bruce Dern, Susannah York und Bonnie Bedelia. Unter den Mitwirkenden entstand eine echte Kameradschaft, aber nicht mit Jane. Wie gewöhnlich blieb sie für sich, außer wenn sie vor der Kamera arbeitete. Diese seltsame Neigung hielt Susannah York folgendermaßen fest: »Monatelang haben wir zusammengearbeitet, aber ich kann mich nicht erinnern, mehr als ein halbes Dutzend Worte mit ihr gewechselt zu haben.«

Nach Beendigung der Aufnahmen floh Jane mit Vadim zurück nach Frankreich. Er hatte das bestimmte Gefühl, daß es zwischen ihnen nie mehr so sein würde wie früher. Und so war es auch. Offensichtlich hatte Jane das eine Ziel erreicht, nach dem sie sich so gesehnt hatte: Noch vor Erscheinen der

Besprechungen hieß es, daß dies ihr erster achtunggebietender Erfolg sei; einige Insider verglichen sie mit der frühen Bette Davis. Aber Jane brach nicht in Jubelrufe aus, sondern vertiefte sich noch mehr in ihre stille Selbstbeobachtung. Damals wußte niemand, was in ihrem Kopf vorging, doch aus ihrer Betthäschenphase tauchte eine völlig neue Jane Fonda auf, und eine wiederum ganz und gar andere Jane Fonda sollte bald die Bildfläche betreten.

Die Kritiken von *Nur Pferden gibt man den Gnadenschuß* bestätigten die Vermutungen der Insider: Der Streifen wurde als »neuer amerikanischer Filmklassiker« begrüßt. In der *New York Times* schrieb John Simon: »Als Gloria besteht die glänzende kleine Schauspielerin Jane Fonda die Prüfung zu einer glänzenden großen Schauspielerin.« Bei der Oscar-Verleihung erhielt Jane von der Academy of Motion Picture Arts and Sciences ihre erste Nominierung als »Beste Schauspielerin«, verlor aber gegen die bravouröse Solovorstellung Maggie Smiths in *Die Lehrerin* (*The Prime of Miss Jean Brodie*) nach dem Roman von Muriel Spark. Sie wurde jedoch von den New Yorker Filmkritikern als »Beste Schauspielerin des Jahres« ausgezeichnet. Und sie erhielt einen Brief von ihrem Vater Henry Fonda, der schrieb: »Nun hast du endlich zu dir gefunden.«

Als Hanks Brief eintraf, war Jane gerade von der Vorführung eines französischen Dokumentarfilms über das vermutliche Massaker amerikanischer Soldaten an Hunderten von vietnamesischen Zivilisten bei My Lai und an anderen Orten in Indochina nach Hause gekommen.

18

Wie erwirbt eine junge Frau, die bislang zugegebenermaßen von gesellschaftlichen und politischen Dingen unbeleckt war, plötzlich ein zorniges gesellschaftliches Bewußtsein und einen Sinn für politische Probleme?

Mit einiger Übertreibung äußerte Jane: »Ich wurde zweiunddreißig und entdeckte, daß ich zweiunddreißig Jahre meines Lebens vergeudet hatte. Ich kam zu der Erkenntnis durch den Krieg, durch die Art von Fragen, die uns der Vietnamkrieg aufzwingt, wer wir denn sind, was unser Land bedeutet und was wir tun.«

Aber so eindeutig war das nicht. Ihr steckten nach wie vor die liberalen New-Deal-Ideen des Vaters im Kopf, und auf dem College hatte sie von den antikommunistischen Exzessen des Senators Joe McCarthy erfahren. 1973 erzählte sie Leroy Aarons von der *Washington Post*:

> Während der letzten Jahre habe ich versucht dahinterzukommen, wieso ich so lange gebraucht habe, mir alles zusammenzureimen. Ich glaube, es hat teilweise damit zu tun, daß ich in den fünfziger Jahren aufgewachsen bin und studiert habe. Und was mir über diese Zeit im Gedächtnis geblieben ist, wird von der Tatsache beeinflußt und gefärbt, daß es die McCarthy-Ära war. Ich weiß noch, wir standen alle unter dem Eindruck, daß jede Bewegung in Richtung auf gesellschaftliche Veränderungen als gefährlich galt und unterdrückt wurde. Ich erinnere mich, daß einige meiner Lehrer progressive Ideen verbreiteten, und dann waren sie auf einmal nicht mehr da … Also wuchs ich mit dem Gefühl auf: »Was hat es für einen Zweck?«

Janes große Veränderung scheint 1968 eingesetzt zu haben, als sie mit Vanessa schwanger war, viel Zeit zu Hause verbrachte und über ihre eigenen Probleme nachdachte. Doch da es in Frankreich nun auch Fernsehen gab, konnte sie vor den Weltereignissen nicht die Augen verschließen. Es war das Jahr, in dem sowohl Robert Kennedy als auch Martin Luther King einem Attentat zum Opfer fielen. Frankreich stand am Rande einer Revolution; Tausende von Studenten erhoben sich, gingen in Paris auf die Straße, hauptsächlich wegen einer notwendigen Studienreform, doch bald unterstützt von linken Arbeitern, die ihr eigenes Anti-De-Gaulle-Programm verfolgten. Jedesmal wenn Jane zu ihrem Gynäkologen nach Paris fuhr, sah sie selbst, mit welcher Gewalt und Erbitterung der Aufstand geführt wurde.

Vielleicht aus Schadenfreude über die Mißerfolge der Amerikaner in einem Krieg, den die Franzosen schon zehn Jahre zuvor bei Dien Bien Phu verloren hatten, überflutete das französische Fernsehen die Ätherwellen mit einer brutaleren Berichterstattung über Vietnam, als sie die amerikanischen Sender auszustrahlen wagten. Jane sah die gesamte Tet-Offensive des Vietcongs und der Nordvietnamesen von 1968, einschließlich der einen Monat dauernden Schlacht um Hué. Die Franzosen verwendeten Filmmaterial, das sie von den Nordvietnamesen erhielten, und mit Bildern von Greueltaten waren sie nicht knauserig.

Abgesehen vom großen Umfang der Kriegsberichte konzentrierten sich das französische Fernsehen und die Presse auch auf die Unruhe in den Vereinigten Staaten. Jane erinnert sich:

> Ich habe überhaupt nicht begriffen, was da vor sich ging, nur daß Menschen in Bewegung kamen. Die deutlichste Einzelheit, die in meinem Gedächtnis hängengeblieben ist, war, daß ich im Fernsehen eine halbe Million Leute

zum Pentagon marschieren sah. Das hinterließ bei mir einen nachhaltigen Eindruck, weil mir plötzlich klar wurde, in welchem Ausmaß sich das Land seit meinem Weggang nach Frankreich verändert hatte. Ich beobachtete, daß Frauen solche Märsche anführten. Ich beobachtete, wie Frauen zusammengeschlagen wurden. Ich beobachtete, wie Frauen auf die Bajonette zugingen, die das Pentagon abriegelten, und daß sie keine Angst hatten. Angst hatten die Soldaten. Das werde ich nie vergessen. Das hat mich total verändert. Da fing ich an, danach zu suchen, was dahintersteckte.

Das war schon eine Erklärung von großer Tragweite, absolut überraschend, wenn man bedenkt, daß Jane ihr ganzes bisheriges Leben lang von Männern beherrscht wurde. Hier rührte sich zum erstenmal ein feministisches Bewußtsein. Auch andere Dinge erwachten in ihr. Durch ihre Freundin Elizabeth Vailland, eine linke französische Bekannte Vadims, begegnete sie in Paris einer Sorte von Amerikanern, die ihr bisher fremd geblieben waren. Es waren Deserteure aus Vietnam und Soldaten, die ihren Einsatz in Vietnam beendet hatten und in Frankreich geblieben waren. Zu beiden Gruppen gehörten Weiße, die über die Armut in den Appalachen redeten, und Schwarze, die über den Kampf um die Bürgerrechte und über die Armut in Harlem und Alabama sprachen.

Jane berichtet: »Anfänglich verteidigte ich bei diesen Leuten Amerika, aber dann hörte ich immer mehr Sachen, von denen ich kaum eine Ahnung gehabt hatte.« Das löste eine ihrer impulsiven Handlungen aus – eine, die von nun an ihr Leben veränderte. Sie beschloß, erst einmal die Armut kennenzulernen, und zwar in einer der schlimmsten Gegenden, die man sich vorstellen kann: in Indien. Niemand weiß, wie sie auf Indien kam statt auf, sagen wir, die Slums von Detroit. Vadim erklärt das so: »Auslöser war eine College-Freundin

Janes, die in Paris ihre Reise nach Bombay unterbrach und Jane bat, sie zu begleiten.« Vadim irrte sich, als er meinte, es sei Janes Absicht gewesen, wie ein Hippie die eigene Identität bei den Gurus der spirituellen Religionen des Orients zu suchen.

Kurz nach Vanessas erstem Geburtstag, im September 1969, brach Jane nach Indien auf. Sie fragte Vadim nicht um Erlaubnis, und er brachte auch keine Einwände vor. Zu diesem Zeitpunkt bestand jedenfalls nur noch ein Minimum an Kommunikation zwischen ihnen. Und da Janes Besessenheit von der Mutterrolle anscheinend abgeklungen war, überließ sie Vanessa Vadims Fürsorge. Als Vater vertraute sie ihm bedingungslos.

Die Reise erwies sich als verheerend für Jane. Nicht nur erlitt sie einen schmerzhaften Kulturschock, sondern sie fand auch keineswegs den Frieden, mit dem ihre Freundin aus Kindertagen, Mia Farrow, von dem Subkontinent zurückgekehrt war. Auf einer Pressekonferenz in Los Angeles erklärte sie:

> Ich hatte noch nie erlebt, wie Menschen Hungers sterben oder wie ein Junge mit dem Leichnam seines kleinen Bruders im Arm bettelt. Ich traf eine Menge junger Leute aus Amerika dort, Hippies aus wohlhabenden bürgerlichen Familien auf der Suche nach ihrem individuellen metaphysischen Trip. Sie akzeptierten die Armut. Sie versuchten sogar, sie mir gegenüber wegzuerklären. Aber ich konnte mich nicht mit dem Leiden und den schreienden Ungerechtigkeiten abfinden. Es war das Gesellschaftssystem, die ganze Art des Denkens, die so viele Menschen niederhielten.

Von Indien aus fuhr Jane nach Sikkim, dem kleinen Königreich im Himalaja. Dort war Hope Cooke, eine Amerikanerin gleichen Alters, Königin. Jane wohnte aufgrund ihres filmischen Ruhms als hochwillkommener Gast im Palast. Der Überfluß im Palast und der ganze Lebensstil des Königspaars löste bei Jane um so größeres Entsetzen aus, als sie sowohl in Indien als auch in Sikkim bei den einfachen Menschen das Gegenteil gesehen hatte. »Zum erstenmal wurde mir bewußt«, sagte sie, »wie weltfremd ich mein ganzes Leben lang gewesen war, abgeschnitten von den wirklichen Verhältnissen, unter denen die einfachen Menschen überall in der Welt existieren.«

Den Aufenthalt in Sikkim brach Jane ab und flog nach Hause, weil sie in Los Angeles gebraucht wurde; es ging um die Promotion für den Film *Nur Pferden gibt man den Gnadenschuß*, der 1969 einer der aussichtsreichsten Kandidaten für den Oscar war. Vadim mußte ebenfalls wegen eines seiner Filmvorhaben nach Hollywood; deshalb nahmen sie Vanessa mit. Das Kind brachten sie in Hank Fondas Haus in Bel Air unter (das Großvatersein hatte ihn etwas zugänglicher gemacht), und sie selbst bezogen eine Suite im Beverly Wilshire Hotel. Es war schon bezeichnend, daß sie diesmal kein Haus in Malibu mieteten.

Während Jane immer noch die Indienreise im Kopf rumspukte, fiel ihr eine Nummer der Zeitschrift *Rampart* in die Hand. Sie enthielt einen Bericht über eine Gruppe von amerikanischen Indianern, die das frühere bundesstaatliche Zuchthaus auf der Insel Alcatraz in der Bucht von San Francisco belagerten und besetzt hielten. Zu dem Zeitpunkt soll Jane, nach einigen Meldungen, einen ihrer albernsten Sprüche abgelassen haben: »Also haben *wir auch* Indians!«*

Ob es nun wahr ist oder nicht, daß sie diese Offenbarung

* »Indians« heißt »Indianer« und zugleich »Inder«. (Anm. d. Übers.)

von sich gab: Damit begann Janes persönliches Engagement in politischen Angelegenheiten. Sie beriet sich mit Marlon Brando, der bereits dafür berühmt war, daß er für die Rechte der Indianer eintrat, und sprach auf Veranstaltungen, deren Erlös den Indianern zugute kam. Obgleich ihr noch die Bulimie zusetzte, wollte sie mit dem Kopf durch die Wand; sie spürte, daß sie nach Alcatraz fahren *mußte*, um sich den geplagten Eingeborenen Amerikas anzuschließen. Nun ließ sich die entscheidende Kraftprobe mit Vadim nicht mehr vermeiden. Er erinnert sich gut an die Situation:

> Es war in dem Zimmer im Beverly Wilshire Hotel, als Jane schließlich die Worte aussprach, die ich schon seit Monaten von ihr erwartet hatte: »Vadim, wir müssen uns trennen. Ich liebe dich immer noch sehr, aber ich brauche Zeit für mich, brauche mein eigenes Leben, meine Freiheit. Was Vanessa betrifft, ist das ein Problem, ich weiß. Aber ich kann es nicht ändern. Über die Bedingungen reden wir später.«

Die Bedingungen sahen dann so aus: Vadim sorgt für Vanessa, nimmt sie zu seinen anderen Kindern, und Jane würde ihre Tochter sehen können, sooft es ihre ständigen Reisen im Zusammenhang mit ihrem öffentlichen Engagement erlaubten. Dem Buchstaben nach blieben sie von da an noch drei Jahre verheiratet.

Jane stürzte sich sofort in ihre Aktivitäten. Sie hatte Verbindung zu Peter Collier aufgenommen, dem Journalisten des Magazins *Rampart*, der den Artikel über die Invasion der Insel Alcatraz durch die Indianer verfaßt hatte, und er erbot sich, sie zu der befestigten Insel zu eskortieren. Die Insel war allerdings gar nicht so großartig verbarrikadiert. Die Regierung hielt sich bewußt zurück und griff Alcatraz nicht an, denn in der Öffentlichkeit herrschte sehr viel Sympathie für die Indianer. Diese hatten die unbenutzte Insel symbolisch in Besitz genommen als ein Zeichen dafür, daß alles Land, das ihnen in der Vergangenheit geraubt worden war, zurückgegeben werden müsse, und sie protestierten damit auch gegen all die Ungerechtigkeiten, die ihnen vom Amt für indianische Angelegenheiten der Regierung zugefügt wurden. Als Jane Fonda nun an der Anlegestelle im Hafen von San Francisco eintraf, fand sie eine Karnevalsatmosphäre vor: Es wurde gesungen und getanzt, und reiche Jachtbesitzer schafften Nahrungsmittel und andere Vorräte zu den Indianern auf die Insel hinüber. Die Küstenwacht schaute zu, ohne einen Finger zu rühren, Filmfans umschwärmten Jane und baten um ein Autogramm. Im großen und ganzen war das für sie ein leichter Übergang zu etwas Neuem, und es ähnelte zunächst dem, was sie vom Showbusineß her gewöhnt war.

Collier berichtete über ihre Ankunft:

> Am vereinbarten Morgen erschien Jane Fonda an der Anlegestelle im Hafen von San Francisco, sie tauchte auf aus dem Nebel, der wie von einem Hollywood-Team für Spezialeffekte für sie geschaffen zu sein schien, und nahm feste Gestalt an. Sie trug enganliegende Jeans und auf dem Kopf zottelige, in Strähnen geschnittene Haare. Das war in der Tat die passende Aufmachung, aber sie schien sich darin nicht ganz wohl zu fühlen. Sie sagte, sie sei in Sorge gewesen, wie man sie empfangen würde.

Die Sorge legte sich, als sie hinübergebracht wurde und sich mit den Anführern der Sioux, die schon die Sit-ins der Indianer geleitet hatten, hinsetzte und redete. Die Sioux waren höflich, aber verblüfft. Sie wußten nicht, was sie davon halten sollten, daß eine überaus erfolgreiche Filmschauspielerin zu ihnen kam und über Dinge sprach, von denen sie, wie sich einer bei Collier beklagte, »offenbar kaum eine Ahnung hatte«. Eine Menge darüber hatte sie sich mechanisch angeeignet, wie wenn sie eine Rolle einstudierte, hauptsächlich aus den Erklärungen von Marlon Brando und von dem, was sie sonst noch gelesen hatte. Doch anders als die meisten renommierten Besucher blieb Jane bei den Indianern bis in die Nacht. Schließlich schlugen sie ihr vor, Indianerreservate zu besuchen, um sich besser mit den Problemen der Ureinwohner Amerikas vertraut zu machen.

Das war genau die Ermunterung, die Jane brauchte. Sie fuhr mit ihrem Kombi los, begleitet von Elizabeth Vailland. Doch schon beim ersten Halt geriet Jane mit der Polizei zusammen. Als sie die Indianer im Staat Washington am Puget Sound besuchte, wurde sie in eine Demonstration vor Fort Lawton verwickelt, einem kaum benutzten Reserveposten der Armee, den die Indianer zurückhaben wollten. Es kam zu Gewalt, und nach dem Zusammenstoß mit der Knüppel schwingenden Militärpolizei wurden mehrere Indianer verhaftet. Auch Jane und Mrs. Vailland wurden festgenommen. Man sprang ein bißchen grob mit ihnen um, aber sie wurden nicht verletzt. Nach etlichen telefonischen Anfragen bei den Vorgesetzten ließ die Zivilpolizei die beiden Frauen wieder frei und sperrte sie nicht ins Gefängnis.

Aber Jane hatte sozusagen Blut geleckt. Sie setzte ihre Tour durch die Indianerreservate des Westens fort. Wohin sie auch kam, hielt sie eine Rede über Gerechtigkeit für die Indianer und entfachte unvermeidlich ein breites Presseecho. Die Zeitungsberichte zogen ihrerseits andere Vertreter des politischen Protests an, von denen es damals in Amerika viele gab. Zu denen, die ihre Unterstützung anboten, gehörten auch die Black Panther (mehrere Mitglieder saßen nach bewaffneten Auseinandersetzungen mit der Polizei im Gefängnis, und die Bewegung zur Befreiung Huey Newtons war in vollem Gange). Und dann gab es noch den Protest, dem sie sich zuerst verschrieben hatte: Sie war eine Stimme in dem immer lauter werdenden Aufschrei gegen die Fortsetzung des Vietnamkriegs durch Präsident Nixon. In jeder Stadt gab es Kriegsgegner, die sie unbedingt sehen und hören wollten, auf jedem College-Campus und in den sogenannten »GI Coffee Shops« außerhalb vieler Kasernen. Nach einem mörderischen Terminplan hetzte sie hektisch herum und hatte kaum Zeit, sich umzuziehen oder ein Bad zu nehmen. Aber sie brachte es fertig, fast alle Bitten um ihr Erscheinen zu erfüllen.

Janes ungeheuer umfangreiche Garderobe von einst war vergessen. Sie begnügte sich mit Jeans, einem Rock und zwei weiten Pullovern. Bei kaltem Wetter trug sie so eine Art Marinekolani. Das Gepäck bestand aus einer einzigen weichen Tasche. Es fällt schwer zu glauben, daß sie nur wenige Monate zuvor ein von Reichtum verwöhntes Kind, eine tüchtige Hausfrau und liebevoll sorgende Mutter gewesen war, die ein behagliches Leben in einem modernisierten, luxuriösen französischen Bauernhaus führte und gerade noch in einem Viersternehotel wie dem Beverly Wilshire gewohnt hatte. Weshalb über Nacht der Wechsel zu miserablen Motels, zermürbenden Autotouren und Nachtflügen? Zugegeben, das von ihr selbst beschriebene politische Erwachen war die Hauptursache. Oder hat das jäh absackende, abnorme Verhalten der Bulimikerin diese Wandlung auch mit ausgelöst? Außerdem schien sie sich mit einigen schon davor abgegebenen Erklärungen plötzlich von dem abzuwenden, wie sie einmal gewesen war.

> Als ich am ersten Morgen nach der Indienreise im Beverly Wilshire Hotel aufwachte, standen mir immer noch die Menschenmengen von Bombay vor Augen, in der Nase hatte ich noch den Geruch von Bombay und in den Ohren den Lärm. Einen Tag war ich erst zurück, und schon sah ich diese Häuser in Beverly Hills, diese makellosen Gärten,

diese sauberen, stillen Straßen, auf denen die Reichen ihre Straßenkreuzer fahren und die Kinder zum Psychoanalytiker schicken und wo sie ausgebeutete mexikanische Gärtner und schwarze Dienstboten beschäftigen. Hier bin ich aufgewachsen, aber von der Warte hatte ich das noch nie betrachtet.

Später äußerte sie auf ihren Fahrten durch das Land:

Ich hatte mich so daran gewöhnt, als Sexsymbol zu gelten, daß es mir langsam gefiel. Ich habe nicht erwartet, daß die Leute mich als denkenden Menschen behandeln. Aber als ich zu den Indianern ging und Kontakt zu den Black Panthers bekam und zu den einfachen Soldaten, meinen neuen Freunden, da spürte ich, daß sie mir wie einem richtigen Menschen begegneten. Das war so schön, daß ich anfing, mich bei den Leuten nicht mehr wohl zu fühlen, die mich noch als Puppe betrachteten. Ich vollführte meine eigene, persönliche Revolution, und Vadim war ihr erstes Opfer.

Das ist interessant, denn es läßt sich etwa so übersetzen: »Kameradschaft fand ich bei meinen neuen Freunden von der Linken.« Davor hatte sie nicht viel davon gespürt. Seit der Verbindung mit Voutsinas hatte sie immer unter der Herrschaft eines einzelnen Mannes gestanden, was ihr nicht viel Zeit ließ, bei anderen Anschluß zu finden oder sich anderen anzuschließen. Bei ihrer intensiven Art von Vorbereitung auf die schauspielerischen Aufgaben blieb auch keine Zeit, mit den anderen Akteuren zu verkehren. Wie bereits festgestellt, erwarb sie sich den Ruf als Einzelgängerin auf der Bühne und am Drehort, die – mit sehr wenigen Ausnahmen – mit niemandem Vertraulichkeiten austauschte. Jetzt betrachtete man sie als eine denkende Frau. Jane wurde von all ihren neuen Kollegen geliebt und dafür bewundert, daß sie ihren verschiedenen Anliegen zu Ansehen verhalf – »ganz zu schweigen von dem Geld und der Publicity, die durch sie hereinkamen«, wie es Dick Gregory formulierte, der Komiker und politisch engagierte Streiter.

Und dennoch war sie ehrlich genug mit sich selbst, um ihre Grenzen zu erkennen. Sie sagte:

> Als ich loszog, um mit den Indianern zu reden, da merkte ich natürlich, daß man als Filmschauspielerin, die irgendwohin zu Menschen geht, die in Schwierigkeiten stecken, über Sachkenntnis verfügen muß. Ich tauchte in Alcatraz auf, und plötzlich wimmelte es überall von Reportern, und die wollten wissen, was ich dachte. Ich wußte nicht, was ich dachte. Ich war ja gerade erst eingetroffen … Dann die Zeit, die ich kreuz und quer durchs Land fuhr, die war furchtbar. Ich habe nicht geahnt, daß soviel in Bewegung gekommen war. Wie wir alle hatte natürlich auch ich was von Rassismus und Armut und Arbeitslosigkeit gehört, von Protesten gegen den Krieg. Was ich nicht wußte, war, wie manche Dinge zusammenhängen … Ich habe Männer getroffen, die auf ewig einen Schaden davontragen werden. Man liest vom Vietnamsyndrom. Hunderte von Männern habe ich kennengelernt, die daran leiden und die nicht einmal sprechen können. Burschen, die mir ins Ohr flüstern, daß sie nicht in der Lage sind, irgend etwas zu tun, außer vielleicht jemanden umzubringen … Man öffnet plötzlich die Schleusen, und man findet keine Worte, um auszudrücken, was in einem vorgeht, aber man begreift. Ich meine, es gab eine Menge Wörter, deren Bedeutung ich gerade erst zu verstehen begann. Ich übernahm eine Menge Rhetorik von den Leuten, weil ich versucht habe, mir einen Reim darauf zu machen, was ich fühlte.

Welche Wirkung erzielte Jane in den ersten, tastenden Monaten ihrer Radikalisierung? Abbie Hoffman meinte: »Sie war zu ernst und zu naiv. Sie glaubte, sie kann alle Übel der Welt in ein übergreifendes Anliegen zusammenpacken; aber das funktioniert nicht.« Die Indianer schwenkten bald ab, weil Jane ihre besonderen Probleme nicht richtig verstand, und nach einer Weile ging es ihr mit den Black Panthers ebenso. Aber sie setzte anderes als »gute Sache« auf ihre Liste. In Nevada marschierte sie mit den Müttern, die für eine bessere Sozialfürsorge eintraten, und sie reihte sich in die Streikpostenkette der mexikanisch-amerikanischen Traubenpflücker in Kalifornien ein. Der Protest gegen den Vietnamkrieg blieb aber ihr Hauptanliegen.

Sie suchte sogar ihren Vater auf, um an seinen latenten Liberalismus zu appellieren. Jane stellte das so dar:

> Ich erzählte Dad alles, was ich über die amerikanischen Greuel in Vietnam erfahren hatte. Er ging in die Luft: »Du weißt nicht, wovon du sprichst. Wir tun das nicht. Wir sind Amerikaner. Und selbst wenn es die Soldaten täten, würden sie nicht darüber reden.« Also brachte ich zwei ehemalige Green Berets mit zu Dad, und die erzählten ihm aus erster Hand, was sie getan und gesehen hatten und was man den Vietnamesen antat. Es rührte Dad, aber er sagte nur traurig: »Ich weiß nicht, was ich noch anderes tun soll, als was ich tue – nämlich, mich für die Kandidaten des Friedens einsetzen.«

Später teilte mir Hank Fonda mit: »Diese Konfrontation zwischen mir und Jane hatte eine merkwürdige Wirkung. Obwohl unsere Argumente uns nicht weiterbrachten, begann ich ihren Eifer zu verstehen. Für manche Dinge, die sie sagte, nicht für alle, habe ich sie sogar bewundert. Es erinnerte mich an den Eifer, mit dem ich selbst als junger Kerl gesellschaftliche Anliegen verfolgt hatte. Das Ergebnis war, daß wir uns als Vater und Tochter so nahe kamen wie nie zuvor.«

Anderenorts erzielte Janes Eifer keine so vorteilhafte Wirkung. Denn im Juni 1970 – ganze sechs Monate, nachdem sie Vadim im Beverly Wilshire Hotel verlassen hatte – begann das FBI mit den ersten Eintragungen in der voluminösen Akte, die die Aufschrift »Jane Fonda, Anarchistin« trug.

19

Was genau sagte Jane in jener turbulenten Zeit? Hier folgen einige Auszüge, ausgewählt aus den 763 Seiten, die ich dem FBI gemäß dem Gesetz über die Informationsfreiheit entlockt habe. Die Reden in ihrer Akte wiederholen sich. Meistens verkündete sie vor jedem Publikum das gleiche. Gewöhnlich saß ein FBI-Informant unter den Zuhörern und nahm alles, was Jane von sich gab, auf Band auf. Einige ihrer Reden waren unglaublich langatmig und umfaßten in der Abschrift fünfzig Seiten oder mehr. Ich persönlich habe darin nur wenig gefunden, was es rechtfertigen würde, sie als Anarchistin abzustempeln, als Verfechterin einer gewaltsamen Beseitigung der Regierung. Andere mögen da anderer Ansicht sein. Aber man lese die nachstehenden Beispiele und urteile selbst.

In den Abschriften des FBI hagelt es nur so von orthographischen Fehlern, und häufig sind Sätze abgebrochen – als ob der Abschreiber bzw. die Abschreiberin sich allmählich langweilte, weil es an Aufforderungen von Jane zu einer gewaltsamen Revolution oder zu einer organisierten Meuterei der Truppen in Vietnam mangelte. Solche mahnenden Aufrufe konnte ich auf keiner der 763 Seiten ihrer Akte finden.

Es ist wahr, gelegentlich verlangt sie: »Die Macht dem Volke«, und ihre Treffen mit verbitterten, gegen den Krieg eingestellten Veteranen des Vietnamkriegs haben vermutlich dazu beigetragen, daß sie die Bedingungen in der Kriegszone übertrieb. Aber sie hat niemals etwas Drastischeres befürwortet als den *friedlichen* Protest gegen die Politik der Nixon-Regierung – in der Art, wie Reverend Martin Luther

King den Feldzug für die Bürgerrechte führte. Und was ihr Eintreten für die Sache der Black Panther betrifft, waren ihre Reden naiv und sentimental, aber gänzlich legal. Trotz der gewalttätigen Auseinandersetzungen mit der Polizei wurde die Black Panther Party weder von der Bundesregierung noch von der Regierung eines der Bundesstaaten verboten.

JUSTIZMINISTERIUM DER VEREINIGTEN STAATEN

FEDERAL BUREAU OF INVESTIGATION

Los Angeles, Kalifornien, 29. Juli 1970

JANE FONDA

Am 19. Juni 1970 nahm ein Spezialagent des FBI eine Rede Jane Fondas auf, der international bekannten Filmschauspielerin und Verfechterin militanter Ziele, auf einer Versammlung in 217 West First Street, Los Angeles, Kalifornien, die zur Unterstützung von drei Insassen des Gefängnisses von Soledad, Kalifornien, abgehalten wurde; sie sind des Mordes angeklagt. Die Abschrift der Rede Jane Fondas lautet so:

> Haben Sie das bemerkt, immer wenn Leute zusammenkommen, um ihre Freiheit zu fordern, fliegen seit kurzem neue Symbole der Unterdrückung darüber hinweg, Hubschrauber, das Symbol der Unterdrükkung im 20. Jahrhundert.
>
> Gerade jetzt, in diesem Augenblick der Geschichte, befinden wir uns in einem Überlebenskampf gegen ein Monster, das irgendwann einmal erschaffen wurde; wir erhalten es am Leben, wenn wir ihm gestatten weiterzuexistieren, und dieses Monster ist die amerikanische Gesellschaft. Sag das im Fernsehen, und du wirst von Spiro Agnew wegen Redefreiheit verhaftet! Wenn man die Fassade wegreißt sowie das falsche Gefühl von Freiheit und sozialer Gerechtigkeit und Komfort, das die weiße Mittelklasse einlullt, damit sie glaubt, daß sie sich in Sicherheit befände, dann erkennt man, wie das System wirklich ist: rassistisch, unterdrückerisch, totalitär und monströs. Und der einzige Weg, dieses System zu ändern, besonders das Gerichtssystem, besteht darin, daß wir, das Volk, ihm unser ganzes Gewicht entgegenwerfen. Wir müssen die ungerechten Gesetze anprangern, wir müssen die ungerechte Justiz anprangern, und wir müssen das System stoppen, bis es wieder für das Volk arbeitet, um das Volk zu schützen.

JANE FONDA

Betrügerisch manipulierte Strafrechtsprozesse zur Auslöschung derjenigen, die die Obrigkeit nicht dahaben will, und zur Unterdrückung politischer Ideen und Organisationen, indem man die Anführer beseitigt und Einschüchterung betreibt, sind nichts Neues in diesem Land (wollen Sie bitte ruhig sein!). Wenn wir dieses Mal stillhalten, werden wir der Feind sein und schließlich das Opfer.

Kann jemand von Ihnen wirklich glauben, daß er sicher ist? Glauben Sie wirklich, daß es ausreicht zu sagen: »Ich bin unschuldig, ich habe nichts getan«? Das ist nicht Los Angeles 1970. Das ist nicht Los Angeles 1970, das ist Berlin 1936, und wir sind alle Juden. Die Gefängnisse dieses Landes quellen über von Leuten, die vielleicht hingerichtet werden, nicht weil sie etwas getan haben, sondern weil sie etwas sind. Und das ist nicht etwa eine Situation, die Armen, Schwarzen, Hungernden und Arbeitslosen vorbehalten ist und Menschen, auf die geschossen wurde und die Angst haben. Kent State und der Prozeß von Chicago haben, glaube ich, uns allen gezeigt, daß wir für dieses System alle Nigger sind. Weiße Studenten werden erschossen, weiße Anwälte werden schuldig gesprochen, bürgerliche Pazifisten werden schuldig gesprochen und verurteilt, weil sie Grenzen von Bundesstaaten überschritten hätten, um zum Aufruhr aufzuhetzen. Es kommt alles heraus, und wir sollten besser aufhören, uns vorzumachen, wir befänden uns in Sicherheit. Den Gerichten dieses Landes müssen wir zeigen, daß sie bei einem Versuch, unsere Brüder in Soledad oder Bobby Seale oder irgendeinen anderen politischen Gefangenen hinzurichten – daß sie es dann mit dem Volk zu tun bekommen. Wir müssen uns zu massiven Demonstrationen aufschwingen, wir müssen uns selbst und andere Leute in Kalifornien über die Wahrheit unterrichten, wie es in den Gefängnissen und in den Gerichtssälen dieses Staates wirklich zugeht. Wir müssen Geld aufbringen für die Erforschung der Verfassungswidrigkeit der Anklagejury, für Untersuchungen, für die Verteidigung vor Gericht, für Abschriften der Vernehmungen, weil den Anwälten unserer Brüder in Soledad die normalerweise zugänglichen Abschriften verweigert wurden. Die Anwälte stellen sich zur Verfügung, aber es entstehen unglaubliche Transport- und Reisekosten, weil die Zeugen im Soledad-Fall in andere, entfernte Gefängnisse verlegt wurden, da man verhindern will, daß die Wahrheit ans Licht kommt.

Wenn wir nichts tun, wenn wir unsere Augen verschließen, den Kopf in den Sand stecken und uns still verhalten, sind wir genauso schuldig wie die Henker, und wir können dann niemandem die Schuld geben als uns selbst, wenn die Zeit kommt, und sie wird kommen und die Zeit unserer Kinder, falls welche übrigbleiben.

Bobby Seale ist Vorsitzender der Black Panther Party (siehe Anhang).

Dieses Dokument enthält weder Empfehlungen noch Schlußfolgerungen des FBI. Es ist Eigentum des FBI und wird Ihrer Behörde leihweise zur Verfügung gestellt. Es selbst und sein Inhalt dürfen außerhalb Ihrer Behörde nicht verbreitet werden.

JUSTIZMINISTERIUM DER VEREINIGTEN STAATEN

FEDERAL BUREAU OF INVESTIGATION

Dallas, Texas, 15. Dezember 1970

Betrifft: <u>JANE FONDA</u>

ZENSIERT

ZENSIERT

Am 10. Dezember 1970 sprach Jane Fonda in der Texas Hall der University of Texas in Arlington vor ungefähr 2500 Leuten. Sie sprach von 9.50 bis 11.00 Uhr. **ZENSIERT**.

Im folgenden einige Auszüge aus der Rede Jane Fondas an der University of Texas in Arlington:

> Die Regierung spricht andauernd von Terrorismus und Gewalt. Ich glaube, daß der Terrorismus, den die Justizvollzugsbeamten dieses Landes gegenüber Bürgern der Vereinigten Staaten ausüben, die gefährlichste Art von Terrorismus darstellt, die es gibt.
>
> Wenn sie (die Justizvollzugsbeamten) einen politischen Gefangenen isolieren können, bleibt diese Person für immer im Gefängnis.
>
> Ich bin mir auch im klaren darüber, daß jeder, der im Gefängnis sitzt, ein politischer Gefangener ist.
>
> In der Tat befinden sich einige der besten Leute dieses Landes heute hinter Gittern.
>
> Es gibt ein Gesetz, das lautet: Wenn der Präsident ohne Zustimmung des Kongresses in ein anderes Land einfällt, soll er unter Amtsanklage gestellt werden.
>
> Die amerikanische Gesellschaft ist am Zusammenbrechen, und die Regierung versucht, den Zusam-

menbruch zu verschleiern, indem sie euch als Sündenbock hinstellt.

Es ist genau das Gegenteil von einer Bildungseinrichtung, daß ein Offizier den Status eines Hochschulabsolventen erhalten soll, weil er gelernt hat zu töten. Wenn die Studenten auf dem Campus keine Ausbildungskorps für Reserveoffiziere haben wollen, dann sollte es dort keine geben.

Dieses Dokument enthält weder Empfehlungen noch Schlußfolgerungen des FBI. Es ist Eigentum des FBI und wird Ihrer Behörde leihweise zur Verfügung gestellt. Es selbst und sein Inhalt dürfen außerhalb Ihrer Behörde nicht verbreitet werden.

FEDERAL BUREAU OF INVESTIGATION

2. Februar 1971

ZENSIERT, der in der Lage ist, an solche Informationen heranzukommen, lieferte ein Tonband mit der Aufzeichnung fast der ganzen Rede, die JANE FONDA am Abend des 24. Januar 1971 in der Ruby Diamond Hall der Florida State University in Tallahassee, Florida, gehalten hat. Das folgende ist eine Abschrift der Rede Jane Fondas vom Tonband:

Ich möchte Ihnen heute JANE FONDA vorstellen!

JANE FONDA: Vielen Dank. Ich möchte gern kurz über den Film Nur Pferden gibt man den Gnadenschuß reden, der scheinbar nichts mit dem Thema zu tun hat, aber tatsächlich eben doch. Ich weiß nicht, wie viele von euch den Film gesehen haben, und ich weiß nicht, was ihr davon haltet, aber da gibt es etwas, das mir mächtig auf den Magen schlägt, das ich beim Drehen nicht einmal begriffen habe. Er ist wirklich demütigend für die Menschen, was nicht überrascht, wenn man bedenkt, daß der Film in Hollywood gemacht wurde, und Hollywood ist genauso eine Institution der Unterdrückung wie die Universitäten und die Fabriken in diesem Land, das es sich leisten kann, ein liberales Gesicht aufzusetzen. Ihr wißt schon, einfach zu sagen: »Seht mal, wie schrecklich alles ist«, es sich aber nicht leisten kann, einen Schritt weiterzugehen und zu den Leuten zu sagen: »Ihr habt die Macht, etwas dagegen zu tun«, und das ist genau der Punkt, wo meiner Ansicht nach Nur Pferden gibt man den Gnadenschuß zu kurz greift. Der Film sagt: »Seht mal, wie schrecklich alles ist.« Er zeigt, wie Leute ihre Gesundheit ruinieren, sich umbringen, sich abrackern, um einen Preis zu ergattern, den man ihnen vor die Nase hält wie einem Esel die Möhre. Angeblich ist der Erfolg zum Greifen nahe. Sie hoffen, daß sich morgen jemand unter den Zuschauern befindet, der sie entdeckt. Sie jagen sich ab, und wenn das Kommando »Tempo!« kommt, wie in der Fabrik, da machen alle Tempo; und wenn das Kommando »Langsam!« kommt, da machen alle langsam. Sie jagen nach dem Preis, der ihnen vor die

Nase gehalten wird. Und wenn die Leute, die von der von mir gespielten Figur GLORIA verkörpert werden, wenn GLORIA also herausfindet, daß man sie in Wirklichkeit angelogen und manipuliert hat, daß es gar keinen Preis gibt, daß in Wirklichkeit der einzige Preis das Geld war, das man auf ihre Knochen ergaunert hat, das Geld, das in die Taschen der Leute wandert, die sie belogen haben – als sie das herausfand, was machte sie da? Sie brachte sich um und (unverständlich) Erklärung all dessen, konnte sie es nicht einmal selbst tun. Wißt ihr, Frauen können sich nicht mal selbst umbringen. Sie mußte die Pistole einem Mann geben, damit der es für sie tut, statt zu begreifen, wer der Feind ist, zu begreifen, was mit den Leuten gemacht wird, und in den Saal zurückzugehen und es den Leuten zu sagen und sich mit den Leuten zusammenzuschließen und den Saal in einen Ort zu verwandeln, der den Leuten dient und nicht – und nicht einer kleinen Clique von Leuten erlaubt, aus dem Elend und Leiden anderer Nutzen zu ziehen. Unglücklicherweise ist das, obwohl es Hollywood sicher nicht auf diese Weise beabsichtigt hat, eine ziemlich klare und wahrheitsgetreue Einschätzung dessen, was in diesem Land geschieht und was schon eine ganze Weile geschehen ist. Und der Vietnamkrieg ist ein sehr bedeutendes und gutes Beispiel dafür. Man lügt uns an. Man manipuliert uns. Man erzählt uns, und unglücklicherweise glauben die meisten Leute in diesem Lande das, man erzählt uns, daß NIXON versucht, den Krieg in Vietnam zu begrenzen, indem er Truppen aus Südvietnam zurückzieht, die Soldaten im Einsatz. Ich möchte euch eine Erklärung vom vergangenen Freitag vorlesen, von vorgestern, aus der New York Times. Selbst die New York Times läßt manchmal ein Stückchen Wahrheit durchsickern. Von HEDRICK SMITH. Durch Ausdehnung der Luftoperationen in Kambodscha ging die NIXON-Regierung ein kalkuliertes Risiko ein, als sie darauf spekulierte, daß der Kongreß und die Öffentlichkeit diese Maßnahme tolerieren würde, wenn alles ohne Beteiligung von amerikanischen Bodentruppen und Beratern geschieht. Einige hohe Beamte geben insgeheim zu, daß der Test der Toleranz im Lande mit noch ganz anderen Dingen zu tun hat als mit den Operationen in Kambodscha. In den Augen der Öffentlichkeit erzeugt er eine Akzeptanz für den gesamten Prozeß, allmählich Hubschrauber und Kampfflugzeuge als Kampfeinheiten an Stelle der Fußsoldaten einzusetzen, die vom Vietnamkrieg zurückgezogen werden. In Wirklichkeit heizt NIXON den Krieg an. Er eskaliert ihn in Südvietnam, eskaliert ihn in Kambodscha, eskaliert ihn in Laos und belügt und manipuliert das amerikanische Volk, damit es glaubt, er tue das Gegenteil. Also erst einmal müssen wir alle verstehen, weshalb er die Einsatztruppen zurückzieht. Das ist nicht etwa so eine Art von großzügiger, einseitiger Geste; er zieht die Einsatztruppen zurück, weil die Einsatztruppen nicht kämpfen. Sie – Diese neue Entwicklung des Krieges begann gleich nach der Tet-Offensive. Ihr versteht, vor der Tet-Offensive haben die meisten Soldaten gekämpft, obwohl sie sich kaum vormachten, daß sie es in Südvietnam für die Demokratie tun, aber sie bildeten sich ein, daß ein Fortschritt im Gange war. Das glaubten sie, weil es so in den Zeitungen stand; sie glaubten es wegen der scheinbar befriedeten Gebiete; sie glaubten es wegen der hohen Verluste an Toten und weil es die Kommandeure ihnen so erzählten. Ihr erinnert euch, daß General WESTMORELAND Ende 1967 verkündete, wir könnten das Licht am Ende des Tunnels sehen. Und zwei Monate danach bricht die Tet-Offensive los, und den Soldaten wird klar, daß dieselben Leute, von denen sie geglaubt hatten, sie wären befriedet worden, daß das dieselben waren, die den verbündeten Gegnern halfen, die Tet-Offensive zu planen und durchzuführen. Dieselben Einheiten, welche die massiven Säuberungs- und Vernichtungsaktionen durchgeführt hatten, wurden nun zum erstenmal in ihren eigenen Stellungen angegriffen. Den Soldaten wurde bewußt, daß man sie angelogen hatte, daß man in Wirklichkeit keinen Fortschritt erzielt hatte, und sie sagten, wir wollen nicht weiter sterben, wir wollen nicht mehr in die Luft gejagt werden. Heute haben wir in Vietnam einen neuen Typ von Soldaten. Die sind nicht mehr wie ihre Väter, die im Zweiten Weltkrieg gekämpft haben und die einen Grund hatten, im Zweiten Weltkrieg zu kämpfen. Das sind keine John-Wayne-Freaks dort drüben. Das sind – Sie besitzen wie ihr eine große Gabe; sie sind vielleicht nicht in jedem Falle in der Lage, die Dinge politisch zu analysieren, aber Heuchelei erkennen sie sofort, und sie sind nicht länger bereit, dafür zu sterben. Das Ergebnis ist also, daß Einsatztruppen in Südvietnam heute nur noch zum Manövrieren verwendet werden. Die Einheiten werden von einem Ort an den anderen verlegt, in der Hoffnung, daß das die andere Seite in Bewegung hält und daß die Nationale Befreiungsfront ihre Stellungen dabei verrät. Wenn aber auch nur ein Heckenschütze aus einem Dorf feuert, dann lassen sich die Truppen 60 oder 70 Meter zurückfallen und fordern einen Luftangriff oder die Artillerie an, die dann das Dorf vernichtet. Aber, aber selbst um die Soldaten so weit zu bringen, daß sie das tun, müssen die hohen Tiere in den sauren Apfel beißen und die ungewöhnlichsten Zugeständnisse machen, die noch nie dagewesen sind, in keinem Krieg, den wir bis jetzt geführt haben. Kein Offizier bei klarem Verstand würde dort seine Leute auffordern, sich die schulterlangen Haare schneiden zu lassen; kein Offizier bei klarem Verstand würde dort seine Leute auffordern, ihre Perlenketten und Friedensanstecker und Stirnbänder abzunehmen; keiner würde mit dem Gedanken spielen, sie auf ein Kommando zu schicken, bei dem sie auf jeden Fall ihr Leben aufs Spiel setzen müßten; oder sie auffordern, mit dem Potrauchen aufzuhören, weil sie wissen, wenn sie das befehlen, werden sie in Stücke gebombt. Das erstemal, daß ich was davon gehört habe, war vor ungefähr einem Jahr. Ein Soldat war gerade aus Nam zurückgekommen, und der erzählte mir, daß, wenn sie in ihrer Kompanie einen Offizier hatten, den sie nicht leiden konnten, weil er das Leben der Männer in Gefahr brachte, daß sie da einen Preis auf seinen Kopf aussetzten. Jeder Soldat steuerte einen oder zwei Dollar bei. Ich glaube, die Mikros sind gerade ausgefallen. Könnt ihr mich hören? Okay. Sie setzten also, ah, sie sind wieder da. Sie setzten also einen Preis auf seinen Kopf aus, und der Soldat, der ihn in Stücke bombte, das heißt, der eine Granate, eine Handgranate rollte, in den meisten Fällen unter der Klappe hindurch in sein Zelt, der bekam das Geld. Na, ich dachte, vielleicht, wißt ihr, vielleicht passiert das dann und wann. Also vor zwei Monaten war es, glaube ich, einige von euch haben möglicherweise den Artikel in <u>Life</u>

gelesen, wo es um den neuen GI ging, da wurde über das In-Stücke-Bomben offen geredet. Nun, wenn Life über das In-Stücke-Bomben schreibt, könnt ihr euch da vorstellen, was da drüben los ist? Die Patrouillen, die Einheit, die rausgeschickt wird auf Patrouille, die gehen gerade nur so weit, daß sie nicht mehr gesehen werden, und sie bleiben weit genug auseinander, daß das Radar nichts anzeigt, und sie legen sich unter Büsche, falls es noch welche gibt, und kiffen Marihuana und Stargame. Und wer sollte ihnen das übelnehmen? Kürzlich zeigte ein nationales Fernsehprogramm, wie Offiziere, Unteroffiziere und Soldaten Joints und Crack herumreichten und ganz offen darüber redeten. Natürlich kam gleich danach ein Beamter vom Pentagon, der sagte, das würde es nicht geben. Das käme nicht vor. Aber es war landesweit im Fernsehen zu sehen. Man sah sie mit einem M-16-Gewehr, und sie steckten Crack in die Kammer des Gewehrs und bliesen es so, daß der Rauch zum Lauf herauskam, und die Soldaten stellten sich im Halbkreis herum und wurden . . . Sie haben einen neuen Verwendungszweck für ihre Gewehre entdeckt. Es sind gute Soldaten, wir sollten stolz auf sie sein, die sind in Ordnung. Neulich traf ich in Chicago einen Soldaten, der berichtete mir, als er nach Nam kam, wenn da jemand den Befehl verweigerte, wurde er sofort vors Kriegsgericht gestellt. Heute kommt Befehlsverweigerung so häufig vor, daß sie nichts machen können. Wenn neue Soldaten in Vietnam eintreffen, hält man sie von den alten Hasen getrennt, damit sie nicht mitkriegen, was da abgeht. Über Nacht müssen die Soldaten ihre Gewehre ablegen, die Gewehre abgeben. Also tun die Soldaten nicht das, was sie tun sollten, und tun das, was sie nicht tun sollten. Und sie erfüllen nicht einmal die grundlegenden Aufgaben von Einsatztruppen, nämlich den Feind aufzuspüren und zu vernichten, und sie machen daraus überhaupt kein Geheimnis. Hier handelt es sich natürlich um Meuterei. Es ist Meuterei auf der Basis gütlichen Einvernehmens, wenn man so will. Es hat nichts Politisches. sie wird nicht organisiert, aber es bleibt Meuterei. Trotz der Zugeständnisse seitens der hohen Tiere haben sich die Fälle von Desertion in den letzten drei Jahren verdreifacht. Unsere Desertionsquote ist fast genauso groß wie die

Desertionsquote der südvietnamesischen Armee. Nach dem Beginn der Pariser Friedensgespräche ging DONALD DUNCAN, ein ehemaliger Green Beret, rüber nach Südvietnam, um herauszufinden, welche Wirkung die Gespräche auf die Soldaten hätten, auch auf die GIs da drüben. Und natürlich entdeckte er, daß die Pariser Friedensgespräche überhaupt keine Wirkung auf die Soldaten hatten, weil es die Soldaten waren, weswegen die Pariser Friedensgespräche überhaupt zustande gekommen waren. Das war eine Reaktion auf die Soldaten, nicht umgekehrt. Es lag an der Weigerung der Bodentruppen zu kämpfen, daß unsere Regierung gezwungen wurde, diese Gespräche anzusetzen, und daß das Militär gezwungen wurde, das Vietnamprogramm auf den Weg zu bringen. Obwohl es auf amerikanischer Seite weniger Gefallene gibt, Gott sei Dank, eskaliert der Krieg jedoch unglücklicherweise für das vietnamesische Volk. Es werden nun mehr Vietnamesen getötet. Die amerikanischen Bodentruppen werden durch neue und bessere und schrecklichere Waffenarten ersetzt: radargesteuerte, unbemannte Flugzeuge, Infrarotkameras werden eingesetzt. Das ist die Sorte von Kameras, mit der sie Che erwischt haben, wie ihr wißt; die fotografieren den Dschungel, sie nehmen die Körperwärme auf, die Hitze von Feuern, die Hitze, die sich in Asphaltstraßen hält, und sie legen dann die Fotos auf die Karte, und dann wissen sie genau, wo sich Menschen aufhalten, wo die Dörfer liegen, wo die Guerillatruppen stehen, und sie wissen genau, wo sie angreifen und bombardieren müssen. Es gibt neue geruchsempfindliche Geräte, die unten an Hubschraubern hängen und mit denen sie dicht über die Baumkronen fliegen, und mit denen saugen sie Luft ein, und die Luft wird analysiert, so daß sie feststellen können, wo Essen gekocht wird, wo die Feuer brennen. Mit kleinen elektronischen Sensoren untersuchen sie die Landschaft Südvietnams; die halten jede Art von Bewegung fest und können erkennen, wenn jemand irgendwo hinkommt, der eine andere Körpertemperatur hat als die Luft der Umgebung, und die piepsen die Information zurück an die riesigen Computer des Flughafens ihrer Air-Force-Basis in Saigon. Das ist genau wie, also das ist genau das, was auch in den Fabriken passiert, wenn Arbeiter von Computern verdrängt werden. Das bedeutet die Automatisierung des Krieges dort. Das ist es, was NIXONS so feierlich verkündete Vietnampolitik wirklich bedeutet. Wie ELSWORTH BUNKER meint: Es gibt immer jemanden, der die Wahrheit verrät. Das einzige, was sich mit dem Vietnamprogramm geändert hat, ist die Hautfarbe der Leichen, und es scheint zu genügen, das amerikanische Gewissen damit zu beruhigen, daß jetzt weniger von unseren Männern getötet werden. Und wißt ihr, schon morgen, sehr bald, kann das Pentagon in der Lage sein, überhaupt keine Truppen mehr irgendwo hinschicken zu müssen. Der Tag ist vielleicht nicht mehr fern, an dem sie mit einem Knopfdruck ein ganzes Land auslöschen können, und wird dann das amerikanische Volk sagen, macht nur, wir haben saubere Hände, weil unsere Jungen nicht getötet werden? Das können wir nicht zulassen. Jetzt gibt es da noch eine andere äußerst wichtige Entwicklung in Südvietnam, neben der Weigerung unserer Jungen, unserer Männer, zu kämpfen. Das Vietnamprogramm hat eine tiefe Wirkung auf die Bevölkerung Südvietnams. Nicht nur das vietnamesische . . .

Am 25.1.1971 in Tallahassee, Florida Akte JK 100-1705

Dieses Dokument enthält weder Empfehlungen noch Schlußfolgerungen des FBI. Es ist Eigentum des FBI und wird Ihrer Behörde leihweise zur Verfügung gestellt. Es selbst und sein Inhalt dürfen außerhalb Ihrer Behörde nicht verbreitet werden.

20

Für Jane war der 2. November 1970 ein aufreibender Tag. Sie befand sich in Kanada, um vor Kriegsgegnern zu sprechen. Sie fuhr über Land nach London, Ontario, und hielt verabredungsgemäß eine Rede im Fanshawe College. Da sie am nächsten Tag an der State University of Ohio in Bowling Green sprechen sollte, nahm sie den Nachtflug Nr. 271 der Air Canada vom Toronto International Airport. Sie war völlig erschöpft und trug ihr übliches Outfit für Protestmeetings – Jeans und weiten Pullover.

Am 3. November kurz nach Mitternacht landete die Maschine auf dem Hopkins International Airport in Cleveland. Die Nacht wollte Jane in einem Flughafenmotel zubringen, um am nächsten Morgen gleich nach Bowling Green aufzubrechen. Dort kam sie nie an.

Als die Fluggäste durch die Halle des amerikanischen Zolls marschierten (es war ja ein internationaler Flug), tat dort nur ein Zollbeamter Dienst. Sein Name war Lawrence Troiano. Die anderen Passagiere winkte er eilig durch, sagte aber zu Jane, sie solle das Gepäck auf dem Tisch lassen und sich hinsetzen auf einen Stuhl. Dann ging er weg, um zu telefonieren.

Was dann geschah, hat Jane meiner Frau Muriel Davidson so geschildert:

> Als dieser Typ zu mir sagte, ich soll mich hinsetzen, während er telefonieren ging, habe ich ihn gefragt, wieso ich für diese besondere Behandlung herausgepickt worden bin. Er sagte, ich soll den Mund halten, und ging weg. Nach seiner Rückkehr öffnete er meine Tasche und beschlagnahmte

mein Notizbuch. Als ich es später wiederbekam, lagen die Seiten alle durcheinander, und es war ganz klar, daß sie alles abgelichtet hatten. In dem Notizbuch standen so gefährliche Namen wie der des Romanciers Norman Mailer und der von Tommy Smothers, dem Komiker. Als nächstes nahm Troiano meine sämtlichen Medizinfläschchen aus der Tasche. Darunter befanden sich eine Flasche Valium, für die ich ein kalifornisches Rezept besaß, und dann noch ungefähr hundert Röhrchen mit freiverkäuflichen Vitamintabletten; die nahm ich unterwegs, um fit zu bleiben. Die Vitaminfläschchen hatte ich beschriftet mit »B«, »L« und »D« für Breakfast, Lunch und Dinner. Troiano grinste höhnisch: »Was heißt das, BLD? So was wie LSD, schätze ich.« Dann erklärte er, ich müsse festgenommen werden. Er sagte, er müsse seinen Vorgesetzten in Cleveland anrufen. Dann brachte er einen örtlichen Polizisten herein, der mich bewachen sollte.

Spätere Gerichtsprotokolle besagen, daß Troianos Vorgesetzter, der Special Agent Richard Matuszak, um 0.45 Uhr aus Cleveland eintraf. Jane stand in der Zollhalle am Telefon und sprach mit dem Rechtsanwalt Mark Lane, der verhaftete Kriegsgegner verteidigte. Da er aber weit weg in Boston wohnte, teilte er Jane mit, daß sein Kollege Irwin Barnett aus Cleveland bald dasein würde, um ihr beizustehen. Matuszak unterbrach Janes Telefonat und befahl ihr, ins Zollbüro mitzukommen. Jane erzählte:

Ich bekam bald meine Periode und mußte dringend auf die Toilette. Matuszak erklärte mir, das ginge nicht, bevor mich nicht zwei Polizistinnen aus Cleveland bis auf die Haut untersucht hätten. Er meinte, die Leibesvisitation sei nötig, um festzustellen, ob ich etwa noch andere gefährliche Drogen in den Körperöffnungen hätte. Ich fragte:

»Was meinen Sie mit *anderen* gefährlichen Drogen?« Er wiederholte einfach, daß ich nicht auf die Toilette gehen kann, bevor die Polizistinnen einträfen.

Der Streit ging hin und her. Ich fragte: »Was soll ich denn Ihrer Meinung nach tun, hier auf den Boden pissen?« Ich wollte unbedingt zur Toilette, und als mich Matuszak packte, wand ich mich los. Zu dem Zeitpunkt waren zwei weitere Cops aus Cleveland eingetroffen, weil es sich auf dem Flughafen herumgesprochen hatte, daß man Jane Fonda festgenommen hatte. Wie ich mich von Matuszak losriß, rief er den Cops zu: »Sie hat mir einen Faustschlag versetzt. Ihr seid Zeugen.« Dann mischte sich einer von den beiden ein, Robert Pieper. Er behauptete, ich hätte nach ihm getreten.

Die Cops legten mir Handschellen an, und Matuszak verlas mir meine Rechte. Währenddessen versuchte Irwin Barnett, der Anwalt aus Cleveland, mich telefonisch zu erreichen. Ich fragte: »Gehört zu meinen Rechten nicht, daß ich mich mit einem Anwalt berate?« Matuszak antwortete: »Nicht, solange die Polizistinnen nicht da sind und Sie durchsucht haben.« Er ließ mich nicht mit Barnett sprechen. Endlich erschienen die Beamtinnen, und endlich durfte ich pinkeln, nachdem die Leibesvisitation überhaupt nichts erbracht hatte. Erst danach gestattete man mir, mit meinem Anwalt zu reden. Es stellte sich heraus, daß mir drei Dinge vorgeworfen wurden: tätlicher Angriff auf einen Bundesbeamten, tätlicher Angriff auf einen Polizisten und der Versuch, verbotene Drogen in die Vereinigten Staaten einzuschmuggeln.

In Handschellen wurde Jane zum Cuyahoga County Jail in Cleveland transportiert und dort um 2.45 Uhr morgens eingeliefert. Man steckte sie in eine Zelle zu mehreren anderen Frauen. Zwei von ihnen standen unter Anklage, einen Mann ermordet und zerstückelt zu haben. Bei einer anderen handelte es sich um eine echte Anarchistin; sie war verhaftet worden, weil sie mit einer roten Fahne in eine Versammlung stockkonservativer Rechter eingedrungen war.

Irwin Barnett traf um 7 Uhr früh im Gefängnis ein; Mark Lane kam mit dem Flugzeug aus Boston und war um 11 Uhr da. Mittlerweile wimmelte es um das Gefängnis nur so von Fernseh- und Zeitungsreportern. Nachdem Lane mit Jane gesprochen hatte, gab er auf der Vortreppe des Gefängnisses eine Pressekonferenz. Er tobte vor Wut. Er wies unter anderem auf die Brutalität der Beamten gegenüber den anderen Frauen in Janes Zelle hin und sagte dann: »Die Verhaftung von Miss Fonda war ein reiner Akt der Willkür. Das ist der Terror von Nixon und Agnew.«

Die Reaktion der Vollzugsbeamten war dürftig. Die Bundesbeamten sagten gar nichts. Der Stellvertretende Sheriff von Cleveland Albert Brockhurst gab im Namen der örtlichen Polizei die folgende Erklärung ab:

> Miss Fonda hat bewußt und in betrügerischer Absicht gesetzwidrig Drogen aus Kanada ins Land gebracht, und es gibt drei Zeugen der Polizei, daß sie den Polizisten aus Cleveland getreten und dem Bundesbeamten einen Faustschlag versetzt hat. Nachdem sie verhaftet und eingesperrt worden war, besorgte sie sich zwei kommunistische Anwälte, und die haben einen großen Zirkus veranstaltet. Die Dame hat geflucht und gekreischt und alle »Schweine« genannt, und die Anwälte haben Pressekonferenzen abgehalten und Präsident Nixon die ganze Schuld an der Sache gegeben. Ist das nicht lächerlich?

Wie sich herausstellte, war es überhaupt nicht lächerlich. Am Nachmittag des Tages ihrer Festnahme wurde Jane vom US Commissioner Clifford E. Bruce zur Anklage vernommen.

Er setzte eine Kaution in Höhe von 5000 Dollar fest und bestellte sie zu einer Anhörung am folgenden Montag. Sie mußte wegen tätlichen Angriffs auf den Bundesbeamten mit drei Jahren Gefängnis rechnen und wegen Drogenschmuggels mit fünf Jahren. In dem Bericht über die Vernehmung zur Anklage wartete die Presse von Cleveland mit einigen interessanten Enthüllungen auf:

> Wie die Presse erfuhr, steht Miss Fonda auf einer Liste der Zollbehörde mit den Namen von Personen, die beobachtet werden sollen, wenn sie aus- und einreisen. Wie sie also zum Zoll kam, wurde sie in einen Warteraum zur Durchsuchung geführt ... Der oberste Zollbeamte hier erklärte, der Befehl sei aus Washington, D.C., gekommen ...

Nach der bundesgerichtlichen Vernehmung zur Anklage wurde Jane erneut verhaftet und vor ein städtisches Gericht gestellt. Die Anklage lautete, sie habe bei der Auseinandersetzung auf dem Flughafen den Polizeibeamten Robert Pieper getreten. Wieder war der Gerichtssaal gestopft voll. Jane erklärte sich für »nicht schuldig«, und Richter Edward F. Feighan setzte den Prozeß für den 6. Januar 1971 an.

Aber das war noch nicht das Ende der gerichtlichen Verwicklungen an dem Tag. Als sie loseilte, um noch ein Flugzeug zu bekommen, weil sie an der Central Michigan University sprechen sollte, wurde ihr am Flughafen eine gerichtliche Vorladung zugestellt. Der Polizeibeamte Pieper hatte eine Zivilklage gegen sie angestrengt, in der er 100000 Dollar Schmerzensgeld wegen der Verletzung am Bein während des zehnsekundigen Handgemenges auf dem Flughafen forderte.

Seltsamerweise lag es an diesem Akt schierer Habgier, daß die gesamte Anklage gegen Jane Fonda zusammenbrach. Lang ist der Weg von einem Cop aus Cleveland bis zum Weißen Haus, aber so hat es sich abgespielt. Meine Unterla-

Nur Pferden gibt man den Gnadenschuß.
Mit Michael Sarrazin, 1969

Nur Pferden gibt man den Gnadenschuß: »Derby«

Gegen den Vietnam-Krieg. Mit Angela Davis auf dem Campus der UCLA, Los Angeles 1970

An der Seite aufbegehrender Indianer, Seattle 1970

Mit gefangenen GIs in Hanoi, Juli 1972

Noch 1988 protestieren Vietnamveteranen gegen die Anwesenheit von »Hanoi Jane« in ihrer Stadt

In Handschellen zur richterlichen Vernehmung, beschuldigt des tätlichen Angriffs und Drogenschmuggels. Cleveland, 3. 11. 1970

Mit dem zweiten Ehemann Tom Hayden, 1976

Mit Sohn Troy (*7. 7. 1973)

Mit Henry Fonda, 1969

Klute. Mit Donald Sutherland, 1971

gen, die ich nach dem Gesetz über die Informationsfreiheit bekam, und spätere Aussagen in den Anhörungen zum Fall Watergate belegen, daß es tatsächlich eine sogenannte »Feindliste« gab, auf Anordnung des zur Weißglut gereizten Präsidenten Nixon erstellt von seinem vertrauten Berater Charles Colson (der später einiger Unkorrektheiten in der Watergate-Affäre überführt wurde und ins Gefängnis wanderte). Die Liste enthielt keine Feinde des Landes, nur Gegner der Politik Nixons. Nach dem Alphabet stand Jane Fonda an sechster Stelle.

An alle Regierungsbehörden erging die Order, diesen »Feinden« auf jede nur erdenkliche Art zuzusetzen. Telefone sollten angezapft werden, die Post abgefangen und die Einkommenssteuer laufend überprüft werden (es gereicht den Finanzministern John Connolly und George Shultz zur Ehre, daß sie diese Anordnung der ständigen Steuerüberprüfung nicht befolgten). Wie in Janes Fall haben Zoll und Einreisebehörden häufig Berührungspunkte mit den »Feinden«. Bei Jane hatte man die Anweisung sogar verschärft, über die bloße Tatsache hinaus, daß ihr Name auf der Liste stand. Jemand sorgte dafür, daß sie *wirklich* belästigt wurde. Die Königliche Kanadische Berittene Polizei erhielt von den USA den Hinweis, daß Jane Fonda von Toronto nach Cleveland fliegen würde und daß sie eine »notorische Drogenabhängige« sei, die »Drogen schmuggeln würde, wovon der amerikanische Zoll in Cleveland unterrichtet werden« sollte.

Die Drogenanklage fiel schnell in sich zusammen. Laboranalysen bewiesen bald, daß »B«, »L« und »D« tatsächlich harmlose Vitamintabletten waren. Aber Bundesstaatsanwalt Frederick Coleman hielt immer noch die schwerwiegende Anklage des tätlichen Angriffs auf einen Bundesbeamten gegen Jane aufrecht, weil sie angeblich dem Zollbeamten Matuszak einen Faustschlag versetzt hätte. Das allein konnte sie für drei Jahre hinter Gitter bringen.

Was immer die Regierung in der Hand hatte, falls sie überhaupt etwas hatte: der Fall scheiterte an der dummen Zivilklage, die von dem Clevelander Cop Pieper eingereicht wurde. Der wollte, wie gesagt, 100 000 Dollar Schmerzensgeld haben für den angeblich fürchterlichen Tritt von Jane, als sie auf dem Flughafen darum rang, auf die Toilette gehen zu können. Janes Clevelander Anwalt Irwin Barnett ging mit folgender Strategie zu Werke: »In einem Zivilprozeß hat man das Recht auf Offenlegung prozeßwichtiger Dokumente, das bei einem Strafprozeß keine Anwendung findet. Vor Prozeßbeginn kann man Fragen aller Art stellen, die unter Eid zu Protokoll genommen werden. Mit der Zivilklage hat Pieper sich selbst und der Regierung eine harte Nuß zu knacken gegeben. Ich habe allerlei Fragen über Nixons ›Feindliste‹ gestellt und ob sie benutzt wurde, um Jane Fonda am Flughafen in die Falle zu locken.« Um nicht zugeben zu müssen, daß die Liste überhaupt *existiert*, ordnete die Regierung am 28. Mai 1971 an, alle Anklagen gegen Jane fallenzulassen.

Am 23. Juni wurde Piepers Klage vom städtischen Richter Feighan abgewiesen. Bei der Offenlegungsverhandlung hatte Barnett erfahren, daß Pieper am Abend der Auseinandersetzung auf dem Flughafen offiziell gar keinen Dienst hatte. Als privater Wachmann ging er Schwarzarbeit nach und war zu dem Zeitpunkt gar nicht befugt, Matuszak beizuspringen, damit Jane nicht die Toilette aufsuchen konnte. Richter Feighan hielt sich streng an die Paragraphen, als er den Fall abwies: »Piepers Klage ist zu allgemein abgefaßt.« Und so endete dieser erste Angriff der Regierung auf Jane mit einem peinlichen Rückzug an allen Fronten.

Aber für Jane war die Sache noch nicht zu Ende. Zwei Jahre danach machte sie etwas Außergewöhnliches. Im Oktober 1973 – als Vizepräsident Spiro Agnew schon zurückgetreten war und Präsident Nixon durch die Anhörungen vor dem

Kongreß in der Watergate-Affäre zum Rücktritt gedrängt wurde – reichte Jane beim Bundesgericht eine gigantische Klage gegen die gesamte Regierung ein, namentlich gegen Nixon, seine Mitarbeiter im Weißen Haus, die meisten seiner Kabinettsmitglieder und andere. Sie beschuldigte FBI und CIA, ihre Bürgerrechte verletzt zu haben, indem sie sie mit Durchsuchung und Leibesvisitation schikanierten, bei ihr einbrachen und ihre Post öffneten. Sie beschuldigte auch mehrere Banken, dem FBI ihre Bankauszüge zur Verfügung gestellt zu haben, ohne den gesetzlich erforderlichen gerichtlichen Durchsuchungsbefehl. Sie verlangte Schadensersatz in Höhe von insgesamt 2800000 Dollar.

Die Angelegenheit zog sich jahrelang hin, erbrachte aber einige überraschende Enthüllungen. Der CIA gestand, Janes Post aus Übersee geöffnet zu haben, einschließlich Weihnachtskarten. Das FBI gestand, mehr als vierzigmal ihr Telefon abgehört und sich widerrechtlich die Bankauszüge beschafft zu haben, ohne Gerichtsbeschluß oder Vorladung unter Strafandrohung. Der Prozeß deckte die umfänglichen Akten der Regierung über Jane Fonda und ihre Aktivitäten auf, zusammengetragen von einem halben Dutzend Regierungsämtern, die sie untereinander austauschten. Es gab Beweise für das Fiasko ihrer Verhaftung in Cleveland und für die Beschlagnahme und das Kopieren ihres Notizbuchs. Sogar J. Edgar Hoovers »Morris«-Brief an die *Daily Variety* kam ans Licht.

Mit dem Prozeß ging es stockend voran, hauptsächlich wegen der Verzögerung durch das Justizministerium, das durch Gerichtsbeschluß verhindern wollte (und manchmal gelang das), daß Materialien von FBI, CIA und State Department freigegeben werden; als Begründung wurde behauptet, daß ihre öffentliche Prüfung vor Gericht die nationale Sicherheit gefährden würde. Am 8. Mai 1979, sechs Jahre nach Einreichung der Klage, wurde schließlich zwischen Janes Anwälten und dem Justizministerium in aller Stille eine Schlichtung herbeigeführt. Man vereinbarte, nur minimale Einzelheiten der Regelung bekanntzugeben, und zwar so diskret, daß es keine breite Berichterstattung in den Medien gäbe. In der *Washington Star-News* las sich das so:

> In der Vereinbarung gesteht die Regierung ein, bei der Überwachung von Miss Fondas politischem und Privatleben von 1970 bis 1975 unrechtmäßig gehandelt zu haben, und die Regierung verspricht, sich an die Überwachungsrichtlinien zu halten, die nach Beginn des Prozesses erlassen wurden. Die im vergangenen Monat geschlossene Vereinbarung sieht jedoch überhaupt nichts bezüglich der 2,8 Millionen Dollar Schadensersatz vor, die Miss Fonda gefordert hatte.

»Es ging gar nicht ums Geld«, meinte Jane. »Wir haben nun ein Eingeständnis von Schuld. Wir haben ein Versprechen, daß sie nicht noch einmal so etwas Unamerikanisches tun. Es war also nicht das Geld. Wie haben versucht, ein Prinzip deutlich zu machen.«

21

Zu jenen, die Jane in diesen turbulenten Zeiten am nächsten standen, gehörte Steve Jaffe, ein ansehnlicher junger Mann, der jetzt mit der Schauspielerin Susan Blakely verheiratet ist und TV-Sendungen produziert. Von 1969 bis 1973 wirkte er als Janes persönlicher Pressesprecher. Damals stand Jaffe mitten in dem Wirbel, der Janes Ausflüge in die Protestbewegung umtoste. Ursprünglich wurde er angestellt, um die Promotion für ihre Filmprojekte zu machen, doch es endete damit, daß er die meiste Zeit Medienleute mit feindseliger Einstellung in Schach halten mußte, Pressemitteilungen schrieb und Pressekonferenzen abhielt – alles für die *politische* Betätigung Janes.

Zum Beispiel trug er die Hauptlast, als die Presse am Morgen von Janes Verhaftung in Cleveland losschlug. Er erzählt:

> Ich saß in meinem Büro in Beverly Hills und bereitete mich auf den üblichen Tagesablauf vor, als das Telefon zu klingeln begann. Dann brachte jemand den *Los Angeles Herald Examiner* herein. Janes Festnahme durch die Bundesbehörden stand als großer Aufmacher oben auf der ersten Seite, als Schlagzeile in Rot noch dazu. Das letztemal, daß ich eine so große rote Schlagzeile gesehen habe, war, als wir während der Raketenkrise in Kuba am Rande eines Kriegs mit Rußland standen.
>
> Drei Tage lang saß ich da und beantwortete Fragen von Medienleuten, die von sehr weit her anriefen, aus Frankreich, Südafrika, Japan und so. Weder Jane noch ihren Anwalt Mark Lane konnte ich erreichen, so daß ich nur

sagen konnte, was ich von meinen eigenen Reisen mit Jane wußte, nämlich, daß sie Vitamintabletten in rauhen Mengen mit sich herumschleppte, die gekennzeichnet waren für Breakfast, Lunch und Dinner. Das erklärte wenigstens ›B‹, ›L‹ und ›D‹ auf den Fläschchen und begann bei einigen Reportern Zweifel zu wecken. Aber die Geschichte wurde ganz und gar von der Nachrichtenflut beherrscht, die von den Justizvollzugsbehörden in Cleveland stammte. Die Aufregung legte sich schließlich. Wie es ausging, überraschte mich nicht, aber das wurde in der Presse auf die damals übliche Art behandelt: Der *Herald Examiner*, der Janes Festnahme mit einer dicken, roten, Kriegsangst schürenden Schlagzeile ausposaunt hatte, brachte einen einzigen Absatz auf Seite 44, als die Klagen gegen sie fallengelassen wurden.

Jane erhielt seinerzeit eine Menge Morddrohungen, und obwohl Jaffe für Public Relations und nicht für Sicherheit zuständig war, fand er sich selbst mittendrin in etlichen bedrohlichen Situationen. Einmal sollte Jane in Bakersfield, Kalifornien, einen Vortrag halten. Da bekam Jaffe von einem Freund unter den Medienleuten einen Tip, daß irgend jemand bei einer Talk-Show im Rundfunk angerufen und versichert habe, Jane würde beim Verlassen des Vortragssaals erschossen werden. »Ich mußte ein Flugzeug nach Bakersfield chartern – Jane war mit dem Wagen unterwegs –, und ich mußte die Sicherheitsvorkehrungen mit Hilfe der Polizei von Bakersfield und privaten Wachleuten verstärken. Die haben tatsächlich einen Kerl hinter der Bühne aufgegriffen, der mit einer Handfeuerwaffe bewaffnet war.«

Bei anderer Gelegenheit wurde Jaffe gebeten, bei der Talk-Show eines Rundfunksenders aus Los Angeles, die von Michael Jackson moderiert wurde (nicht der bekannte Rockstar gleichen Namens), anstelle von Jane zu sprechen.

> Ich habe noch nie gehört, wie so viel Haß über den Äther versprüht wurde. Schließlich mußte Jackson abbrechen und die Zuhörer bitten, ihre Bemerkungen über Jane *schriftlich* an die Rundfunkstation KABC-AM zu richten. Später ging ich zum Sender, die eingegangene Post abholen. Es war eine riesige Tasche voll, ungefähr sechshundert Briefe. Bei einem Brief traf mich beinahe der Schlag. Er war anonym – eine sehr präzise, eiskalte Warnung, daß ihre Organisation über jede Bewegung Janes Bescheid wüßte, daß sie ihr nicht entkommen könne und daß man sie in Los Angeles auf der Straße aus dem Hinterhalt erschießen werde.

Eine Zeitlang studierte Jaffe den ominösen Brief. »Dann«, so erzählte er mir, »erinnerte mich der Brief dunkel an etwas. Jane hatte schon zuvor gelegentlich bösartige Post erhalten, die ich in einer von mir ›Verrücktenpost‹ genannten Akte abgelegt habe. Ich holte mir gleich den Ordner, und wie ich es geahnt hatte, gab es da einen Brief im gleichen Stil und in derselben Handschrift wie die Morddrohung, die an KABC geschickt worden war. Bloß war *dieser* Brief unterschrieben. Dort standen Name und Adresse eines selbstgeweihten Predigers aus Arcadia, Kalifornien.«

Jaffe war außer sich vor Wut, zögerte aber, zum FBI oder zur örtlichen Polizei zu gehen, weil er deren allgemein feindselige Haltung Jane gegenüber kannte. »Also habe ich die Sache erst mal mit Jane durchgesprochen. Nachdem sie ein paar Minuten darüber nachgedacht hatte, meinte sie, ich solle die beiden Briefe Ramsey Clark zeigen, dem früheren Generalstaatsanwalt der USA (nun Berater der Kriegsgegner); der wüßte dann schon, wie man damit verfahren soll. Also suchte ich Clark auf. Er las die Briefe, und ich konnte sehen, daß er echt beunruhigt war. ›Es gibt keinen anderen Weg, Sie müssen damit zum FBI gehen.‹«

Jaffe rief das FBI-Präsidium im Federal Building, West Los Angeles, an. Man bat ihn, die Briefe vorbeizubringen. »Zwei nette, junge Beamte befragten mich. Sie untersuchten den Brief mit der Morddrohung und den des Predigers, und sie waren sprachlos. Dann erklärten sie mir, sie würden die Briefe dabehalten und ins FBI-Labor nach Washington schikken, das die Handschriften vergleichen und bei der Analyse nach anderen übereinstimmenden Merkmalen suchen sollte. Mir überließen sie Fotokopien. Sie versicherten, das FBI sei ernsthaft besorgt, wenn ein amerikanischer Bürger eine briefliche Morddrohung erhält, und sie würden uns auf dem laufenden halten. Wir haben nie wieder was von ihnen gehört.«

Gefragt, ob dieses Nichthandeln ein weiteres Anzeichen dafür sei, daß das FBI Jane Fonda so sehr verabscheute, daß es nichts zum Schutz ihrer persönlichen Rechte tat, antwortete Jaffe mehr als nachsichtig:

> Vielleicht *haben* sie etwas getan. Von dem wahnsinnigen Prediger haben wir nie mehr etwas vernommen. Und was den Haß auf Jane betrifft, so haben sie nur ihren Job erledigt. Ich denke, der Haß kam hauptsächlich von Richard Nixon und vom Weißen Haus – diese Kumpane wurden ja bald durch die Watergate-Affäre kaltgestellt. Immerhin waren sie es, die sie auf die Feindliste setzten, die Überwachung anordneten, die Post öffnen und die Bankauszüge kontrollieren ließen, all das. Später bekam ich heraus, daß sie über jeden Cent, den mir Jane in meiner Eigenschaft als ihr Pressesprecher bezahlte, Buch geführt haben; also gab es auch eine Regierungsakte über *mich*. Ich glaube, das Nixon-Pack konnte es nicht ertragen, daß eine bloße Filmschauspielerin den Mumm hatte, den Präsidenten und seine vermurkste Vietnampolitik bei jedem öffentlichen Auftritt anzugreifen.

Von einem Mann der höchsten Ebene des FBI lernte ich noch einen anderen Aspekt kennen; er hatte mir als wichtige Quelle gedient, als ich vor längerer Zeit einmal einen anerkennenden Zeitschriftenartikel über J. Edgar Hoover schrieb und auch später in meiner Zeit als mit allerlei Nachforschungen befaßter Reporter. Meine private »Tiefe Stimme« erklärte: »Auf seine alten Tage kam der Direktor auf verrückte Ideen. Er hielt Martin Luther King für einen Kommunisten und Franklin D. Roosevelt für einen Verräter an seiner Klasse. Ich glaube, er hielt Jane Fonda auch für eine Verräterin ihrer Klasse, denn Henry Fondas Tochter sollte solche Sachen nicht sagen und tun.« Meine Quelle behauptete, es sei Hoover gewesen, der auf der Bezeichnung »Anarchistin« auf ihrer Akte bestanden hatte, »obwohl wir angesichts der Redefreiheit nie irgendwelche Beweise besaßen, die wir dem Justizministerium zur Strafverfolgung hätten vorlegen können«.

Davon wußte Jaffe natürlich nichts, als er 1969 für Jane zu arbeiten begann. Nach einer kurzen Tätigkeit als Filmpublizist bei Universal Pictures erhielt er einen Job bei der PR-Firma Allan, Ingersoll and Weber, um die Publicity für einige Filmstars wie Ryan O'Neal und Gene Hackman zu übernehmen. Jane Fonda kannte er nicht einmal. Die Publicity für ihre Filmarbeit lag in den Händen einer anderen Mitarbeiterin der Firma, Emily Torchia.

Jaffe berichtet:

> Es ist schon seltsam, wie die Dinge in jenen verrückten Tagen abliefen. Jane war gerade von ihrem längeren Aufenthalt in Frankreich zurückgekehrt und tappte noch herum, wie sie ihre Protestaktivitäten auf die Reihe kriegen konnte. Das war noch vor Alcatraz. Ich gehörte der Antikriegsbewegung an und kannte Mark Lane, den Anwalt der Kriegsgegner aus Washington, D.C. Eines Tages rief mich Mark an und sagte, er habe ein Treffen zwischen Jane

Fonda und Donald Duncan, einem dekorierten Vietnamveteranen von den Green Berets, der gegen den Krieg agitierte, in einem Haus im San Fernando Valley vereinbart – und ob ich nicht hinkommen könne. Ich fuhr hin. Und dort habe ich Jane kennengelernt.

Bei dem Treffen sollte über die Unterstützung der GI-Coffee-Shop-Bewegung diskutiert werden. Im ganzen Land sollten vor Militärbasen Kaffeelokale eröffnet werden, als Begegnungsstätten für Soldaten, Matrosen und Flieger, wo sie ihrem Widerstand gegen den Krieg Ausdruck verleihen könnten. »Am Schluß der Sitzung fragte mich Mark«, so erzählt Jaffe, »ob ich nicht, wo ich doch schon bei Janes PR-Firma angestellt war, die Öffentlichkeitsarbeit für Janes politischen Protest und auch gleich für ihre Filme übernehmen kann. Ich sagte, ich werde meine Bosse fragen. Die wußten zwar nicht genau, worauf sie sich da einließen, aber Jane zu Gefallen meinten sie: ›Fein, wenn Emily nichts dagegen hat.‹ Ich ging zu Emily Torchia, die schon einige Zeit Janes Pressevertreterin war. Sie erklärte: ›Mach's nur. Übernimm *alles* für Jane. Ich hätte nicht die leiseste Ahnung, wie man mit dem politischen Zeug umgehen soll; davon verstehe ich überhaupt nichts.‹ Und so sind Jane und ich zusammengekommen.«

Mehr als drei Jahre lang war das eine sehr effektive Zusammenarbeit. Jaffe begleitete Jane häufig auf ihren hektischen Vortragsreisen durch das Land, doch meist blieb er in seinem Büro und beantwortete Fragen der Presse. Als Jaffe die Firma Allan, Ingersoll and Weber verließ, um seine eigene PR-Agentur zu gründen, ging Jane als Klientin mit – ebenso Donald Sutherland, der auch Kriegsgegner war. Sie benutzten Jaffes Büro, um von dort aus Gelder aufzutreiben. Von dort gründeten sie auch die Organisation Entertainment Industry for Peace und Justice (Unterhaltungsindustrie für Frieden und Gerechtigkeit), die Hunderte von Film- und Fernsehleuten anzog – darunter merkwürdigerweise auch Henry Fonda.

Jaffes Reisen mit Jane brachten auch Probleme mit sich.

Zum Beispiel engagierte sie sich intensiv für Winter Soldier Investigation (Untersuchungen durch Soldaten) in Detroit. Dort bezeugten Kriegsteilnehmer Greuel in Vietnam, die sie selbst gesehen hatten – ähnlich dem Massaker von My Lai. Da trafen sich keine krankhaften Hysteriker. Es waren Leute dabei, die später sehr berühmt wurden, wie der Veteranensprecher John Kerry, der erst kürzlich zum US-Senator für Massachusetts gewählt wurde. Das Problem bestand darin, daß die Presse sich nicht groß um uns kümmerte. Jane und ich hingen jeden Tag am Telefon und redeten mit den Medienleuten, aber die berichteten kaum davon. Wir hatten den Verdacht, daß das Weiße Haus Druck ausübte, damit die Medien das Ereignis so gut wie totschwiegen.

Schließlich kam Jane eine Idee. Seit einiger Zeit war *Life* hinter ihr her, um von ihr eine Titelstory zu bringen. Sie rief die Herausgeber von *Life* an und traf folgende Vereinbarung: Ich stelle mich für das biographische Porträt von mir zur Verfügung, und Sie bringen soviel wie möglich über die Vietnamsoldaten von Detroit. Die Zeitschrift hielt Wort. Nun war das Eis gebrochen, und jetzt folgten auch andere, um über Winter Soldier Investigation zu berichten. Jane wollte die Titelstory eigentlich *nicht* haben, weil sie alte Wunden aufriß, aber sie brachte das Opfer. So war sie eben gebaut.

Jane opferte sich auch bei der Organisierung der sogenannten FTA-Shows und trat auch darin auf. FTA stand für »Fuck the Army«, wurde aber gewöhnlich übersetzt als »Free the Army«. In den FTA-Shows traten gegen den Krieg eingestellte Showbusineß-Entertainer auf. Es waren musikalische Satiren auf die typischen Shows von Bob Hope, der mit Genehmigung der Militärs vor den Soldaten auftrat. Die FTA-Shows fanden ohne Genehmigung durch das Militär und außerhalb der Basen statt. Jane sang und tanzte dabei. Koproduzent Holly Near meint: »Jane sang nicht besonders gut, und sie tanzte wie ein Holzklotz, aber das machte sie mit ihrer Begeisterung wett.«

Steve Jaffe berichtet weiter:

> Als wir nach Japan flogen, zur Betreuung der dort stationierten amerikanischen Truppen, bekamen wir deutlich zu spüren, mit welcher Macht uns die Nixon-Administration daran hindern wollte. Bei unserer Landung auf dem Flughafen teilten uns die Zollbeamten mit, sie hätten Anweisung, uns nicht einreisen zu lassen. Sie schienen nervös zu sein, weil wir, wie es aussah, von Hunderten von Medienleuten umringt waren und uns unendlich viele TV-Scheinwerfer blendeten. Aber sie trieben uns in die Zollbüros, wo wir die ganze Nacht damit zubrachten, auf den harten Bänken Schlaf zu suchen.

Am Morgen – es war zufällig der 7. Dezember, der Tag von Pearl Harbor – erklärten die japanischen Beamten, die Truppe dürfe den Flugplatz verlassen, sie müsse aber ins Maranuchi Hotel gebracht werden, wo sie bis zur Entscheidung des Falles unter einer Art Hausarrest stünde. Immer noch umschwärmten uns die japanischen und internationalen Journalisten. »Deshalb hielten wir im Hotel eine Pressekonferenz ab«, fuhr Jaffe fort. »Jane und Donald Sutherland gaben redegewandt Erklärungen ab, des Inhalts, daß wir uns an diesem unglückseligen Pearl-Harbor-Tag auf einer Friedensmission befänden. Die zahlreichen Presseleute waren sichtlich beeindruckt, und die Story lief den ganzen Nachmittag über die Medien. Später an dem Tage stimmte das japanische Parlament gegen den Willen der US-Regierung zu, uns einreisen zu lassen, und wir führten unsere Show auf.«

Jaffe trennte sich später – wie viele vor ihm – unter unangenehmen Begleitumständen von Jane, aber auf jene Zeit blickt er mit einem warmherzigen Gefühl der Nostalgie zurück. Er sagt: »Das ist eine Frau, die zu Unrecht unamerikanischer Tätigkeit beschuldigt wurde. Meiner Ansicht nach gibt es nichts Amerikanischeres, als wenn jemand Geld und Job für seine Überzeugungen aufs Spiel setzt!«

So nahe Jaffe Jane auch stand, er hatte keine Ahnung, wie tief sie in ihre Tasche gegriffen hatte, um die Hunderte von Vortragsreisen zu finanzieren und um zu solchen Dingen wie den FTA-Shows etwas beizusteuern. Er war deshalb erstaunt, als sie ihm eines Tages auf einem Flug nach New York ein Drehbuch zu lesen gab – nachdem sie viele Monate überhaupt kein Interesse an einer Rückkehr zum Film gezeigt hatte. Jaffe las das Script, das keinen allzu großen Eindruck auf ihn machte. »Wieso interessierst du dich dafür?« fragte er.

Janes Antwort lautete schlicht: »Weil ich kein Geld mehr habe, und das ist das beste Drehbuch, das ich derzeit kriegen kann.«

Es handelte sich um *Klute* (*Klute*), den Film, den sie zwischen ihre politischen Aktionen einschob und der ihr den ersten Oscar bringen sollte.

22

Für Jane Fonda, die Lady der Widersprüche und Herrin des Unerwarteten, brachte *Klute* eine der widersprüchlichsten und unerwartetsten unter vielen Wendungen in ihrem Leben mit sich. Zum Zeitpunkt des Vertragsabschlusses für diesen Streifen hatte sie zwei Jahre lang keinen Film mehr gedreht – der letzte war *Nur Pferden gibt man den Gnadenschuß*. Sie hatte sich so besessen auf die Protestaktionen gestürzt (der Witzbold unter den Radikalen Saul Alinsky nannte sie eine »Tramperin auf dem Highway der guten Anliegen«), daß viele Leute in Hollywood glaubten, sie würde nie mehr vor eine Kamera treten. Natürlich ahnte niemand, daß ihre Ausgaben für die gute Sache (das Wort verabscheute sie und spricht, wie sie *Life* offenbarte, lieber von einem »Engagement bei bestimmten historischen Ereignissen«) sie fast pleite gemacht hatten. Sie hatte nicht nur beinahe ihre ganzen eigenen beträchtlichen Filmeinnahmen aufgebraucht, sondern auch die Erbschaft von ihrer Mutter.

Ihr Privatleben befand sich in einem desolaten Zustand. Die Bulimie gedieh prächtig, wie die vom Zoll in Cleveland beschlagnahmten Vitamintabletten »B«, »L« und »D« beweisen. Bulimiker versuchen irrtümlicherweise den Verlust der erbrochenen Nährstoffe durch ungeheure Mengen von Vitaminen auszugleichen; nach Aussage ihres Vaters schluckte Jane zu jeder Mahlzeit siebzehn bis vierundzwanzig Vitaminkapseln. Nach dem Gesetz war sie immer noch mit Roger Vadim verheiratet, den sie aber nur selten sah. Beider Tochter Vanessa befand sich in Vadims Obhut. Laut Jaffe unternahm Jane verzweifelte Versuche, Vanessa zu ihren Versammlungen und Interviews mitzunehmen, wenn sie in der Nähe von einem der Wohnsitze Vadims in der Gegend von Los Angeles war.

Wie stand es in dieser hektischen Phase mit Männern in ihrem Leben? Der zur Protestbewegung gehörende Komiker Paul Krassner erzählte mir: »Jeder in der Bewegung war in sie verliebt«, aber er ging nicht näher darauf ein, ob oder wessen Aufmerksamkeiten sie erwiderte. Es scheint festzustehen, daß sie mit dem Schauspieler und Mitstreiter Donald Sutherland irgendeine Art von Liebesromanze hatte; er begleitete sie ständig auf den FTA-Show-Tourneen beziehungsweise Protestaktionen. Sutherland will über Jane und ihre Beziehung nicht reden, aber Jane selbst kam darauf in einem Interview von 1971 mit dem *New York Times Magazine* zu sprechen:

> Ich werde nie mehr Ehefrau sein. Donald und ich sind Freunde. Wir denken das gleiche. Wenn wir zusammen sind, ist es wunderbar. Wenn wir nicht zusammen sind, bleiben wir trotzdem Freunde. Er ist mir nicht unentbehrlich. Ich bin ihm nicht unentbehrlich. Unsere gegenseitige Zuneigung schließt Respekt ein und den Willen, voneinander zu lernen; jedoch haben wir nicht die Absicht, unsere Beziehung auf ewig fortzusetzen.

Sie wurde zunächst allerdings fortgesetzt, und zwar durch die Arbeit an dem Film *Klute*, in dem Sutherland ihr Partner war, und an zwei anderen, bei weitem weniger bemerkenswerten Filmen *F. T. A.* und *Steelyard Blues* (*Steelyard Blues*). Wie üblich bei Jane war es dann an der Zeit, sich zu verabschieden.

Wenn man sich überlegt, daß Jane all diese Konflikte im Kopf herumschwirrten, dann ist es absolut verblüffend, daß sie nach einer zweijährigen Abstinenz vom Film sich wieder so gut hineinfand und bei den Dreharbeiten an *Klute* in New York eine professionell so bestechende Arbeit lieferte. Produzent und Regisseur Alan J. Pakula, der sie bereits von früher kannte, bezeugte das:

> Ich muß zugeben, ich hatte ganz schöne Bedenken, als Jane sich an dem Film beteiligte. Sie widmete sich ganz der Politik, sie ging so leidenschaftlich mit so vielen Angelegenheiten um. Ich hatte ernsthafte Sorgen, daß sie mit den Gedanken ganz woanders wäre als beim Film. Aber ich habe sehr schnell erkannt, daß sie sich ungewöhnlich gut konzentrieren konnte. Sie mochte in ein Gespräch mit Don Sutherland vertieft sein oder eins ihrer endlosen Telefonate führen – sie stand immer mit dem Hörer da und versuchte, von Leuten Geld für die eine oder andere Sache zu ergattern –, so daß ich mich fragte, ob sie ihren Text kannte und ob ihr überhaupt schon ein Gedanke an die nächste Szene durch den Kopf gegangen war. Aber wenn ich sagte: »Wir sind soweit, Jane«, da antwortete sie: »Okay, gib mir drei Minuten.« Dann ließ sie das sein, was sie gerade machte, stand still da und konzentrierte sich. Wenn sie dann vor die Kamera trat, steckte sie ganz und gar im Film, und nichts anderes existierte mehr für sie ... War die Szene in Ordnung, ging sie einfach zu Sutherland oder zu ihren Anrufen zurück, und dann befand sie sich wieder total in der anderen Welt. Für mich war das eine ungewöhnliche Begabung – diese Fähigkeit, im Kopf alles so klar trennen zu können.

Als Steve Jaffe das Drehbuch zu *Klute* auf dem Flug nach New York las, schien es sich für ihn um einen nicht sonderlich bedeutenden Krimi über ein New Yorker Callgirl zu handeln. Sie, Bree Daniel, bekommt es mit Klute zu tun, einem Kriminalpolizisten von außerhalb, der das mysteriöse Verschwinden eines Freundes aus seinem Ort aufklären will. Der Kriminalist verliebt sich in die Prostituierte, als die

Geschichte auf einen unerwarteten Höhepunkt zusteuert, der einen durchschüttelt. Jaffe meinte dazu:

> Meine erste Reaktion auf das Drehbuch war negativ, weil mir nicht klar war, was der geniale Pakula daraus machen würde; und ich hatte auch keine Ahnung, wieviel Jane mit ihren neugewonnenen Erkenntnissen aus den Protestbewegungen zum Gelingen des Films beitragen konnte. Und sie *trug* einiges bei. Jedesmal, wenn ich ihre Garderobe betrat, tippte sie wie wild auf der Schreibmaschine – das heißt, wenn sie nicht gerade telefonierte. Sie notierte sich eigene Gedanken über die Gestalt der Bree und darüber, wie Männer in unserer Gesellschaft Frauen ausbeuten – sogar Huren. Die Notizen zeigte sie Pakula, und er akzeptierte viele ihrer Anregungen. Das Ergebnis war, daß ganze Szenen geändert wurden. Es war auch ihr mit zu verdanken, daß der Schluß des Film von happy-happy zu bittersüß abgewandelt wurde.

Das war tatsächlich das erste Mal in ihrer Laufbahn, daß Jane persönliche Gefühle in ihre Arbeit als Schauspielerin einbrachte – was zum Merkmal ihrer späteren eigenen Filmproduktionen werden sollte. Sie verkündete:

> Meine Rolle in *Klute* habe ich wie ein Forschungsprojekt am College angepackt. Ich bin losgegangen und habe Prostituierte bei ihrem Geschäft auf der Straße beobachtet. Allmählich lernte ich mehrere teure Callgirls kennen. Einige von ihnen waren hochintelligent, wie Bree im Film. Ich befragte sie und bekam ihre Wohnungen zu sehen. Eine Menge Eindrücke davon schlugen sich in der Ausstattung nieder, besonders in Brees Apartment. Das alles bestätigte meine vorherigen Ansichten, wie Frauen ganz allgemein von unserem System behandelt werden – wie sie gegenein-

> ander ausgespielt werden, wie die von ihnen konsumierte Fernsehreklame ihnen weismacht, daß sie nur dazu da sind, gut auszusehen, sich gut anzuziehen und sich einen entsprechenden Mann zu angeln. Ich erinnerte mich daran, wie ich in meinen früheren Filmen als Sexobjekt ausgebeutet wurde, und mir fiel ein, was die gegen den Krieg protestierenden Veteranen mir über das Leben der riesigen Anzahl von Prostituierten in Vietnam erzählt hatten: Viele von ihnen waren intelligent und versuchten verzweifelt, aus dem System auszubrechen.

Der damals dreiundvierzigjährige und ausnehmend scharfsinnige Regisseur Pakula ließ bei Jane die Zügel schießen, was ihre Erkundungen und persönlichen Ansichten über Frauen betraf. Er engagierte sogar als technische Beraterin ein dreiundzwanzigjähriges Callgirl. An ein Gespräch mit Jane erinnert er sich fast wörtlich: »Das erste, was man unbedingt bei einem Freier macht«, sagte sie, »ist, das Geld kassieren. Man nimmt es vorher, denn man wird hinterher womöglich nicht viel bekommen. Das zweite ist, dafür zu sorgen, daß sich der Mann für anders als die anderen hält. Man sagt zu ihm, daß er wirklich anders *ist* und dich heiß macht. Auf diese Art kriegt man mehr Geld. Ich habe vor Männern allen Respekt verloren, weil sie alle glauben, daß sie anders sind, alle durch die Bank.«

Diese Haltung fand in einer Schlüsselszene im Hotelzimmer Ausdruck. Das Thema »anders sein« taucht sogar auf, als Bree und Klute zum erstenmal ins Bett gehen, obwohl sie da schon eine echte Zuneigung zu ihm aufkeimen spürt.

Insgesamt barg Jane Fondas Darstellung viel schöpferische Phantasie. Zum Beispiel gab es in diesem Film, der doch offen von käuflichem Sex handelte, keine Nacktszene. Zum Teil hatte Jane darauf bestanden, daß sie sich nicht ausziehen muß – was sich himmelweit von ihren voraufgegangenen Filmen unterschied, in denen sie ganz locker ihre Sachen ablegte und aus viel nichtigeren Gründen eine Brust oder eine Pobacke zeigte.

Ein anderes Stück unorthodoxer Kreativität bildete der Schluß des Films – auch das teilweise auf Janes Veranlassung. In dem Gespräch darüber, ob Bree am Schluß Dame oder Biest ist, meinte Pakula: »So, wie wir es dann gemacht haben, weiß man nicht, was mit dem Callgirl passiert. Ursprünglich endete der Film damit, daß sie und Klute lachend und liebend die Straße hinunterziehen. Jane sagte: ›Kommt nicht in Frage, damit will ich nichts zu tun haben‹, und sie hatte recht. Deshalb endet der Film voller Hoffnung, aber auch voller Geheimnis.«

Als die Aufnahmen abgeschlossen waren, schien Pakula immer mehr der Überzeugung zu sein, daß er einen erfolgversprechenden Film gedreht hatte. Jane war sich nicht so sicher. Sie holte das dringend gebrauchte Geld ab und rauschte ab, zurück zu ihrer antirassistischen, antichauvinistischen Antikriegs- und Anti-Establishment-Agitation.

Pakula behielt recht. Als der Film Ende 1971 in die Kinos kam, erhielt er fast durchgehend überschwengliche Kritiken. Im *New Yorker* erteilte die häufig so scharfzüngige Pauline Kael zum Beispiel dem Film und besonders Jane ein volles Lob:

> Als Schauspielerin verfügt Jane Fonda über eine besonders gute Auffassungsgabe, die die Form von Tempo annimmt: Sie ist allen immer etwas voraus, und dieses schnellere Tikken, dieses schnellere Reagieren macht es viel aufregender, ihr zuzuschauen. Diese Eigenschaft kommt ihr bei der voll abgerundeten, voll ausgereiften Gestaltung eines Callgirls in *Klute* zugute. Das ist eine schöne, große Rolle für sie, und sie verschwindet in dem Callgirl Bree so total, daß ihre Darstellung rein bleibt, ohne Ausschmückung durch

»Schauspielern« ... Brees Erkenntnis, daß ihr als Prostituierter kein anderer Weg bleibt als der nach unten, und ihre verworrenen Bemühungen, dem zu entkommen, machen diese Gestalt zu einer der stärksten Frauenfiguren, die je auf der Leinwand zu sehen war ... Miss Fonda fordert zum Vergleich mit Bette Davis in deren großen Tagen heraus, aber ihre Bree übersteigt jeden Vergleich. Es gibt im amerikanischen Film keine andere junge dramatische Darstellerin, die ihr das Wasser reichen kann.

Das übertriebene Lob favorisierte Jane sofort für den Oscar dieses Jahres als Beste Schauspielerin, doch die Spekulationen im Showbusineß wurden in der Presse völlig von den Geschichten über ihre politischen Auseinandersetzungen überschattet, die immer stürmischer wurden. Während dieser Zeit befand sie sich mit der FTA-Show im Fernen Osten. Die Versuche der japanischen Regierung, die Truppe am Flughafen abzusondern, machten in den USA Schlagzeilen auf den Titelseiten. Es gab auch reichlich viel Berichte über interne Kämpfe innerhalb der Tourneetruppe mit vielen Gehässigkeiten gegenüber Jane und Sutherland. Country Joe McDonald verließ die Truppe mit den Worten: »Die Bewegung ist von Jane Fonda und Sutherland gelackmeiert worden. Bei ihrem Egotrip mache ich nicht mehr mit.« Auch der Gründer von FTA, Fred Gardner, wandte sich gegen »Janes Clique«, wie er sie nannte, mit der Begründung: »Sie engagieren sich nicht genug im Kampf gegen den Imperialismus ... es sind Missionare und Jahrmarktsschreier.«

Von diesen feinen Unterschieden im radikalen Denken wußte die Öffentlichkeit nichts, und sie scherte sich auch nicht darum. Sie ordnete Jane tatsächlich *rechts* von den extremen Oppositionellen ein. Unterdessen hatte sich die Bevölkerung in zwei Lager gespalten, Befürworter des Kriegs und Gegner, und auf beiden Seiten herrschte die Auffassung –

besonders unter den selbsternannten Patrioten –, daß Jane eine Anführerin der radikalen Linken sei. Natürlich war sie das nicht. Wie sie selbst zugab: »Mein Bewußtsein für die Ungerechtigkeiten dieser Welt war erst ganze zwei Jahre zuvor erwacht, und ich lernte noch dazu.«

Das alles gab ihrer Mitwirkung an *Klute* am Ende noch eine dramatische Note. Mit dem Näherrücken der Oscar-Verleihung im Frühjahr 1972 braute sich etwas zusammen. Würde Jane, falls sie den Oscar bekäme, ihren Auftritt im nationalen und internationalen Fernsehen dazu benutzen, um in einer zündenden Rede den Krieg und die sozialen Ungerechtigkeiten anzuprangern? Wenn ja, würde dann die Academy of Motion Picture Arts and Sciences ihr das Mikro abschalten, schnell einen Werbespot einblenden und sie eiligst von der Bühne zerren? Und würde sie sich wenigstens nicht in festliche Garderobe schmeißen, die sie verabscheute, und als stillen Protest die eher rustikalen Gewänder der Gegenkultur tragen?

Wie häufig hielt Jane alle zum Narren. Sie betrat den Saal in einem schicken schwarzen Hosenanzug, eleganter als viele der dekolletierten Abendroben um sie herum. Sie kam am Arm Donald Sutherlands. Ruhig nahmen sie ihre Plätze ein, während der Saal vor Neugier bald platzte, ob sie sich nicht gleich lächerlich machen würde. Einem Interviewer hatte sie schon vorher verkündet: »Wenn die Arbeiterklasse an Leute vom Film denkt, bringt sie sie mit dem Oscar in Verbindung. Für diejenigen von uns, die sich für gesellschaftliche Veränderungen einsetzen, ist es wichtig, diese Art von jubelnder Zustimmung zu erhalten.« Die von dieser proletarischen Rhetorik ausgelöste Spannung hatte sie zwei Monate zuvor gesteigert, als ihr von der Hollywooder Auslandspresse der Golden Globe verliehen wurde: Um den Preis für sie entgegenzunehmen, hatte sie einen ordensgeschmückten ehemaligen Kriegsteilnehmer hingeschickt, der Kriegsgegner war.

Wie üblich folgte an jenem Abend 1972 die Oscar-Verleihung an die Beste Schauspielerin gegen Ende des Programms. Als die Gewinnerin bekanntgegeben wurde, hieß sie Jane Fonda. Im Publikum buhten einige, andere spendeten Beifall. Ruhig ging sie hinauf auf die Bühne und starrte die Leute, die alle gespannt warteten, ein paar Sekunden lang an. Dann sprach sie: »Danke! Ich danke denen, die geklatscht haben. Es gäbe heute abend viel zu sagen. Aber das ist weder die richtige Zeit noch der richtige Ort. Deshalb sage ich einfach: Danke!«

Als die Kameras über das Publikum schwenkten, erhaschten sie einige Studiomagnaten, die erleichtert aufseufzten, weil Jane ihnen ihre Veranstaltung nicht geschmissen hatte. Eine Kamera ging kurz auf Henry Fonda, der den Oscar noch nie gewonnen hatte. Es war schwer zu sagen, ob er lachte oder weinte.

23

Hank Fondas Einstellung Jane gegenüber hatte sich nun beträchtlich gewandelt. Ständig prahlte er mit ihrem Oscar, und in Presseinterviews verteidigte er sie heftigst, wenn man auf ihre Antikriegsaktivitäten anspielte: »Ihre Ansichten über Vietnam sind die gleichen wie meine und wie die von Senator William Fulbright und vom früheren Verteidigungsminister Clark Clifford, aber sie geht anders heran.« Hank und seine Frau Shirlee nahmen weiterhin die kleine Vanessa zu sich, wenn Vadim sich nicht um sie kümmern konnte, und Hank lud Jane bei Pausen in ihrem hektischen Reiseprogramm zu sich nach Bel Air und New York ein. »Aber immer noch konnte mir Dad nicht die väterliche Wärme entgegenbringen, nach der ich mich stets so gesehnt habe«, bekundete Jane. »Ich schätze, er ist nun mal so. Immer noch erzählte er allen Leuten, für wie bedeutend er mich hält, aber er hat es nicht fertiggebracht, *mir* das zu sagen.«

Zur damaligen Zeit hegte Hank, wie er meiner Frau Muriel erzählte, zwei Erwartungen. Erstens glaubte er, Jane würde mit dem Oscar für *Klute* nun »mit Filmangeboten überschwemmt werden, und die würden sie wieder auf den Weg zum Erfolg zurückführen, wo sie hingehört«. Das zweite war: »Mit zunehmender Zeit und Erfahrung werden sich Janes politische Auffassungen abschleifen, wie es uns allen bei genügender Zeit und Erfahrung ergeht.« Innerhalb von vier Monaten nach der Oscar-Verleihung sollten sich beide Erwartungen Hanks zerschlagen.

Trotz des finanziellen Erfolgs von *Klute* blieb die Filmindustrie sehr zurückhaltend, weil Janes politische Betätigung sich auf die Einnahmen jedes künftig ihr angebotenen Films ungünstig auswirken konnte. Deshalb erhielt sie nicht sogleich Angebote. Und dann warf sie alles über den Haufen, jedenfalls soweit es ihre Karriere betrifft. Im Juli 1972 – sie hatte nur wenige eingeweiht und besonders nicht den Vater – flog sie nach Nordvietnam.

Im nachhinein erscheint das als ein hochgradig übertriebener, tollkühner Akt, und tatsächlich erwies er sich auch als ein solcher für Jane. Aber 1972 stellte sich das nicht als so ein ungewöhnliches Unternehmen dar. Rechtlich gesehen, befanden sich die USA nicht im Kriegszustand mit Nordvietnam, und kein Gesetz verbot Amerikanern, dort hinzufahren. Steve Jaffe meint: »Der ehemalige Generalstaatsanwalt Ramsey Clark war in Hanoi gewesen, ebenso einer meiner anderen Klienten, Dick Gregory. Hochangesehene Leute wie Walter Cronkite redeten davon, dort hinzugehen, um sich zu informieren, was da wirklich geschah. Genau das sagte auch Jane, als sie mir erzählte, sie habe ihre alten Verbindungen in Paris genutzt, um ein Visum von der nordvietnamesischen Regierung zu bekommen: ›Ich habe über diesen Krieg geredet, und ich möchte mich aus erster Hand informieren, so daß ich weiß, wovon ich rede. Ich würde ja nach Südvietnam fahren, aber die lassen mich nicht rein.‹«

Zu diesem Zeitpunkt standen amerikanische Soldaten bereits elf Jahre in Vietnam, und 50 000 Soldaten waren schon gefallen. Man schätzt, daß 1 200 000 Vietnamesen getötet wurden, im Norden und Süden. Der Krieg war im Verschleiß begriffen. Die Tet-Offensive des Vietcong kam und erschütterte die amerikanischen Illusionen, daß der Krieg schnell und leicht gewonnen werden könne. Das Massaker von My Lai an 337 unbewaffneten Zivilisten, darunter Frauen und Kinder – dem die Verurteilung von Leutnant William Calley folgte –, hatte vielen Amerikanern einen Schock versetzt. Die Pariser Friedensgespräche dauerten schon Jahre und führten anscheinend zu nichts. Die Nixon-Regierung hatte Befehl gegeben, Kambodscha zu bombardieren und dann einzumarschieren. Nixons sogenannte »Vietnamisierung« war im Gange; sie überließ die meisten Bodengefechte der südvietnamesischen Armee. Der hauptsächliche amerikanische Anteil am Krieg bestand in massiven Bombenangriffen durch die US Air Force.

Als Jane Fonda von Los Angeles nach Hanoi aufbrach, geschah folgendes. Es gab natürlich keine Direktflüge der Pan Am; also mußte Jane in ein neutrales asiatisches Land fliegen und dort auf eine regionale Fluglinie umsteigen, wahrscheinlich in Hongkong oder Singapur. Als sie am 8. Juli 1972 in Hanoi eintraf, wurde sie mit überschwenglicher Begeisterung als »die große, fortschrittliche amerikanische Schauspielerin« empfangen. Anders als ihre sorglosen, freundlichen Brüder im Süden waren die Nordvietnamesen starr und unflexibel (besonders nach achtzehn Jahren kommunistischer Herrschaft), aber in der Kunst der Propaganda sehr geschickt. Ihre naiveren westlichen Besucher indoktrinierten sie mit einer scheinbar undoktrinären Argumentation, mit Charme und Schmeichelei. Heute sieht es so aus, als habe Jane Fonda zu diesen Naiven gehört.

Das augenfälligste Beispiel dafür stellte ein offenbar harmloses Ereignis dar – mit das Dümmste, was sie tun konnte und was ihr danach noch sehr zu schaffen machen sollte. Der tschechische Journalist Havranek war dabei, und als ich ihn 1979 in Paris traf, beschrieb er mir den Vorfall so:

> Die von der Regierung entsandten Reiseführer zeigten Miss Fonda die Umgebung Hanois, und einige von uns Reportern durften sie begleiten. Beim Mittagessen unterwegs gab es eine Menge Trinksprüche bei russischem Wein und ungarischem Sliwowitz. Dann nahmen sie Miss Fonda mit in eine Flakstellung. Sie sagten, das sei eines der helden-

haften Geschütze, das die Stadt vor den barbarischen amerikanischen Luftangriffen verteidigt. Jemand setzte ihr einen Stahlhelm auf, und sie meinte im Spaß, das sei genau wie eine Hollywooder Werbekampagne, bloß ihre Haare seien nicht richtig. Eine Dolmetscherin brachte darauf das Haar in Ordnung, das unterm Stahlhelm hervorlugte. Sie baten sie, auf das Geschütz in den Sitz des Kanoniers zu klettern, was sie auch machte. Alle lachten, auch Miss Fonda. Ich weiß nicht, ob sie bemerkte, daß Kameraleute jeden einzelnen Moment dieser Begebenheit filmten.

Der Film wurde im Westen erst später gezeigt. Da warfen ihr ihre amerikanischen Kritiker vor, daß dies ein Fall von Hochverrat sei, weil sie eine Waffe feierte, die vielleicht amerikanische Flugzeuge abgeschossen und damit deren Besatzungen getötet hatte. Noch schwerwiegender war in den Vereinigten Staaten, was sie drüben *sagte*. Als »große, fortschrittliche amerikanische Schauspielerin« wurde sie eingeladen, über Radio Hanoi zu sprechen, und sie nahm die Einladung an – wonach ihre Feinde sie als Hanoi-Jane titulierten, die jüngste Entsprechung der Tokio-Rose aus dem Zweiten Weltkrieg.

Von nun an übernahm es der CIA anstelle des FBI, die Chronik der vermeintlichen Mißgeschicke Jane Fondas zu schreiben, und die CIA-Akte, die ich mir unter Berufung auf das Gesetz über die Informationsfreiheit verschaffte, hat alles festgehalten, was sie sagte und tat – sogar einschließlich der Fotos von ihrem Besuch eines Kindergartens in Hanoi. Der CIA überwachte jede Rede, die sie hielt, und jede Pressekonferenz, auf der sie sprach. Wie zuvor in den USA verwendete Jane dieselbe Rede immer wieder, was in der über zweihundert Seiten starken Akte endlose Wiederholungen zur Folge hatte. Interessanterweise stammten einige vom CIA aufgefangene Berichte von Radio Havanna. Andere kamen offenbar von Informanten vor Ort, sowohl in Nord- als auch in

Südvietnam, andere von elektronischen Überwachungsgeräten.

Was genau sagte Jane denn nun wirklich – laut dieser zweifellos verläßlichen CIA-Akte? Zum Beispiel fuhr sie mit den schon in den Vereinigten Staaten vorgetragenen Angriffen auf Richard Nixon fort:

> Wissen Sie, daß Nixon lügt, wenn er von der Begrenzung des Krieges spricht? Er hat nur seine Taktik geändert. Er denkt, er kommt ungeschoren davon, weil er glaubt, wir hätten kein Gewissen. Wenn er die Anzahl der amerikanischen Gefallenen und Verwundeten senkt, dafür aber mehr Vietnamesen tötet, da glaubt er, wir, das amerikanische Volk, wir hätten nichts dagegen. Ich glaube, er hat eine sehr schlechte Meinung vom amerikanischen Volk ... Er beschmutzt unsere Fahne und alles, was sie in den Augen der ganzen Welt darstellt.

Sie wandte sich auch direkt an die amerikanischen Truppen auf dem Kriegsschauplatz:

> Wenn ihr heute abend allein seid, dann fragt euch selbst: »Was tust du eigentlich?« Laßt nicht die einfachen Antworten gelten, die ihr aus den Dienstvorschriften auswendig lernen mußtet, sondern sprecht als Männer, als Menschen: Gibt es eine Rechtfertigung für das, was ihr tut? Ist euch bewußt, weshalb ihr diese Einsätze fliegt, mit Sonntagszulage? ... Die Menschen unter euren Bombern haben uns nichts getan. Sie wollen in Frieden leben, sie wollen ihr Land wiederaufbauen. Sie können nicht begreifen, was das für Menschen sind, die über ihre Köpfe hinwegfliegen und Bomben abwerfen. Wißt ihr, daß die Splitterbomben, die manche eurer Bomber abwerfen, von der Haager Konvention von 1907 verboten wurden? Die kön-

nen Brücken und Fabriken nicht zerstören. Die durchschlagen weder Stahl noch Beton. Ihr einziges Ziel ist das ungeschützte Menschenfleisch ... In den Krankenhäusern hier liegen Kleinkinder, Frauen und Alte, die für den Rest ihres Lebens mit diesen Splittern im Körper Todesängste ausstehen werden ... Unterscheiden sich diese Menschen so sehr von unseren eigenen Kindern, unseren Müttern, unseren Großmüttern? ... Ich weiß, wenn ihr die Vietnamesen unter friedlichen Bedingungen kennengelernt hättet, würdet ihr die Männer hassen, die euch auf diese Bombeneinsätze schicken. Ich glaube, daß wir uns alle in diesem Zeitalter des Kriegs per Fernbedienung sehr, sehr bemühen müssen, Menschen zu bleiben.

Ein bißchen blauäugig und einseitig vielleicht, wenn man an die terroristische Taktik des Vietcong auf der anderen Seite denkt – aber ist das Anstiftung zur Meuterei, wie ihr vorgeworfen wurde?

Während der vierzehn Tage in Hanoi und Umgebung (länger dauerte der Aufenthalt nicht) wurden Jane auf sorgfältig vorbereiteten Besichtigungstouren von Bomben beschädigte Krankenhäuser, Wohngebiete, Betriebe und Deiche im Delta des Roten Flusses gezeigt. Augenscheinlich bestürzten sie die Deiche mehr als die meisten anderen Dinge. Sie wußte, daß die Vietnamesen fast viertausend Jahre gebraucht haben, um diese Uferwälle zu vervollkommnen. Sie verhindern, daß Springfluten das Land verwüsten und die Landwirtschaft weitgehend vernichten. In einer Rede am 20. Juli 1972 führte sie aus:

Am 12. Juli fuhr ich nach Nam Sach. Wie ihr wißt, wurden dort zwölf ausländische Journalisten am 11. Juli von Bomben getötet, und dennoch leugnet das Pentagon diesen Bombenangriff. Sie waren dorthin gefahren, um die Schäden zu besichtigen, die von den ausgedehnten Angriffen auf strategische Punkte im großen Deichsystem des Distrikts von Nam Dinh verursacht wurden. Und ich habe am Tag danach mit eigenen Augen gesehen, daß der Deich an zwei neuralgischen Punkten gebrochen war und sich zu beiden Seiten des Deichs viele Bombenkrater befanden.

In diesem Distrikt wohnen hunderttausend Reisbauern und Schweinezüchter. So weit das Auge reicht, sieht man Reisfelder. Es gibt dort offensichtlich keine militärischen Ziele, keine Artilleriestellungen, keine Lastwagen, keine Konvois ... Neulich erklärte Verteidigungsminister Melvin Laird, daß das Bombardement der Deiche möglicherweise stattgefunden hat, aber daß es ein Versehen war und nur Deiche angegriffen werden, auf denen sich militärische Anlagen befinden. Hält er die Vietnamesen wirklich für so dumm, daß sie eine militärische Anlage auf einem Erddeich installieren?

Und wie steht es mit den neuen Waffen, mit denen das Pentagon so angibt, mit den intelligenten Bomben und den Laserbomben, die kein Ziel verfehlen? ... Wenn die Flut durch die geborstenen Deiche ins Land strömt und es eine Hungersnot gibt und Epidemien und wenn Tausende von unschuldigen Menschen sterben – Nixon führt da einen schlauen Plan aus. Schon jetzt verkündet er, wenn dieses Jahr eine Überschwemmung eintritt, dann wäre es eine Naturkatastrophe.

Weniger überzeugend verlief Janes Besuch bei einer Gruppe amerikanischer Kriegsgefangener, die die nordvietnamesischen Gastgeber peinlich genau ausgesucht hatten. Hier verriet Jane am deutlichsten, wie leichtgläubig sie war. Sie war so sehr auf die Lügen der Nixon-Regierung, wie sie es nannte, fixiert, daß sie anscheinend alles glaubte, was ihr die Nordvietnamesen vorsetzten, und nichts von dem, was von amerikanischer Seite kam. So machte sie sich die nordvietnamesische Zahl von etwas mehr als dreihundert amerikanischen Kriegsgefangenen zu eigen (die wirkliche Anzahl stellte sich bei ihrer Entlassung nach Beendigung des Kriegs als erheblich höher heraus) und glaubte, daß diese alle menschlich behandelt würden. Von der brutalen Behandlung der Gefangenen im sogenannten Hanoi Hilton, die später genau belegt wurde, hat sie nichts gehört. Und wenn, hätte sie es vielleicht nicht geglaubt.

Auf den Besuch bei den Kriegsgefangenen kam sie in mehreren Reden in Hanoi zurück. In einer berichtete sie:

> Gestern abend, am 19. Juli, bekam ich Gelegenheit, mit sieben amerikanischen Piloten zu sprechen. Einige waren schon 1968 abgeschossen worden, andere erst vor kurzem. Ihr Gesundheitszustand war gut. Wir führten ein sehr angenehmes Gespräch, eine sehr offene, ungezwungene Unterhaltung. Es war ein freier Gedankenaustausch.
>
> Sie baten mich, dem amerikanischen Volk zu übermitteln, daß sie den Krieg verabscheuten und sich dessen schämten, was man ihnen zu tun befohlen hat. Die Piloten erzählten mir, sie hätten geglaubt, militärische Ziele zu bombardieren. Sie berichteten mir auch, daß ihnen gesagt wurde, sie würden Bomben werfen, um ihre Kameraden zu befreien, aber natürlich wissen wir alle, daß jede über Nordvietnam abgeworfene Bombe das Leben der amerikanischen Gefangenen gefährdet … Sie versicherten mir alle, daß gut für sie gesorgt wird. Sie hören Radio, sie erhalten Briefe. Es geht ihnen gesundheitlich gut …
>
> Wir waren alle gleichermaßen traurig, weil dieser Krieg ein schreckliches Verbrechen ist und weil Richard Nixon nichts anderes tut, als ihn zu eskalieren, während er Frieden predigt, und Menschenleben gefährdet, während er sich um Gefangene zu sorgen behauptet … Ich bin über-

zeugt davon, daß diese Piloten nach all dem, was sie hier erfahren und lesen, bei ihrer Heimkehr bessere Staatsbürger sein werden als bei ihrer Abreise.

Das klingt wie Alice im Wunderland. Und wie immer machte Jane geschickt Stimmung gegen Richard Nixon, der 1972 im Wahlkampf gegen den demokratischen Friedenskandidaten George McGovern antreten mußte.

Am 22. Juli verließ Jane Hanoi nach einer abschließenden Pressekonferenz, bei der sie im Grunde noch einmal alles vorher Gesagte wiederholte: über die Fliegerangriffe, die amerikanischen Kriegsgefangenen und über die Tatsache, daß Vietnam auf der Genfer Konferenz von 1954 zu *einem* Land erklärt, doch mit dem stillschweigenden Einverständnis der USA in zwei Länder geteilt worden war, in Nord- und Südvietnam. Es ist schon erstaunlich, wieviel Unannehmlichkeiten Jane für sich selbst binnen vierzehn Tagen heraufbeschwor.

Als sie nach Los Angeles zurückkehrte, brandete ihr ein Feuersturm entgegen. Steve Jaffe war außer sich, weil er sich seit ihrem Abflug ununterbrochen abplacken mußte, die Brände zu löschen. Meist konnte er nur beharrlich wiederholen, daß sich Jane zur Ermittlung von Tatsachen dorthin begeben hatte und nichts weiter. Aber er sah sich auch einigen grotesken Problemen gegenüber. Durch eine undichte Stelle in der Regierung wurde bekannt, daß Jane mit einem Reisepaß nach Hanoi flog, der auf den Namen Jane Seymour Plemiannikov ausgestellt war. Das veranlaßte eine Reporterin zu der spekulativen Annahme, Jane benutze einen russischen, kommunistischen Decknamen. Jaffe mußte eine Erklärung abfassen, daß Jane noch mit Roger Vadim verheiratet war und der Paß auf ihren richtigen Namen ging. Ein anderer sensationshungriger Fernsehreporter deutete mit einiger Bestimmtheit an, daß Jane Fonda in Privataudienz von Ho Chi

Minh empfangen worden sei. Jaffe mußte dem Mann, ohne ihn bloßzustellen, mitteilen, daß der nordvietnamesische Kommunistenführer seit drei Jahren tot war.

Der Feuersturm flammte weiter auf, als Janes Rückkehr in die USA bekannt wurde. Nun bestanden Kongreßabgeordnete, Parlamentarier verschiedener Bundesstaaten und diverse Zeitungen – wie schon erwähnt – darauf, daß sie wegen Hochverrats vor Gericht gestellt, gehängt, erschossen oder ihr die Zunge abgeschnitten werden sollte. Der einzige Regierungsbereich, in dem es seltsamerweise keinen größeren Wirbel um die Angelegenheit gab, war, so befremdlich es klingen mag, Nixons Justizministerium. Der CIA hatte seine Unterlagen über Janes Reise hingeschickt, und das Justizministerium mußte entscheiden, ob man sie wegen Volksverhetzung gerichtlich belangen könne. Die Antwort lautete: nein.

Zu der Zeit war ich mit einer Reihe von Artikeln über das organisierte Verbrechen beschäftigt, und ich besaß viele Freunde bei der Generalstaatsanwaltschaft. Einer von ihnen erklärte mir später: »Wir haben den CIA-Bericht bis aufs I-Tüpfelchen studiert. Jane Fonda hat gesagt, was sie für wahr hielt. Sie hat niemanden veranlaßt zu desertieren. Was nun Hilfe und Beistand für den Feind betrifft, wer war denn der Feind? Wir haben Nordvietnam nie den Krieg erklärt. Vergessen Sie nicht, rechtlich gesehen wirkten wir bei einem Befriedungsprogramm für den Süden mit, um unserem Freund Mr. Thieu zu helfen. Es wäre uns verdammt schlecht ergangen, wenn wir hätten versuchen müssen, die Winkelzüge unserer Außenpolitik im Gerichtssaal zu rechtfertigen.«

24

Janes Filmkarriere war nur noch ein Trümmerhaufen. Vorbehaltlos stürzte sie sich in die von vornherein zum Scheitern verurteilte Wahlkampagne für die Präsidentschaft George McGoverns. Aber bei vielen öffentlichen Auftritten gab es Schmährufe, sie wurde angespuckt und sogar mit roter Farbe beworfen. Die Filmmagnaten mieden sie; der kürzlich verliehene Oscar bedeutete für die Studiobosse nun gar nichts mehr. Die dunkelste Periode ihres Lebens begann, und es sollte noch fünf Jahre dauern, bis man sie wieder in einem größeren Hollywoodfilm sehen konnte.

Immer noch fanatisch an politischen Aktionen beteiligt, hatte sie drei Protestfilme gedreht. Alle drei wurden Flops. Der erste war die Verfilmung einer FTA-Show und hieß einfach *F. T. A.* Nur wenige Kinos wollten ihn aufführen, und er hielt sich dort, wo er gezeigt wurde, höchstens zwei oder drei Tage. In Los Angeles verschwand er nach dem ersten Abend. Den zweiten Film bildete ein amateurhaftes Unternehmen mit dem Titel *Steelyard Blues* (*Steelyard Blues*). In ihm versucht ein oppositioneller Haufen von gesellschaftlichen Außenseitern ein altes Flugzeug zu reparieren, um damit ins wilde Blau abzuheben. Selbst obwohl Jane und Donald Sutherland mitspielten, wurde das ein absoluter Reinfall: wie *F. T. A.* kam und verschwand er in wenigen Tagen. Dieser Film besiegelte das Ende von Janes Beziehung zu Sutherland.

Das dritte Fiasko hieß *Tout va bien* (in den USA *Everything's Okay*). Jane war extra nach Frankreich geflogen, um mit ihrem Idol der französischen Neuen Welle zu arbeiten, mit Jean-Luc Godard. Der hatte sich in der Zwischenzeit noch radikaler entwickelt als Jane: Er bekannte sich offen zum Marxismus, war sogar Maoist. In *Tout va bien* übernehmen Arbeiter eine Wurstfabrik – ein unverschleiertes politisches Pamphletwerk mit sehr geringem Unterhaltungswert. Das war selbst für Jane zuviel. Sie äußerte ihre Frustration öffentlich und beschimpfte Godard als einen Tyrannen bei der Arbeit. Der Film lief in den USA praktisch überhaupt nicht im Kino.

Mit diesen Fehlschlägen und dazu mit Nixons überwältigendem Sieg über George McGovern bei den Wahlen im November war 1972 im ganzen ein sehr schlechtes Jahr für Jane. Sie meinte: »Abgesehen vom Oscar war für mich das einzig Gute an 1972 Tom Hayden.«

Hayden schlängelte sich sozusagen in ihr Leben, als sie zum erstenmal seit fast fünfzehn Jahren keinen festen Partner besaß. Sie hatten sich 1971 bei einem Protestmeeting getroffen, aber dabei war nicht viel passiert. Während der Dreharbeiten zu *Steelyard Blues* in Berkeley, Kalifornien, lernte sie ihn besser kennen. Sie wohnte in der linken Kommune Red Family und hatte Vanessa im Blue Fairyland, dem Kindergarten der Kommune, angemeldet. Hayden hatte man gerade aus der Kommune hinausgeworfen, wegen gewisser amouröser Konflikte, deren Einzelheiten Jane mit Interesse zur Kenntnis nahm. In Wirklichkeit hatte Hayden sie schon früher als einer der echten Helden der Neuen Linken in den Vereinigten Staaten beeindruckt. Jeder politisch Engagierte wußte Bescheid über seine spektakuläre revolutionäre Vergangenheit, und er war unter den Radikalen des Landes in den sechziger Jahren gleichsam zur lebenden Legende geworden.

Hayden stammte aus einer streng katholischen Familie in Royal Oak, Michigan. In dieser Gemeinde wirkte der rechte, gegen Roosevelts liberalen New Deal eingestellte, antisemitische Pater Charles E. Coughlan. Schon früh rebellierte Hayden gegen Coughlans Ideen und gegen die Prügel, die ihm, wie er behauptet, Nonnen in den Gemeindeschulen verabreichten. Die Rebellion gegen Autoritätsstrukturen setzte er an der University of Michigan fort, wo er eine College-Zeitung herausgab. Auch beteiligte er sich an der Gründung der offen radikalen, bundesweiten Organisation Students for a Democratic Society (SDS).

Haydens Biographie liest sich nach dem College fast wie eine Auflistung aller Protestbewegungen der USA. Als Kämpfer für die Bürgerrechte in den Südstaaten holte er sich eine klaffende Kopfwunde. Von ihm stammt der Entwurf der Erklärung von Port Huron, die in den USA zur Bibel radikalen politischen Denkens wurde. In den schwarzen Wohnbezirken von Newark, New Jersey, organisierte er ein Gemeinschaftsprojekt, das eine Kontrolle der Mieten, bessere Spielplätze und so weiter forderte und damit 1967 half, die verhängnisvollen Ausschreitungen in Newark einzudämmen. 1968 gehörte er zu den Sieben von Chicago, die vor Gericht gestellt und wegen Anstiftung zu den mächtigen Unruhen in der Stadt verurteilt wurden; die Demonstrationen hatten vor dem Gebäude stattgefunden, in dem die Generalversammlung der Demokratischen Partei Hubert Humphrey als Präsidentschaftskandidaten aufstellte. Hayden erhielt dafür fünf Jahre Gefängnis; das Urteil wurde später vom Bundesberufungsgericht aufgehoben.

Am meisten war Hayden wegen seines Engagements gegen den Vietnamkrieg bekannt. Er war der führende Redner auf der College-Campus-Tour, der sogar öfter und größere Zuschauermengen anzog als Jane Fonda. Mehrmals war er seit 1965 nach Nordvietnam geflogen und streute in seine Reden eigene Dias aus Südostasien ein, die amerikanisches Unrecht in dem vom Krieg geschüttelten Land veranschaulichten. Haydens Dia-Vorträge fegten oft alle Kinos in der betreffenden Stadt leer. Seine größte Leistung für die amerikanische Linke vollbrachte er 1967, als er drei ihm vom Vietcong übergebene amerikanische Kriegsgefangene zurückführte.

Für Jane, die erst zwei Jahre Erfahrungen in der politischen Opposition gesammelt hatte, war das Stoff von der Art, aus dem die alten Heldenepen wie *Beowulf* und die *Odyssee* gestrickt waren. Es schien sie überhaupt nicht zu stören, daß Hayden kein gutaussehender Mann war; er besaß eine lange Nase und ein pickliges Gesicht und war außerdem zwei Jahre jünger als sie. Doch ihre angeborene Schüchternheit siegte, und sie unternahm nichts, um Hayden wiederzusehen. Nach Haydens Aussage war er es, der den ersten Schritt tat:

> Das geschah, bevor Jane selbst nach Vietnam flog. Im Embassy Theater in Los Angeles sprach sie wieder gegen den Krieg, und ich ging mal hin, um mir das anzuhören. Ich war beeindruckt. Sie hatte überhaupt nichts mehr mit der Barbarella aus dem Film zu tun. Als sie geendet hatte, ging ich hinter die Bühne, um mit ihr zu sprechen. Ich bot ihr ein paar Argumente über Vietnam aus meiner eigenen Erfahrung an. Später erzählte mir Jane, daß sie damals genau wußte, wir würden uns bestimmt ineinander verlieben.

Wenige Tage danach besuchte Hayden sie in ihrem Domizil im Laurel Canyon. Wegen ihrer geschrumpften Finanzen konnte sie sich nur ein kleines, rustikales Holzhaus am Canton Drive leisten – kein Vergleich zu den Villen und stattlichen Landhäusern von früher. Nach Haydens Bericht setzte er sich auf den Boden vor dem Wohnzimmerkamin und projizierte die Dias an die gegenüberliegende Wand. Die Bilder begannen mit der fast unbekannten Geschichte Vietnams und zeigten dann, wie sehr die Leute das Land und ihre Kultur liebten. Saigon war zu sehen mit den Flüchtlingen, mit den Bordellen und Bars voller prostituierter Teenager. Dann kam eine lange Bildfolge darüber, welchen schmerzhaften Operationen sich südvietnamesische Frauen unterzogen, um Augen und Busen zu verändern, damit sie mehr wie Amerikanerinnen aussahen.

An dieser Stelle des Dia-Vortrags blickte Hayden nach seinen Worten zu Jane hinüber und bemerkte, daß sie zitterte und weinte. »Plötzlich begriff ich, warum sie weinte. Ich redete über das Image von oberflächlichem Sex, das sie einmal verkörpert hatte und nun abzuschütteln versuchte. Jetzt betrachtete ich sie mit anderen Augen. Vielleicht konnte ich so jemanden wie sie lieben. Also hatte Jane recht, als sie insgeheim glaubte, daß wir uns bestimmt ineinander verlieben würden. Wir verliebten uns kurz danach.« Auf diese Art werden also in der Welt der radikalen Oppositionspolitik Beziehungen angeknüpft!

Hayden stand ihr bei, als sie sich bei ihrer Rückkehr aus Hanoi der Welle peinigender Schmähungen gegenübersah (es gab auch lobende Zustimmung von der Linken und viel Zuspruch aus Europa und Asien, wo die amerikanische Verstrickung in den Krieg mehr und mehr als lästig empfunden wurde). Von nun an traten sie in ihrem Feldzug gegen den Krieg gemeinsam auf. Hayden milderte ihre Ausdrucksweise, so daß ihre Reden weniger hysterisch, dafür aber glaubhafter klangen.

Die damals dreijährige Vanessa machte ihm große Freude, und er erzählt immer noch, wie das kleine Mädchen hereinspaziert kam, als sie das erste Mal zusammen schliefen. Er gibt zu, daß das Mädchen ihn nachdenklich machte, weil er selbst kein Kind hatte, »obwohl ich mich schon mit dem Gedanken trug, mich um ein fremdes Kind zu kümmern«. Das hatte er schon bei Christopher gemacht, dem Sohn einer früheren Partnerin, aber die Beziehung zu dem Jungen war in die Brüche gegangen.

Doch seit sie in Janes Haus am Canton Drive zusammenlebten, dachten sie, laut Hayden, beide immer mehr über ein Kind nach. »Es war an einem wunderbaren Nachmittag nach Janes Rückkehr aus Vietnam, wo sie erlebt hatte, wie Frauen im Angesicht des Todes Kinder zur Welt brachten. Offenbar veranlaßte sie das, neues Leben entstehen zu lassen. Sie näherte sich mir von hinten, nackt, und flüsterte: ›Ich möchte ein Kind von dir.‹ Mit Tränen in den Augen sagte ich ja.« So kam es, daß Jane auf ihren Vortragsreisen mit Hayden schwanger war. (Mit gehöriger Bescheidenheit meint Hayden: »Wir müssen ausgesehen haben wie die wiedererstandene Schöne und das Biest.«) Und Jane war schwanger, als in demselben Jahr schließlich ein Filmangebot eintraf.

Es handelte sich um *Nora* (*A Doll's House*), die Filmfassung des klassischen Schauspiels von Henrik Ibsen. Zuerst schien es, als ließen sich Kunst und Politik hier vollkommen vereinen, zumal Joseph Losey Produzent und Regisseur war. Er hatte selbst in den fünfziger Jahren als politischer Dissident aus den USA fliehen müssen, um nicht als Linker auf die schwarze Liste gesetzt zu werden. In England hatte er während seines Exils ein paar exzellente Filme gemacht, darunter *Der Mittler* (*The Go-Between*) und *Der Diener* (*The Servant*). Für die Finanzierung von *Nora* hatte er eine britische Produktionsfirma gewonnen. Der Film sollte in Ibsens Heimat Norwegen in der Stadt Roeros gedreht werden, und Losey wollte unbedingt Jane Fonda haben. Schon lange hatte er sie als die ideale Nora gesehen, als Ibsens flatterhafte Frau, gefangen in der Ehe mit einem widerlichen Mann. Der Traum von diesem Film wurde leider zum Alptraum, sowohl für Losey als auch für Jane.

Sie traf mit Hayden in Norwegen ein, allerdings auch mit der befreundeten Drehbuchautorin Nancy Dowd im Schlepptau. Das beschwor sofort einen Konflikt mit Losey herauf, der mit der Bearbeitung des Stücks durch den englischen Dramatiker David Mercer uneingeschränkt zufrieden war. Jane und Nancy Dowd wollten die Gestalt Noras in Übereinstimmung mit den feministischen Ideen der Zeit ein bißchen veredeln. Bald spaltete sich das Team offen in zwei miteinander streitende Lager, in ein männliches und ein weibliches. Die ebenfalls zu den Hauptdarstellern zählende Delphine Seyrig schlug sich auf Janes Seite, und die männlichen Stars David Warner und Trevor Howard teilten Loseys Standpunkt. Die übrige Mannschaft unterstützte größtenteils Losey. Hayden gab natürlich Jane Rückendeckung.

Die Feindseligkeit wuchs. Zum ersten- und einzigenmal sagte man der so disziplinierten Jane nach, am Drehort rumgeschrien und rumgebrüllt zu haben. In einem Interview mit *The Village Voice* klagte sie verbittert:

> Alle Männer waren der Meinung, was Ibsen über Frauen gesagt hat, träfe nicht mehr zu. Ich entdeckte, daß die ziemlich blassen männlichen Gestalten etwas hochgepuscht und die weiblichen heruntergestutzt worden waren ... Delphine Seyrig und ich wurden als aufgedonnerte Lesben beschimpft und als Schnattergänse. Jeden Tag stand irgend etwas Gemeines an der Kamera über die Frauenemanzipation ... Die meisten Männer waren ständig betrunken. Sie interpretierten alles, was wir machten, als Versuch, mehr Zeilen für uns herauszuschinden. Sie stellten das als eine Verschwörung von Lesben gegen »uns arme Männer« hin ...
>
> Losey besaß nicht den Mumm, sich mit mir anzulegen, aber er ließ es an Frauen untergeordneter Stellung aus. Er bemühte sich, uns gegeneinander aufzuhetzen. Dann gab er diese Interviews mit den Angriffen auf mich. Er bezeichnete mich als grausam und behauptete, ich würde die Crew nicht respektieren. In Wirklichkeit kam ich mit der Crew gut aus. Es war nur so, daß ich mich nicht mit allen verbrüdern wollte, weil Tom da war und ich mit ihm zusammen-

sein wollte ... Losey hätte lieber eine Elizabeth Taylor gehabt, mit Wutanfällen und solchen Szenen. Ich verhielt mich völlig normal, als wohldisziplinierte Schauspielerin, besaß aber meine eigene Meinung von dem Stück, mit der er nicht zurechtkam. Und der Mann nannte sich selbst fortschrittlich und Marxist.

In seiner Retourkutsche beschwerte sich Losey, daß Jane absolut kein Verständnis für seine Auffassungen, die eines hochangesehenen Filmemachers, habe. Seine Arbeit mit Jane etikettierte er als eine »verdammt schreckliche Erfahrung«.

Und so trafen die Alte Linke und die Neue Linke aufeinander und konnten zusammen nicht kommen. Das Ergebnis war ein weiterer Flop in der Serie von Mißerfolgen, die Jane nach *Klute* erlebte. In Amerika nahm *Nora* kein einziger Filmverleih; statt dessen erschien er im ABC-Fernsehen. Die Einschaltquoten sahen trostlos aus, aber Jane erhielt für ihre Darstellung überraschend gute Kritiken.

Noch während ihres Aufenthalts in Norwegen begann eine neue Reihe von größeren und kleineren Dramen in ihrem persönlichen Leben. Daheim in Los Angeles arbeitete immer noch Steve Jaffe als ihr Presseagent; er parierte weiter die gehässigen Angriffe der Presse wegen Janes politischer Aktivitäten und nun auch wegen der im Umlauf befindlichen Gerüchte über den Streit zwischen Chauvinisten und Feministinnen beim Filmen in Skandinavien. Mitten in der Nacht kam plötzlich ein transatlantisches Ferngespräch von Jane aus Norwegen. »Sie teilte mir mit, daß sie und Tom Hayden gleich nach ihrer Rückkehr heiraten wollten, und ich möchte doch die Bekanntgabe so diskret behandeln, daß sie nicht von der Medienmeute erdrückt würden. Deshalb gab ich die Meldung exklusiv an Army Archerd von der *Daily Variety*, und das nahm der Sache für die übrige Presse die Spitze.« Jaffe ahnte nicht, daß dies der Anfang vom Ende seiner langen Verbindung mit Jane war.

Nach ihrer Rückkehr in die Vereinigten Staaten schmiedeten Jane und Hayden Pläne für die Heirat; sie sollte am 21. Januar 1973 stattfinden. Es gab nur ein winziges Detail, um das man sich erst noch kümmern mußte: Jane war immer noch mit Roger Vadim verheiratet. Sie traf sich mit Vadim, der zu der Zeit mit Catherine Schneider zusammenlebte. Er berichtet:

> Jane sagte, sie sei schwanger und wolle wieder heiraten. Ich schaute auf den dicken Bauch und meinte: »Eine gute Idee. Wer ist der Vater?« Das wußte ich schon von Joseph Losey, den ich zuvor einmal gesprochen hatte. Er machte mir das ironische Kompliment, daß ich mich gut gehalten hätte, obwohl ich sechs Jahre mit Jane verheiratet sei. Danach erzählte er mir, daß Jane bei den Dreharbeiten zu *Nora* ständig von Hayden begleitet wurde. Jane bestätigte, daß es wirklich Hayden sei, und wir vereinbarten eine Blitzscheidung in der Dominikanischen Republik. Finanzielle Probleme gab es keine mehr. Sie hatte das Bauernhaus in Frankreich verkauft ... Vanessa sollte bei der künftigen Mrs. Hayden bleiben, aber ich könnte die Tochter sehen, sooft ich wollte.

So wurde die Scheidung vollzogen, und die Hochzeit Hayden/Fonda fand, wie geplant, am 21. Januar in Janes Haus am Canton Drive im Laurel Canyon statt. An der Feier nahmen zwischen fünfzig und hundert Leute teil, meist Freunde aus der politisch oppositionellen Szene. Henry Fonda und seine Frau Shirlee kamen, auch Janes Bruder Peter mit seiner neuen Braut Rebecca. Die Zeremonie vollzog Richard York, ein politisch aktiver Pfarrer der Episkopalkirche aus San Francisco; zwei Tage danach erhielt er ein »Sendschreiben göttlichen Verweises« und wurde von der weiteren Ausübung des religiösen Dienstes suspendiert, weil er ohne Erlaubnis des Bischofs eine geschiedene Frau in die Ehe gegeben hatte.

Die Feier verlief in einer Weise, die recht typisch war für die gegenkulturellen Hochzeiten jener Zeit. Laut Bericht von Steve Jaffe sangen die Gäste vietnamesische Lieder und tanzten irische Giguen. Nachbarn bemerkten einen starken Geruch von Pot, der vom Haus auf dem kleinen Hügel herunterwehte. Der offizielle Fotograf Steve Jaffe konnte gut mit dem Fotoapparat umgehen, weil er während der gemeinsamen Reisen Jane oft genug aufgenommen hatte. Das war sein Unglück. Er berichtet:

> Damals war ich annähernd pleite; deshalb bot ich als mein Hochzeitsgeschenk an, die Fotos zu machen. Jane und Tom sagten: »Wunderbar«, und ich amüsierte mich gut und machte ungefähr fünfhundert Bilder von allem, was so passierte. Bei der feierlichen Zeremonie stand ich neben Henry Fonda, der zu meiner Verwunderung sehr emotional reagierte. Ich ging spät und fuhr nach Hause in meine Wohnung in West Los Angeles.
>
> Ungefähr um sechs Uhr früh begann das Telefon zu klingeln und holte mich aus dem Bett. Das waren Reporter aus aller Herren Länder, die fragten: »Stimmt das, daß sie letzte Nacht geheiratet haben?« Den ganzen Tag kamen Anrufe. Sie bedrängten mich und verlangten Einzelheiten von der Hochzeit. Ich hielt mich zurück. Dann wollten sie Fotos haben. Sie drohten, wenn ich nicht Bilder rausrücke, dann bringen sie eins von Jane in Hanoi mit einem vietnamesischen Reisstrohdeckel auf dem Kopf. Vor lauter Verzweiflung wußte ich nicht, was ich machen sollte. Ich rief mehrmals bei Jane an, aber es nahm keiner ab: Den ganzen Tag blieben sie und Tom im Bett und wollten nicht gestört werden.
>
> Schließlich brachte ich ein einziges Hochzeitsbild zu einem Kumpel ins Fotolabor. Ich wußte, daß ich ihm vertrauen konnte. Sorgfältig beschnitt ich die Abzüge des

einen Fotos und verschickte sie an alle, die mit der Veröffentlichung von Fotos aus Vietnam drohten, die Jane schaden konnten. Die Vervielfältigung bezahlte ich aus eigener Tasche.

Ehe ich mich versah, riefen Jane und Tom an und hielten mir eine Predigt, daß ich sie beide ausgenutzt und die Fotos verkauft hätte. Ich erwiderte, das sei ja lächerlich, wo ich es doch getan hätte, um Jane zu schützen, und daß ich nicht einen Penny dafür genommen hätte. Ich versicherte ihnen, daß ich verzweifelt versucht habe, sie ans Telefon zu kriegen, weil ich wissen wollte, was ich tun sollte. Das alles hinterließ einen bitteren Nachgeschmack.

Monatelang hat Jane nicht mit mir gesprochen. Dann verabredeten sich Jane und Tom mit mir zum Essen in einem kleinen vietnamesischen Restaurant. Sie entschuldigten sich für ihren Vorwurf der Bereicherung. Von da an waren wir so gut wie geschiedene Leute.

Wie so viele vor ihm, die Jane fallengelassen hatte, schloß Jaffe mit einiger Wehmut: »Irgendwie vermisse ich sie.«

25

Jane Fonda ist nicht gefühllos. Sie hat auf ihrem Weg viele Leute zurückgelassen, aber wie 1973 ging es manchmal um ihr Überleben.

Das Jahr 1973 war für sie noch schlimmer als 1972. All die Monate hindurch bekam sie keine Arbeit. Daß die Studios und Theaterbesitzer sie auf die schwarze Liste gesetzt hatten, zeigte immer mehr Wirkung. Mit dem Geld, das von *Klute* und *Nora* übriggeblieben war, mußte sie nun sorgfältig haushalten. Tom Hayden hatte nur geringe Einkünfte aus Zeitschriftenartikeln, spärliche Tantiemen von Büchern und Vortragshonorare. Jane, das reiche Kind und ehedem die unabhängige, vermögende Frau, brauchte allerhand Mut, um sich ohne saure Miene diesem gänzlich anderen Lebensstil anzupassen.

Gleich nach der Heirat mußten sie und Hayden aus dem Haus im Laurel Canyon umziehen in das obere Stockwerk eines miefigen Zweifamilienhauses im Stile der aus dem 18. und 19. Jahrhundert stammenden Blockhäuser von Cape Cod; es lag in Venice, damals ein heruntergekommenes Arbeiterviertel und die Ex-Hippie-Gegend von Santa Monica. Sie schliefen auf einer Matratze, die auf dem nackten Boden lag, und sie aßen an einem gelbgestrichenen, wackligen Küchentisch. Die Wasserflecken an der Decke übertünchte Jane in psychedelischen Farben. Henry Fonda hielt treu zu ihr und verkündete, daß Jane sich diese Lebensweise selbst ausgesucht und »sich anderweitig engagiert« habe und imstande sein müsse, »sich mit all den Ohnmächtigen zu identifizieren, deren Sache sie vertritt«. Ebenso loyal zu ihr stehend, meinte Sidney Pollack: »Sie könnte arbeiten, wenn sie wollte, aber sie findet keine Rolle von tiefgreifend sozialer Relevanz und künstlerischem Wert.« Er fügte hinzu, daß sie durchaus Drehbücher erhielte und sie diese lese. Den einschneidenden Boykott durch die Young Americans for Freedom und die Veterans of Foreign Wars (dagegen, daß sie je wieder in einem Film auftritt) erwähnte er nicht. Jane gab zu, daß sie den gesamten, von der Mutter geerbten Schmuck versetzt hatte, meinte aber dazu: »Ich habe Schmuck sowieso nie gern getragen.« Ob sie sich diese Armut selbst auferlegte oder ob sie von äußeren Umständen verursacht war: es verrät ohne Frage, aus welchem Holz Jane Fonda geschnitzt ist.

Bei einer 1973 getroffenen lebenswichtigen Entscheidung bewies sie noch mehr Beherztheit. Das geschah während der letzten Monate ihrer Schwangerschaft (der Sohn Troy wurde am 7. Juli 1973 geboren). Immer, wenn sie schwanger war, dachte sie offenbar über vieles ernsthaft nach. So wie sie sich damals, als Vanessa unterwegs war, entschloß, sich politisch zu engagieren, faßte sie nun den Entschluß, sich ein für allemal von der Sucht zu befreien, die ihr dreiundzwanzig Jahre lang so zugesetzt hatte – von der Bulimie.

Jeder, der die Qualen des Entzugs von Alkohol oder Drogen schon einmal durchlitten hat, weiß, was Jane da bevorstand. Kalte Schweißausbrüche, ein anhaltendes heftiges Verlangen, Hoffnungslosigkeit und Verzweiflung würde sie erdulden müssen. Wie schon bemerkt, sie tat diesen entscheidenden Schritt, weil es um Leben und Tod ging. Ihr dämmerte, daß sie aufgrund der Bulimie unvernünftige Dinge getan hatte und daß sie wegen dieser Krankheit keine allzu gute Mutter für Vanessa gewesen war; das sollte sich beim nächsten Kind nicht wiederholen. Da sie Vanessa allzu leicht zu Vadim oder zu Hank und Shirlee Fonda abgeschoben hatte, gab es für sie eine Menge wiedergutzumachen.

Sie wußte, sie würde buchstäblich am Sichvollstopfen und

Erbrechen zugrunde gehen, wenn sie nicht schlagartig und für immer damit Schluß machte. Das sagte ihr gleich der erste Arzt, den sie aufsuchte. Und er wies sie auch darauf hin, daß ein Alkoholiker, der die Trunksucht überwunden hat, Alkohol aus seinem Leben verbannen kann, daß aber eine Bulimikerin sich nicht des Essens enthalten kann. Sie muß essen. Also besteht jeden Tag die Gefahr des Rückfalls.

Soweit bekannt ist, wurde Jane nicht rückfällig. Sie ging zu einem Psychiater und später zur Gruppentherapie mit anderen Bulimikerinnen. Die Praktiken ähneln denen der Anonymen Alkoholiker – sie teilen die Qualen des Entzugs, sie greifen einander unter die Arme und suchen schrittweise Genesung, »immer von Tag zu Tag«. Für Jane zog sich die Stufe »immer von Tag zu Tag« länger als ein Jahr hin und zeitigte etliche Nebenwirkungen. Zuvor hatte sie gelegentlich eine Zigarette geraucht, jetzt wurde sie Kettenraucherin.

Schließlich teilte sie dem Schriftsteller Leo Janos frohlokkend mit, daß der Tag der Erleuchtung 1974 gekommen war, als sie sich zu einer normalen Mahlzeit hinsetzte und keinerlei Verlangen spürte, durch Erbrechen high zu werden. Da sagte sie zu sich: »Gott sei Dank! Ich habe jetzt viel an Lebensqualität für mich zurückgewonnen. Das soll mir nicht wieder passieren!«

So tauchte mit dieser Metamorphose aus dem Kokon der Genesung eine neue Jane auf. Dem kleinen Sohn Troy wurde sie eine mustergültige Mutter – und verspätet auch für Vanessa. Die Ehe mit Hayden entwickelte sich zu einer echten Partnerschaft, wie sie sie weder mit Vadim noch mit irgendeinem anderen Mann in ihrem Leben gekannt hatte. Gemeinsam gründeten sie die Indo-China Peace Campaign (IPC) und fuhren herum, um Geld für das Bekanntmachen der Ereignisse in Vietnam aufzutreiben. Mit dem Rückzug der meisten amerikanischen Truppen 1973 ließ das Interesse am Krieg in den USA nach; der Waffenstillstand und ein

Friedensvertrag waren unterzeichnet worden, doch zwischen Nord- und Südvietnam gab es weiterhin bittere Feindseligkeiten.

Nunmehr konnte man auf der Vortragsreise eine weit gemäßigtere Jane erleben. Sie erklärt: »Mit das Wichtigste, was Tom mir beibrachte und was ich bis heute befolge, war: ›Rede nicht mehr davon, was getan werden *sollte*, sondern davon, was getan werden *könnte*.‹« Diese Maxime, die nichts mehr mit Janes Denkweise aus den Zeiten ihrer Bulimie zu tun hatte, prägte in den folgenden Jahren Janes und Haydens gesamtes Handeln.

Aber der sich anbahnende Übergang zu den allgemein im Lande herrschenden politischen Auffassungen war noch nicht endgültig vollzogen. Als die amerikanischen Soldaten aus vietnamesischer Kriegsgefangenschaft entlassen wurden und einige Horrorstories mit nach Hause brachten, wie sie gefoltert und wie brutal sie von den Vietnamesen behandelt worden waren, da bezeichnete Jane sie als »Heuchler und Lügner«. Das verursachte einen neuen Ausbruch heftiger Angriffe gegen sie. Der Kongreßabgeordnete Robert Steele aus Connecticut ergriff im Parlament das Wort: »Hiermit möchte ich die Oscar-Preisträgerin Jane Fonda für einen neuen Preis vorschlagen: für die niederträchtigste, erbärmlichste Vorstellung, die je ein einzelner amerikanischer Bürger in der Geschichte unseres Landes geboten hat.«

Aber die hitzige Wut auf Jane war nicht so groß wie seinerzeit, als sie nach Vietnam reiste und über Radio Hanoi sprach. Vielleicht wurde das amerikanische Volk der über Jahre dauernden Auseinandersetzung über den Krieg allmählich müde. Und vielleicht auch wurde die Öffentlichkeit von dem sich anbahnenden Watergate-Skandal abgelenkt, in den der Präsident verwickelt war, den Jane schon lange als Verbrecher bezeichnet hatte. Einige Leute meinten: »Vielleicht hatte sie recht!«

Trotz des von ihr verursachten Aufruhrs ging Jane im April 1974 wieder nach Vietnam. Sie wurde begleitet von Tom, dem neun Monate alten Troy und dem ausgezeichneten Kameramann Haskell Wexler aus Hollywood. Sie drehten den Dokumentarfilm *Introduction to the Enemy* (etwa: Vorstellung des Feindes) über die Anstrengungen der Nordvietnamesen, das Land nach dem zwanzigjährigen Kampf wiederaufzubauen. Jane ließ den kleinen Troy in der Obhut einer befreundeten Ärztin in Hanoi und reiste mit Hayden und Wexler vierundzwanzig Tage umher, wobei sie sich auch in die von den Nordvietnamesen eroberte Provinz Quang Tri in Südvietnam wagten.

Es war ein merkwürdig ergreifender Film – trotz der augenfälligen politischen Tendenz – mit schönen ländlichen Szenen und Nahaufnahmen Hunderter liebreizender, unschuldiger Kinder. Wexler zeigte auch von Bomben verwüstete Gegenden, doch ohne Grausamkeit und Grauen. Den ganzen Film hindurch strahlte Jane, während sie erzählte und Leute befragte. Zu anderer Zeit hätte man diesen Dokumentarfilm vielleicht als Meisterwerk gewürdigt, doch 1974 wurde er praktisch so gut wie gar nicht in den amerikanischen Kinos gezeigt. So reihte er sich in Janes Filme ab 1972 ein, welche die meisten Amerikaner nicht zu Gesicht bekommen hatten.

Auffallend an *Introduction to the Enemy* war, daß er als Produktion von IPC etikettiert wurde. Man hatte ihn mit Geld aus der Indo-China Peace Campaign der Haydens finanziert, als ersten einer ganzen Anzahl von IPC-Filmen.

Als die von der Bulimie befreite Jane dann bald ihren Wirkungskreis erweiterte und eigene Filme mit einer eigenen Filmgesellschaft machte, gab sie den Initialen IPC eine andere Bedeutung, nämlich International Pictures Corporation. Von *dieser* IPC stammen die wirklich ausgezeichneten, preisgekrönten Filme *Coming home – sie kehren heim*, *Das China-Syndrom* und *Am goldenen See*.

26

Wenn man jedoch – wie Robert Redford – Jane Fondas Karriere mit dem Phönix vergleicht, der sich immer wieder aus der Asche erhebt, dann steckte sie Ende 1974 und Anfang 1975 noch bis zum Hals in der Asche. Trotz Sidney Pollacks Versicherung, sie hätte jederzeit in Filmen mitwirken können, wenn sie wollte, bestand die einzige Arbeit, die sie kriegen konnte, lediglich in einer Nebenrolle in der sowjetisch-amerikanischen Koproduktion *Der blaue Vogel* (*The Bluebird*), der größtenteils in Leningrad gedreht wurde – ein ziemlicher Abstieg für eine Oscar-Preisträgerin. Weniger als zehn Minuten war Jane auf der Leinwand zu sehen. Sie meinte: »Ich hätte die Rolle von Santa Monica aus durchtelefonieren können.« Doch so reiste sie mit Hayden, dem kleinen Troy und ihrer Schwiegermutter nach Rußland.

Es wäre noch geschmeichelt, zu sagen, daß *Der blaue Vogel* eins der größten Filmfiaskos aller Zeiten war. Zurückgehend auf ein Märchenstück von Maurice Maeterlinck, erwies sich der Streifen als Mischmasch von gewollter amerikanischer Fantasy und sturem sowjetischem Beharren auf Ballettkunst und protziger Ausstattung. In Szene gesetzt wurde das alles von dem glänzenden amerikanischen Regisseur George Cukor, aber die Crew bestand weitgehend aus Russen, und so mußte es unweigerlich zu Patzern und Pannen beim Drehen kommen. Elizabeth Taylor war der Star, und der Film hätte ihre Karriere beinahe für immer ruiniert. So manche Zeilen aus dem Drehbuch waren einfach lächerlich (»Ich bin das Licht, das die Menschen den strahlenden Glanz der Wirklichkeit erkennen läßt«), und weder Jane noch Ava Gardner noch

Cicely Tyson – geschweige denn die glücklose Elizabeth Taylor – konnten etwas damit anfangen.

Während des kurzen Aufenthalts in der Sowjetunion wegen dieser kleinen Rolle erregte Jane große Neugier und wurde von den Russen gut aufgenommen. Sie wußten natürlich über ihre Reise nach Nordvietnam Bescheid, und *Nur Pferden gibt man den Gnadenschuß* war mit allergrößtem Erfolg in Moskau und Leningrad gelaufen. Aber die *Prawda* stellte klar: »Obwohl Miss Fonda eine großartige Schauspielerin ist, kann man sie nicht als Kommunistin oder auch nur als Sozialistin betrachten.« Diese Zeile wurde von Reuter gemeldet und gelangte auch in die Vereinigten Staaten; bei Janes Feinden kam sie freilich nicht gut an.

Der Film lief erst in den Kinos, als Jane schon wieder viele Monate zu Hause war (ihn fertigzustellen dauerte länger als ein Jahr). Die Kritiker verrissen ihn fast durchweg und hackten auf Jane in der Rolle der Nacht (eine Art von Schwarzer Königin) wie auf allen anderen Akteuren herum. Diesem Film ging es wie allen anderen aus ihrer Ascheperiode: *Der blaue Vogel* hielt sich nicht sehr lange in den wenigen Kinos, in denen er überhaupt gezeigt wurde. Das ganze kostspielige Unternehmen brachte 20th Century-Fox an den Rand des Abgrunds.

Für Jane und Tom Hayden war es jedoch ein finanzieller Segen. Da Jane für die kleine Rolle gut honoriert wurde, konnten sie es sich leisten, aus der heruntergekommenen Wohnung in Venice in ein erheblich angenehmeres, wenn auch immer noch anspruchsloses Haus an der Alta Avenue zu ziehen. Dort, in einer besseren Gegend von Santa Monica, wohnten sie dann fast fünfzehn Jahre. Auch ihr politisches Geschick nahm 1975 eine vorteilhafte Wendung. Der Watergate-Skandal hatte Präsident Nixon das Genick gebrochen. Er mußte zurücktreten, und viele von den Leuten, die Jane auf ihre »Feindliste« gesetzt hatten (John Mitchell, Charles

Colson, John Ehrlichman, H. R. Haldeman) saßen hinter Gittern oder befanden sich auf dem Weg ins Gefängnis. Jane spürte deutlich, daß die Überwachung durch das FBI aufgehoben wurde.

Als die nordvietnamesische Armee und der Vietcong im April 1975 Saigon überrannten und die Südvietnamesen zur Kapitulation zwangen, weshalb die dort noch verbliebenen Amerikaner Hals über Kopf das Land verlassen mußten, da wollte die überwältigende Mehrheit der amerikanischen Bevölkerung einen Schlußstrich unter das ganze traurige Indochina-Kapitel ziehen. Auf dieser Welle schwammen auch Jane und Hayden, und sie riefen eine völlig neue Organisation ins Leben, die Campaign for Economic Democracy. Die CED, wie sie genannt wurde, lag ganz auf der Linie von Haydens Denken, das er Jane gegenüber schon einmal formuliert hatte: »Rede nicht mehr davon, was getan werden *sollte*, sondern davon, was getan werden *könnte*.«

Zu den anfänglichen bescheidenen Zielen der CED gehörte die Schaffung von Gesetzen zur Förderung der Sonnenenergie, über den Mieterschutz und zur Eindämmung der politischen Macht großer Gesellschaften und Monopole. Das entsprach den Vorstellungen des liberalen Flügels der Demokratischen Partei. Im Gegensatz zu ihrer Vorgängerin IPC trat die CED für viele Ideen Hubert Humphreys ein, gegen den Hayden anläßlich des Parteitags der Demokraten 1968 so heftig zu Felde gezogen war.

Das stellte schon eine rigorose Abkehr von dem extremen Radikalismus der Vergangenheit dar. Im Jahre 1975 löste Hayden eine regelrechte Schockwelle mit der Ankündigung aus, er wolle im folgenden Jahr für den US-Senat kandidieren und sich um den Sitz bewerben, den damals der populäre Demokrat John Tunney innehatte. Hayden trug sich für die Vorwahl der Demokraten zur Aufstellung der Kandidaten in Kalifornien gegen Tunney ein. Man warf ihm ungeheure Bosheit und Chuzpe vor, räumte ihm aber kaum Chancen ein, und Tunney nahm ihn als Gegner nicht sehr ernst. Mit Jane an seiner Seite führte Hayden jedoch einen wirksamen Wahlkampf. Sie war enorm geschickt und bediente sich aller Mittel, die sie als Kriegsgegnerin gelernt hatte. Sie sorgte dafür, daß die Telefone zwölf Stunden am Tag besetzt waren; sie ging ihre Freunde in der Filmbranche an, damit sie ihre Wahlkampagne finanziell unterstützten, und sie hielt ebensooft wie Hayden scharfe, spontane Reden. In der *Los Angeles Times* schrieb Robert Scheer: »Womöglich verschaffte sie Hayden wesentlich mehr Aufmerksamkeit in seinem Wahlkampf, als er sonst erhalten hätte.«

Hayden verlor, aber er schnitt viel besser ab, als von jedermann erwartet – außer vielleicht von Jane. Auf ihn entfielen fast 40 % der Stimmen, meistens von Studenten und ehemaligen Studenten (die sich an Haydens und Janes Reden gegen den Krieg erinnerten) und von der spanischsprachigen Bevölkerungsgruppe, die bis dahin kaum motiviert gewesen war, sich für Wahlen im Bundesstaat Kalifornien zu interessieren. Die Hispanics dachten noch dankbar zurück an Janes Streik vor Supermärkten im Namen der United Farm Workers von Cesar Chavez. Es tat dem Wahlfeldzug auch keineswegs Abbruch, daß Jane die Schauspielerkollegen Jon Voight und Linda Ronstadt dafür gewonnen hatte, öffentlich und vehement für Hayden einzutreten. Bei der Wahl im Bundesstaat Kalifornien verlor Tunney dann gegen den in der Politik unbekannten Republikaner S. I. Hayakawa, der Präsident des San Francisco State College gewesen war.

Als Jane von der Kampagne zur Unterstützung des Kandidaten Hayden zurückkehrte, entdeckte sie, daß sich einige interessante Dinge getan hatten, während sie von den Anforderungen des Wahlkampfs voll in Anspruch genommen war. Zum einen hatte sich der Ton der an sie gerichteten Briefe geändert; im Gegensatz zu dem Haß, der ihr früher entgegenschlug, klang die eingehende Post nun milder und freundlicher. Die Öffentlichkeit schien die vom Vietnamkrieg verursachte Bitterkeit vergessen zu wollen und wünschte, daß Jane wieder zum Film zurückkehrte. Zum anderen warteten mehrere Drehbücher darauf, gelesen zu werden; sie waren von verschiedenen Studios ihrer Agentin zugesandt worden. Auch die Filmgesellschaften hatten offenbar die Botschaft vernommen, daß die Kinobesucher Jane wieder auf der Leinwand sehen wollten.

Jane jubelte vor Freude, meinte aber: »Ich war mir nicht sicher, ob ich nach all den Enttäuschungen von *Tout va bien* bis *Der blaue Vogel* mich wieder dem Filmgeschäft widmen sollte. Doch ich überlegte mir, wenn Tom und ich unsere CED-Ziele weiterverfolgen und er seine politische Karriere fortsetzen wollte, dann würden wir Geld brauchen, einen Haufen Geld. Und die einzige Art, die ich kannte, zu einem großen Haufen Geld zu kommen, war das Filmen.« Also setzte sie sich hin und las alle ihr zugeschickten Drehbücher. Ihr Interesse konzentrierte sich immer mehr auf ein Filmscript der Columbia Pictures. »Mir gefiel es, weil es, richtig inszeniert, eine übermütige Komödie werden konnte, und ich wollte den Leuten zeigen, daß ich noch gut aussah und noch immer Humor besaß. Auch hatte ich mir fest vorgenommen, nur etwas mit einer sinnvollen Aussage zu machen, selbst wenn die Aussage in vergnügliche Unterhaltung eingekleidet war. Dieses Skript enthielt eine solche Aussage. Es drehte sich um einen wichtigen Aspekt der heutigen Gesellschaft: wie die Menschen dem Materialismus und Konsumdenken verfallen und immer nur mit den Nachbarn mithalten wollen, so daß sie, wenn ihnen alles genommen wird, mit der plötzlichen Armut überhaupt nicht fertig werden. Die Art und Weise, wie das im Drehbuch angelegt ist, erteilt unserer materialistisch geprägten Lebensweise eine Abfuhr.« Und so unterschrieb Jane den Vertrag zu diesem Film; er hieß *Das Geld liegt auf der Straße*. Nach langen vier Jahren erhob sich der Phönix tatsächlich aus der Asche.

27

Jane hatte gut gewählt. *Das Geld liegt auf der Straße* (*Fun with Dick and Jane*) erwies sich für sie als ein starkes Comeback. Die früheren Filmkomödien wie *Cat Ballou – hängen sollst du in Wyoming* hatten die Leute vergessen, und ihr wiedererwachter sardonischer Humor entzückte sogar die Crew beim Drehen (Beleuchter, Zimmerleute und sonstige Techniker zeigen sich sonst immer notorisch blasiert gegenüber dem, was Schauspieler vor der Kamera tun).

Der Film war eine beißende Satire mit vielen ergötzlichen Momenten. Jane (so hieß auch die Frau im Film) ist mit Dick (gespielt von George Segal) verheiratet. Als typisches Yuppiepaar wohnen sie im Vorortluxus mit all den klischeehaften Statussymbolen bis hin zur Mitgliedschaft im Buch-des-Monats-Klub. Dann verliert Dick seinen Job als leitender Angestellter in einer Luft- und Raumfahrtfirma, die wegen der unsauberen politisch-finanziellen Machenschaften ihres Bosses (Ed McMahon) in Schwierigkeiten gerät. Als Dick und Jane plötzlich ohne Einkommen dastehen – und weil sie nur auf Kredit gekauft haben –, wird ihnen nun alles weggenommen, sogar die kürzlich erst ausgelegten Rasensoden vor dem Haus.

Dick schaut sich nach einem Job um – vergebens. Jane bekommt Angebote, aber da sie keine andere Erfahrung besitzt als die einer Hausfrau, scheitert sie kläglich (zum Beispiel fällt sie einmal gehörig auf den Hintern, als sie sich als Model versucht). Sie landen beim Sozialamt. Schließlich werden sie Gangster – die letzte Konsequenz des freien Unternehmertums. Sie begehen bewaffnete Raubüberfälle auf

Geschäfte, Supermärkte und sogar auf das Büro der Telefongesellschaft. Am Ende stehlen sie die von Dicks früherem Boß angehäuften Schmiergelder.

Das klingt heute vielleicht nicht so lustig, aber damals *war* es das – in den Tagen, als Ronald Reagan & Co. die Tugenden des ungehemmten Kapitalismus und des ungezügelten Erfolgsstrebens so laut priesen. Für Jane Fonda, die zum erstenmal seit fünf Jahren wieder in Hollywood vor der Kamera stand und zum erstenmal seit mehr als zehn Jahren wieder eine Komödie drehte, war das ein Erlebnis, das sie im Idiom der Zeit als »klasse« bezeichnete.

Mit dem Regisseur Ted Kotcheff kam sie wunderbar aus. Er machte sich anfänglich Sorgen, sie könnte »nach dem ganzen schweren Zeug, das sie gespielt hatte, ihr Gefühl für das Komische verloren haben«, äußerte aber bald: »Sie ist sogar noch komischer, als ich sie von *Cat Ballou* her in Erinnerung habe.« Zwischen den Einstellungen rannte sie nicht mehr wegen ihrer sozialen Anliegen zum Telefon, wie es bei dem noch nicht so lange zurückliegenden *Klute* der Fall gewesen war. Es gab auch nicht die Spur eines Konflikts zwischen Hauptdarstellerin und Regisseur, wie er noch bei der Arbeit mit Joseph Losey geherrscht hatte. Sie bat nur darum, daß es keinen tiefen Ausschnitt oder andere, die Frau diskriminierende Aufnahmen gab – und Kotcheff hielt sich daran.

Ihr Partner George Segal fand die Arbeit mit Jane an diesem Film auch »klasse«. Er hatte sie als Schauspielerin immer bewundert, schon bevor er als Star in *Wer hat Angst vor Virginia Woolf?* (*Who's Afraid of Virginia Woolf?*) groß herauskam. Anders als die Schauspieler, die ebenfalls für die Rolle Dicks in Betracht gezogen worden waren, fürchtete er sich nicht vor der Zusammenarbeit mit einer Frau, die soviel politischen Hader hervorgerufen hatte. Über ihre bemerkenswerte Konzentrationsfähigkeit war Segal im ganzen derselben Meinung wie andere. »Jane war freundlich und wunderbar, aber bei den Aufnahmen alberte sie nie herum, wie es etwa Shirley MacLaine tut. Auch konnte sie sehr melancholisch sein, in die eigenen Gedanken versunken. Doch wenn uns Ted Kotcheff zur nächsten Einstellung rief, spürte man sofort eine Veränderung bei ihr. Da ging sie aus sich heraus und konnte absolut komisch sein; sie kannte ihren Text und hatte keinen einzigen Hänger, und mit der Verve einer Lucille Ball sagte und machte sie die lustigsten Sachen. Wenn die Szene im Kasten war, konnte sie wieder melancholisch werden und sich ganz in sich selbst zurückziehen.«

Die größte Überraschung stellte wohl das Verhalten der Crew dar. Viele von ihnen teilten die erzreaktionäre Auffassung, aus deren Blickwinkel Janes politische Tätigkeit so gegeißelt worden war. Am ersten Drehtag gingen viele von den Technikern auf sie zu und sagten: »Willkommen, Jane, wieder da?!« Später applaudierten sie Jane bei einigen ihrer raffinierten komödiantischen Aktionen, wie zum Beispiel in der Modenschauszene, wo sie einen so spektakulären Sturz baut.

Am überraschendsten war für mich die Bemerkung eines Mitglieds der Crew; ich kannte den Mann von anderen Filmproduktionen, an denen ich mitgewirkt habe. Er bat mich, seinen Namen nicht zu nennen, weil auch er aktiver Kriegsgegner gewesen war – vermutlich noch aktiver als Jane. Er erzählte mir:

> Als ich auf Jane zuging und sie begrüßte, weil sie nun wieder zurück beim Film war, so wie die anderen sie auch willkommen hießen, da schossen mir allerlei wilde Gedanken durch den Kopf: Wieso zum Teufel hatte es das FBI auf diese Frau abgesehen? Sie tat doch nichts weiter als reden. Sie waren hinter ihr her gewesen, als gehörte sie zum Weather Underground oder zu den Roten Brigaden oder so was. Sie haben Dinge über sie in die Welt gesetzt, als

hätte sie vorgehabt, ein Regierungsgebäude oder was Ähnliches in die Luft zu jagen. Wenn man ihr einen Packen Ammoniumnitrat samt Heizöl in die Hand drücken würde, hätte sie nicht die leiseste beschissene Ahnung, wie man daraus eine Bombe baut.

Als mehrere Monate später *Das Geld liegt auf der Straße* in den Kinos anlief, war das seit etlichen Jahren der erste Spielfilm Janes, der nicht durchfiel. Columbia Pictures warb überall mit dem Slogan: »Amerika liebt Jane Fonda wieder!« Die Kritiker liebten sie ganz sicher. Zum Beispiel schrieb Vincent Canby in der *New York Times*: »Ich habe ja schon immer gewußt, daß Miss Fonda eine ausgezeichnete dramatische Schauspielerin ist; aber es überrascht mich jedesmal wieder, wenn ich sehe, wie sie auch in diesem Falle sowohl mit intelligenter Komik als auch mit leidenschaftlicher Hingabe Komödie spielt.« Auch das Publikum, das nun genug hatte von Vietnamkrieg und Watergate-Affäre, liebte sie. Obwohl *Das Geld liegt auf der Straße* leichte Kost war, wurde der Film ein Kassenschlager, der sogar Janes gewichtigere Leistungen in *Klute* und *Nur Pferden gibt man den Gnadenschuß* noch übertraf.

Der Großteil der ungefähr halben Million Dollar, die sie dafür erhielt, wurde sogleich in die Kasse der Campaign for Economic Democracy und in eine Ranch gesteckt, die sie und Hayden in den Bergen oberhalb von Santa Barbara gekauft hatten; sie sollte als Sommerlager für sozial benachteiligte Kinder dienen. Ironischerweise befindet sie sich nicht weit weg von der Ranch Ronald und Nancy Reagans. Doch schon bevor sie die Filmeinnahmen anlegte, hagelte es für die einst gemiedene Jane nur so von Filmangeboten, so daß sie umgehend mit den Vorbereitungen eines erheblich bedeutenderen Films begann – er trug den Titel *Julia* (*Julia*).

Es war ein Projekt der 20th Century-Fox. Der Drehbuchautor Alvin Sargent entnahm den Stoff einem autobiographischen Kapitel aus Lillian Hellmans Buch *Pentimento;* die Rechte erwarb der Produzent Richard Roth. Es bestehen immer noch Zweifel, ob manche Fakten in Hellmans Buch den Tatsachen entsprechen, aber *Julia* erzählt eine fesselnde Geschichte. Sie handelt von Lillian Hellman und ihrer langwährenden Freundschaft mit Julia, der Tochter einer europäischen Adelsfamilie. Lillian Hellman trifft Julia vor dem Zweiten Weltkrieg in Deutschland wieder, wo Julia dem Widerstand gegen die Nazis angehört. Auf dem Höhepunkt des Films schmuggelt Lillian fünfzigtausend Dollar für den Widerstand quer durch Deutschland; das Geld verbirgt sie in dem großen Wollhut auf ihrem Kopf. Die Story enthält Andeutungen einer lesbischen Beziehung – zum erstenmal im amerikanischen Film sagen Frauen zueinander: »Ich liebe dich.«

Nachdem man Jane für die Rolle der Lillian ausgewählt hatte, wurde eine andere politisch bewußte Schauspielerin als Julia engagiert: Vanessa Redgrave. Sie hatte schon ihre trotzkistischen Anschauungen verkündet und kandidierte für das britische Unterhaus als Vertreterin der Workers' Revolutionary Party – wobei sie allerdings nur eine Handvoll Stimmen erhielt. Da Lillian Hellman ebenfalls wegen ihrer linken Aktivitäten berühmt war, wurde die Kombination Hellman-Redgrave-Fonda sofort von Janes Feinden als »Reds in Bed« (Rote im Bett) tituliert. Das änderte nichts. Die politische Stoßrichtung von *Julia* entsprach einer weitverbreiteten Haltung – der Feindschaft gegenüber den Nazis; als der Film angekündigt wurde, scherten sich die Zuschauer keinen Pfifferling um die bissige Bemerkung von wegen »Reds in Bed«. Sie interessierte es nur, Jane wieder in einer bedeutenden dramatischen Rolle zu sehen.

Jane selbst fand augenscheinlich Gefallen daran, ihre feministischen Neigungen als Protest gegen das damalige Vorherrschen von Männerfreundschaften im Film auszuspielen (zum Beispiel Robert Redford und Paul Newman in *Zwei Banditen*, d. i. *Butch Cassidy and the Sundance Kid*). »Oh, Szenen mit einer anderen Frau spielen zu können! Die Leute werden einen Film über Frauen zu sehen bekommen, die übereinander nachdenken und sich umeinander sorgen. In jedem Film, in dem ich mitgewirkt habe, und in den meisten von mir gesehenen Filmen verliebt sich die Frau, oder die Liebe erlischt, oder sie hat Angst, daß sie einen Mann verliert. Sie wird immer durch ihre Beziehung zu einem Mann definiert.« Und damit tritt wiederum die neue Jane Fonda deutlicher hervor, sie tut einen weiteren Schritt rückwärts zur Denkweise der Mehrheit. Nach Maßstäben des konservativen Amerika galt sie immer noch als radikal, aber die Gleichberechtigung der Frau wurde generell immer mehr zu einer anerkannten Forderung. Nach Tom Haydens Formel, die sich Jane ganz zu eigen machte, war das etwas, das man erreichen *konnte*.

Bei den Vorarbeiten zu *Julia* erwies sich Jane ganz und gar als die alte. Sie besuchte Lillian Hellman in Martha's Vineyard, Massachusetts, überstand einen Hurrikan mit ihr und lernte alle Gewohnheiten Lillian Hellmans – so das Sitzen mit nach außen angewinkelten Beinen oder »Oi, weh« sagen und sich gleichzeitig bekreuzigen. Jane war so taktvoll, nicht von *Ein Mann wird gejagt* zu sprechen, ihrem zehn Jahre zuvor durchgefallenen Film, dessen Drehbuch von Lillian Hellman stammte.

Julia wurde in England und Frankreich gedreht. Jane fuhr ohne Tom und Troy hin. Zum erstenmal trennte sie sich für eine so lange Zeit von ihnen – dreieinhalb Monate. Sie war immer noch vergleichsweise distanziert, doch ihr jetziges Alleinsein machte sie den anderen Mitwirkenden gegenüber zugänglicher als sonst, hauptsächlich gegenüber Jason Robards (mit dem sie schon *Jeden Mittwoch* gedreht hatte) und einer vielversprechenden jungen Schauspielerin, deren Arbeit sie bewunderte: Meryl Streep. Vanessa Redgrave konnte sie gut leiden. Sie beschrieb sie als »die beste Darstellerin, mit der ich je zusammengearbeitet habe«, doch betonte sie bezeichnenderweise, daß sie politisch mit ihr nicht konform gehe. »Ich bin eine progressive Demokratin«, sagte Jane; »Vanessa ist Trotzkistin und dem Staat Israel nicht allzu freundlich gesonnen. Deshalb vermeiden wir das Gespräch über politische Themen.«

Der Film gelangte 1977 zur Aufführung, nicht lange nach *Das Geld liegt auf der Straße*, der jedoch mehr einspielte, denn die Komödie entsprach viel mehr der Zeitstimmung. *Julia* hingegen handelte von einem fernen, wenn auch allgemein interessierenden Krieg, aber die Zuschauer hatten genug vom Krieg gesehen. *Julia* brachte immerhin noch respektable Einnahmen, und die Kritiken gingen von gut bis ausgezeichnet. Regisseur Fred Zinneman wurde lobend hervorgehoben, und bei fast allen Kritikern legten Jane und Vanessa Redgrave Ehre ein. In *Newsweek* schrieb Jack Kroll: »Fonda und Redgrave erzeugen ein herzzerreißendes Wechselspiel der Gefühle, ohne die Spur von Sentimentalität.« Und mit einer scharfsinnigen Vorwegnahme künftiger Entwicklungen wies Kroll auf das seiner Meinung nach Wichtigste an diesem Film hin – der, man vergesse das nicht, bereits vor knapp zwanzig Jahren gedreht wurde: »Vermutlich signalisiert *Julia* eine neue Behandlung von Frauen im Film: Sie werden nicht länger als Satelliten von Männern auftreten, sondern als selbständige Sterne und Sonnen.« Diese Besprechung befriedigte Jane zutiefst. Das war wirklich etwas, was getan werden *konnte* – und sie tat es.

Aber ihr nächstes Projekt – das dritte in diesem phantastischen Comebackjahr – verblüffte mehr als die anderen in dieser Kategorie des Möglichen. Die heftigste Gegnerin des Vietnamkriegs ging daran, den ersten Streifen der Filmindustrie über diesen Krieg aus offiziell amerikanischer Sicht zu drehen. Er zeichnete ein sympathisches Bild der Kriegsteilnehmer und schilderte, wie sie in Vietnam kämpften und im Kampf getötet oder verkrüppelt wurden. Die Branche, die mit extremer Ängstlichkeit selbst die bloße Erwähnung des Vietnamkriegs vermied, hielt Jane für verrückt.

28

Der Film hieß *Coming home – sie kehren heim* (*Coming Home*). Zu dieser großen Produktion lieferte Jane zum drittenmal fast alles, von der ursprünglichen Idee bis zur Fertigstellung. Er steht am Beginn ihrer Karriere als unglaublich erfolgreiche Geschäftsfrau. Sie ließ alles über die Firma IPC Films laufen, die einmal als Indo-China Peace Campaign gegründet worden war und bislang nur den selten aufgeführten Dokumentarfilm *Introduction to the Enemy* über die Nordvietnamesen produziert hatte. Als Partner bei IPC hatte sie Bruce Gilbert hereingenommen; kennengelernt hatte sie den jungen Mann, als er im Tageskindergarten Blue Fairyland arbeitete, den auch Janes Tochter Vanessa besucht hatte.

Jane fielen wieder die alten Zeiten mit Nancy Dowd ein, und sie rief diese hinzu; das war die Schriftstellerin, die sie nach Norwegen zu den Aufnahmen für *Nora* begleitet hatte und die bei den Meinungsverschiedenheiten zwischen Jane und Joseph Losey die Hand mit im Spiel hatte. Noch bevor Jane mit *Julia* begann, hatte sie Nancy Dowd gebeten, ein Script auszuarbeiten, das später die Grundlage für *Coming home – sie kehren heim* bildete; im Vorspann des Films wurde Nancy Dowd dann als Verfasserin der »Story« genannt.

Auch Bruce Gilbert leistete seinen Beitrag, und so wurde das Projekt bald so attraktiv, daß man den Produzenten Jerome Hellman gewinnen konnte. Der engagierte die Drehbuchschreiber Waldo Salt und Robert C. Jones zur Herstellung der endgültigen Arbeitsfassung. Als Regisseur wurde Hal Ashby verpflichtet. Ashby hatte schon *Shampoo* inszeniert, und Salt hatte das Drehbuch zu *Asphalt-Cowboy* (*Midnight Cowboy*) verfaßt, beides riesige Kassenschlager. Jedoch der Verleih United Artists hatte Bauchschmerzen: Der Film dreht sich um einen beidseitig gelähmten Kriegsteilnehmer. Das Pentagon und das Amt für Kriegsveteranen, die Jane Fonda immer noch aufs heftigste haßten, verweigerten jegliche Zusammenarbeit und gaben keine Erlaubnis zum Drehen in staatlichen Krankenhäusern.

Auch die Besetzung stellte ein Problem dar. Für die weibliche Hauptrolle der Sally Hyde stand Jane fest, aber die Rolle des verbitterten, gelähmten Veteranen wurde nacheinander von Al Pacino, Jack Nicholson und Sylvester Stallone abgelehnt. Schließlich überzeugte Jane das Studio, es mit Jon Voight zu versuchen. Er war aktiver Kriegsgegner wie Jane und erlebte nach seiner triumphalen Oscar-Nominierung 1969 für *Asphalt-Cowboy* gerade eine Flaute. Ursprünglich war Voight für die andere bedeutende Rolle vorgesehen, für den Offizier Bob Hyde, Sallys Mann, aber er wollte Luke Martin spielen. Deshalb übernahm Bruce Dern schließlich den Part des Ehemanns.

Es war eine simple Geschichte, die einem naheging und zugleich Auftrieb gab, ganz typisch für den Streß nach Vietnam. Sally Hyde (Jane) ist anfangs die typische Offiziersgattin, unemanzipiert. Sie will nur eins: ihrem Mann alles recht machen. Er ist der festen Überzeugung, daß die Frau ins Haus gehört. Sie hat nichts anderes im Sinn, als etwas von sich herzumachen und sich besser anzuziehen als die anderen Frauen in der Kaserne – und »möglichst genauso auszusehen wie Jacqueline Kennedy«.

Dann wird Sallys Mann nach Vietnam geschickt. Zum erstenmal auf sich gestellt, meldet sie sich freiwillig zur Arbeit in einem Krankenhaus für behinderte Veteranen, viele von ihnen gelähmt. Einer von ihnen ist Luke Martin. Er ist außerordentlich verbittert und mürrisch, weil er die Beine nicht mehr bewegen kann und an den Rollstuhl gefesselt ist. Er kennt Sally; auf der High-School gingen sie in eine Klasse. Seine Verbitterung läßt nach, als sie vertrauter miteinander werden und sich beistehen. Es entwickelt sich schließlich eine Liebesromanze zwischen ihnen, und sie schlafen zusammen. Das ist für Luke der Beweis, daß er trotz seiner Verletzungen nicht impotent geworden ist.

Als Sallys Mann nach Hause kehrt, treibt die Geschichte auf den Höhepunkt zu. Er entdeckt, was vorgefallen ist. Da brennt in *seinem* ebenfalls vom Krieg beschädigten Geist eine Sicherung durch, und in einer dramatischen Szene bringt er Luke und Sally fast um. Um die Ehe zu retten, verspricht Sally, Luke nicht wiederzusehen, woraufhin ihr Mann, der ebenso wie Luke ein Opfer des Kriegs ist, ins Meer hinausschwimmt, um nicht mehr zurückzukehren.

Wie gewöhnlich bereitete sich Jane gründlich auf den Film vor. Sie verbrachte Tage mit Recherchen, sie sprach in Krankenhäusern mit Gelähmten, machte sich ausgiebig Notizen und nahm viel auf Band auf. In der Tat führten die Erkundungen dazu, daß Teile des Films in einem Krankenhaus gedreht werden konnten – was ihnen die Armee, die Marine, die Air Force, die National Guard und das Amt für Kriegsveteranen untersagt hatten. Die Aufnahmen wurden in einem zivilen Krankenhaus für Rückenmarkschäden in Downey, Kalifornien, abgeschlossen.

Sie verwendete auch eine Menge Untersuchungsergebnisse für die eigene Rolle und erforschte Erscheinungsbild und Sitten von Offiziersfrauen, genau wie sie es mit den Callgirls für *Klute* gemacht hatte. Für ihre Gründlichkeit besaß sie noch einen anderen Grund, wie sie der *Los Angeles Times* erklärte: »Wie bewegt sich eine Frau von der Art Sally Hydes, wie zieht sie sich an, wie redet sie? Das will ich herausfinden. In welchem Maß ich diese Frau wirklichkeitsgetreu darstellen kann, das besitzt für mich einen tieferen politischen Sinn, weil das die Sorte von Menschen ist, die mich haßt und mich für eine Verräterin hielt. Vergessen Sie nicht, da draußen laufen immer noch unzählige Leute rum, die mich lieber tot als lebendig sehen würden.«

Endlich begannen die Aufnahmen – in dem Krankenhaus in Downey. Da Jane die Sprache der Gelähmten sprach, die sie sich bei den Recherchen angeeignet hatte, war sie bei den Patienten im Nu beliebt. Kein böses Wort fiel über die Phase ihrer radikalen politischen Tätigkeit, und es gab niemanden, »der mich lieber tot als lebendig sehen würde«. Regisseur Ashby begegnete ihr freundlich und rücksichtsvoll und hörte respektvoll auf ihren Rat. Sie freute sich sehr darüber, wieder mit Jon Voight und mit Kameramann Haskell Wexler zusammenzuarbeiten, der in Nordvietnam den Dokumentarfilm *Introduction to the Enemy* aufgenommen hatte. Während der Dreharbeiten zu *Coming home – sie kehren heim* meinte Jane, Wexler habe wie bei dem Dokumentarfilm »dieses wunderbare Gefühl für Farbe und Detail bewiesen, mit stillen Tönen, wenn es das Drehbuch erforderte«.

Auf alle Beteiligten kam ein Problem zu, als der Schluß des Films gedreht werden sollte. Jane berichtete der *New York Times*: »Ich habe stets gewollt, daß der Film mit großem Mitgefühl mit allen endet, besonders mit dem Behinderten, von dem man hofft, daß er sein Leben wieder in den Griff bekommt. Aber so, wie wir es aufgelöst haben, haben wir alles falsch gemacht. Bob, im Film mein Ehemann, lief Amok, schoß alles zusammen, nahm Geiseln und flüchtete auf einen Kirchturm, umstellt von Polizeiautos und kontrolliert von Hubschraubern. Das zerstörte das Gefühl von Mitleid und logischer Harmonie, das wir den ganzen Film hindurch aufgebaut hatten.«

Produzent Jerome Hellman drückte es noch präziser aus: »Es war absolut falsch, einen Film über die Folgen von Gewalt mit Gewalt enden zu lassen. Am Ende gelangten wir zu einer anderen Lösung: Der beidseitig Gelähmte wird überleben; das stand für uns außer Frage, besonders nachdem wir tatsächlich Gelähmte kennengelernt hatten. Auch die von Jane gespielte Frau blieb am Leben. Aber wir waren der Meinung, daß der von Bruce Dern dargestellte Mann sich so in seine einseitige Sicht der Dinge verrannte, daß er nicht länger auf sein Wertsystem bauen und deshalb nicht weiterexistieren könne.« Und so ging Bruce Dern ins Wasser, obwohl das an den Schluß von *Ein neuer Stern am Himmel* (*A Star Is Born*) erinnerte. Das war aber wenigstens besser als eine Ähnlichkeit mit dem Schluß von *King Kong und die weiße Frau* (*King Kong*). Da kann man mal sehen, wie wichtige Entscheidungen für einen Film getroffen werden!

Aber die entscheidenden Fragen waren noch zu beantworten: Wie sollte der Film in die Kinos gelangen? Waren die Zuschauer bereit, einen Film über Vietnam zu akzeptieren, auch wenn es sich in erster Linie um eine Liebesgeschichte handelte? Würden Kriegsteilnehmer wegen Jane Fondas Beteiligung daran protestieren? Könnte es womöglich wegen der Art der Behandlung des Themas Einwände von seiten Behinderter geben?

Man beschloß, die Uraufführung in Washington, D.C., zu veranstalten. Ein paar Wochen davor führte Produzent Hellman – mit erheblicher Beklommenheit – den Film Vertretern der Washingtoner Veteranengruppen vor:

> Mit Absicht lud ich Leute ein, die nicht besonders gut auf Jane Fonda zu sprechen waren. Ich flog von Kalifornien aus hin, um die Reaktionen zu beobachten. Während der Film lief, konnte ich nichts anderes als gespannte Aufmerksamkeit spüren. Am Ende stand ich auf, stellte mich vor und bat um Meinungen dazu. Ich konnte es nicht glauben! Dieses härteste Publikum war überwältigt. Sie blieben da und redeten mit mir länger als eine Stunde. Bezeichnend

waren die Worte eines schluchzenden jungen Mannes im Rollstuhl: »Der Film trifft genau, wie es Gelähmten geht.« Ein anderer Verwundeter, der beim Marinekorps in Vietnam gewesen war, bat mich, Jane Fonda seine guten Wünsche zu übermitteln. Er sagte das widerwillig, aber er hat es gesagt.

Wenige Tage danach zeigte Hellman den Film einer Vertreterin vom Ausschuß des Präsidenten für die Beschäftigung Behinderter. Sie äußerte, sie habe nun zum erstenmal gesehen, »daß ein Behinderter auf der Leinwand als vollständiger Mensch dargestellt wird«. Das Amt für Kriegsveteranen und die Streitkräfte äußerten sich nicht.

Und so lief der Film an. Hellman und United Artists waren ein bißchen zuversichtlicher, aber immer noch unruhig. Sie hätten sich keine Sorgen zu machen brauchen. Niemand blockierte die Kinos; vom ersten Tage an rannten die Leute hin, um sich *Coming home – sie kehren heim* anzuschauen. Die Kritiker schwärmten vor Begeisterung. *Time* lobte die Schauspieler, den Regisseur und den Kameramann und fuhr dann fort: »Der Film erinnert uns daran, welche Entscheidungen jeder einzelne von uns in jenen qualvollen Jahren treffen mußte – und an den Preis, den die Nation danach zu zahlen hatte.« Einige Kritiker beeindruckte die laute Rockmusik des Films – eine Anregung von Jane, die in Hanoi ständig den Soldatensender gehört hatte. Seitdem hat fast jeder Vietnamfilm, auch im Fernsehen, gipfelnd mit *Good Morning, Vietnam* und *China Beach*, die gleiche Technik benutzt und laute Rockmusik unterlegt.

Im ganzen Land standen Schlangen vor den Kinokassen, und kein Kritiker bemerkte, daß für Jane mit *Coming home – sie kehren heim* eine gänzlich neue Karriere begann – die einer Schauspielerin und zugleich Filmmagnatin. Für ihre IPC-Filme flossen nun hohe Summen ein. Die Initialen der Produktionsfirma bedeuteten jetzt nicht mehr Indo-China Peace Campaign; die Firma hieß nun International Pictures Corporation. Später ließ man die Initialen ganz fallen, und die Firma wurde Fonda Films genannt. Ganz gleich unter welchem Namen, sie sollte ein Faktor in der Filmindustrie werden, mit dem man rechnen mußte, und Jane machte als Tycoon mehr Geld, als sie als Darstellerin bekam.

Aber zunächst hatte sie noch Verpflichtungen als Schauspielerin. Im voraus hatte sie ihre Mitwirkung an dem Film *Eine Farm in Montana* (*Comes a Horseman*) zugesagt, Regie Alan Pakula, ihr Regisseur von *Klute*. Und gleich, nachdem *Coming home – sie kehren heim* abgedreht war, brauste sie ab nach Montana, um eine unerschrockene Farmerin in den Jahren unmittelbar nach dem Zweiten Weltkrieg zu spielen. Ihr gefiel die Idee, denn die Geschichte verfolgte auch ein Ziel, das in das Konzept der Campaign for Economic Democracy paßte: die Skrupellosigkeit korrupter einflußreicher Kreise zu entlarven – in dem Falle eines von Jason Robards verkörperten Viehbarons (sein dritter Film mit Jane). Der Streifen erwies sich jedoch als Flop. Er war langweilig, schleppte sich hin und kam in keiner Weise an die Filme nach ihrem Comeback heran. Ähnlich erging es Jane bei ihrer kleinen Rolle mit Alan Alda in Neil Simons *Das verrückte California-Hotel* (*California Suite*). Der Film gliederte sich in drei Einakter, und Jane trat nur in einem auf. In hektischer Betriebsamkeit hatte sie in dem Jahr drei Filme gedreht, und mit dem sardonischen Alda spielte sie gut – aber man kann nicht immer die Beste sein. In einer anderen Episode des Films stach Maggie Smith mit Michael Caine als Partner Jane aus – so war das eben.

Vielleicht ging Jane schon etwas anderes durch den Sinn – die bevorstehende Oscar-Verleihung im März 1979. Kurz nach *Coming home – sie kehren heim* war 1978 ein anderer, total andersgearteter Vietnamkriegsfilm herausgekommen,

Die durch die Hölle gehen (*The Deer Hunter*), und beide Filme schienen im Rennen um den Preis Kopf an Kopf zu liegen. Jane ging mit Tom zur Verleihung und war sichtlich nervös.

Es herrschte eine atemberaubende Spannung. Jane jauchzte vor Freude, als ihre Freundin Nancy Dowd gemeinsam mit Waldo Salt und Robert C. Jones den Oscar für das beste Originaldrehbuch erhielten. Sie ließ die Schultern hängen, als sich dann die Waage zugunsten von *Die durch die Hölle gehen* zu neigen schien; den Film hatte Jane öffentlich als zu kriegslustig gebrandmarkt und als das ideologische Gegenteil ihres Films bezeichnet. Christopher Walken erhielt den Oscar für die Beste Nebenrolle in *Die durch die Hölle gehen* und Michael Cimino gewann als Bester Regisseur. Am Ende des Abends ging auch der Oscar für den Besten Spielfilm an *Die durch die Hölle gehen*, und Janes Film war geschlagen.

Aber das richtige Drama stand noch aus – die Oscars für den Besten Schauspieler und die Beste Schauspielerin. Das hieß Jon Voight gegen Robert De Niro und Jane Fonda gegen alle übrigen, aber auch gegen ihren feststehenden Ruf als radikale Unruhestifterin, obwohl sie gerade mit diesem Film ihre veränderte Haltung bewies.

Jane gewann. Ein unerwarteter, langanhaltender Beifallssturm brach los, angeführt von der rasend glücklichen Shirley MacLaine. Als die gewöhnlich stoisch ruhige Jane die Bühne betrat, wurde sie offensichtlich von der Reaktion des Publikums überwältigt und sprach noch stockender als bei ihrem ersten Oscar für *Klute*. Sie tat etwas, das alle bewegte: Gleichzeitig mit den Worten drückte sie ihren Dank auch in Zeichensprache aus – das erste, aber nicht das letzte Mal, daß das bei einer Oscar-Verleihung geschah. Die Zeichensprache, so erklärte sie, gebrauche sie, um den Millionen Behinderten in Amerika Anerkennung zuteil werden zu lassen.

Als Jon Voight zum Sieger proklamiert wurde, gab es noch

einmal einen Riesenapplaus. Den Großteil seiner Dankesworte widmete er der Bedeutung Janes für ihn und für den Erfolg von *Coming home – sie kehren heim*. Wenn es noch Zweifel gab, ob Jane Fonda in den Augen der Branche wieder da sei, wurden sie an diesem Abend zerstreut.

29

In der Zwischenzeit waren auch in Janes Privatleben beträchtliche Veränderungen eingetreten. Es war nun fünf Jahre her seit ihrem Entschluß, sich von der Eß- und Brechsucht zu befreien, und vier Jahre, seitdem sich die Monate der Therapie und Selbstquälerei in der Überwindung der Krankheit auszahlten. Sie befand sich allerdings immer noch auf dem Wege der Genesung. Wie Alkoholiker bezeichnen sich die Bulimiker immer als »auf dem Wege der Heilung«, nicht als geheilt: Die das Gebrechen verursachenden Faktoren können noch vorhanden sein, und das erfordert ständige Wachsamkeit. In Janes Fall blieb eine geradezu zwanghafte Furcht bestehen, sie sei zu dick. Selbst in den Tagen, als sie sich noch vollstopfte und erbrach, ging sie zum Tanzunterricht, »nicht um tanzen zu lernen, weil ich seit eh und je ein Trampel war, sondern damit die Bewegung das Übergewicht abbaut«. Nachdem sie die bulimischen Neigungen abgestellt hatte, hielt es Jane für notwendig, sich sogar noch mehr körperlich zu betätigen. Deshalb besuchte sie regelmäßig das Trainingszentrum von Gilda Marx, einer Pionierin des Geschäfts mit Fitneßcenters. Je mehr Jane hüpfte und pumpte und schwitzte, desto mehr wurde ihr klar, daß das Hüpfen-Pumpen-Schwitzen etwas war, auf das Millionen Frauen begierig waren und das sie auch brauchten. Dort einzusteigen konnte sich als ein höchst lohnendes Unternehmen erweisen. So gründete sie 1978 (ein Jahr, in dem sie gleich drei Filme drehte) die Firma Jane Fonda's Workout, Inc.

Das war schon ein cleverer Schachzug – ihr zweites Businessstandbein nach IPC Films –, und er schlug an der damals stillen Front des Frauenfitneß wie eine Bombe ein. Das erste Jane Fonda Workout Studio existiert noch. Jane eröffnete es am Wilshire Boulevard in Los Angeles und zog dann damit an den South Robertson Boulevard am Rande von Beverly Hills. Das war keine Adresse des schicken Beverly Hills; in dieser Gegend gibt es Geschäfte und Handelsunternehmen. Jane meint:

> Ich wollte das Studio dort ansiedeln, wo Frauen von der Arbeit oder vom Einkaufen oder von was auch sonst hinkommen können, um ihre Übungen unter fachmännischer Anleitung in einer Umgebung ohne vornehme Kinkerlitzchen zu machen. Ich holte mir die besten Fitneßtrainer, die ich kriegen konnte. Zu den Aerobictänzen und anderen rhythmischen Gemeinschaftsübungen spielten wir Musik ein, die das Tempo angab; aber das war keineswegs so ein nobler Gymnastikschuppen, in dem man bloß die Zeit totschlägt. Viele Frauen kommen in der Mittagspause herein, absolvieren ihr Fitneßtraining und gehen wieder.

Gilda Marx und andere beschwerten sich, daß Jane nur ihre Methoden imitierte. Das mag schon sein, da diese Techniken wohl kaum urheberrechtlich geschützt sind. Aber Jane und ihre Kollegin Leni Cazden machten es anscheinend besser. Die Frauen strömten in das Studio – und das nicht nur wegen ihres Namens. Bald erweiterte sie ihren Wirkungskreis mit Hilfe der Fitneßbücher und Videokassetten, um Millionen Frauen zu erreichen. Mit dieser eher kleinen Einrichtung am Robertson Boulevard startete sie 1979 einen für sie neuen Geschäftszweig, der ihr in den kommenden Jahren viele Millionen Dollar Reingewinn einbringen sollte.

Aber diese enorme Expansion hatte zu der Zeit, als sie den Oscar für *Coming home – sie kehren heim* erhielt, noch nicht eingesetzt. Tatsächlich nährte sie anfangs diesbezüglich nur geringe Erwartungen. Als sie Jane Fonda's Workout gründete, verfolgte sie nach eigener Aussage vor allem das Ziel, eine ständige Einnahmequelle für die Campaign for Economic Democracy zu erschließen, die nun den größten Teil von Tom Haydens Zeit beanspruchte. Jane hatte ihr Fitneßgeschäft als eine Gesellschaft angelegt, deren alleiniger Eigentümer die CED war, und viele Jahre lang ging fast der gesamte riesige Profit an die CED.

Die Campaign for Economic Democracy war äußerst rührig. Ihr Büro lag nicht weit vom Haus der Fonda-Haydens in Santa Monica, und es kam nicht selten vor, daß Jane dort nachts den Telefondienst übernahm. Die Kampagnen konzentrierten sich jetzt auf den Protest gegen Atomkraftwerke, auf den Kampf für die Rechte der Frauen (mit laut vernehmlicher Forderung nach einem Verfassungszusatz über die Gleichberechtigung) und auf eine titanische Schlacht um die Einführung einer gesetzlichen Mietpreiskontrolle in Santa Monica.

Hayden, der ehemalige Gigant der radikalen Bewegung, tat sich am besten, wenn er die Organisation bei kleineren lokalen Auseinandersetzungen übernahm. Als meisterhafter Analytiker und Stratege war er unheimlich geschickt bei der Sammlung und Motivierung seiner Truppen. Was nun die Mietpreiskontrolle in Santa Monica betrifft, befand sich die Stadt seit langem in den Händen eines Bürgermeisters und eines Stadtrats, die auf seiten der Vermieter standen. Abweichend von dem überwältigenden, in weiten Teilen des übrigen Südkalifornien vorherrschenden Drang zum Eigenheim, wohnen in Santa Monica viele Leute zur Miete. Als der Stadtrat in Sachen Mietpreisbegrenzung nichts unternahm, gehörten Hayden und Jane zu den Initiatoren des Zusammenschlusses aller Mieter zu einer ernst zu nehmenden politischen Kraft. Nach einiger Zeit vermochten sie die von den Vermietern dominierte Gruppe abzuwählen und durch einen wesentlich liberaleren Bürgermeister und Stadtrat zu ersetzen. Diese erließen alsbald eines der strengsten Gesetze zur Mietpreisbegrenzung innerhalb der gesamten Vereinigten Staaten. Zwei Jahre danach wählten sie Tom Hayden als Abgeordneten in die Gesetzgebende Versammlung des Bundesstaats Kalifornien, der er vier Amtsperioden hindurch angehörte (zum Wahlbezirk zählen noch andere liberale Gemeinden des westlichen Los Angeles). Das hat die rechtsstehende Opposition dazu getrieben, gelegentlich Schilder mit folgendem Text aufzustellen: »Sie betreten nun die Volksrepublik Santa Monica!« Obgleich sich Hayden ziemlich schnell in einen überraschend gemäßigten, etwas links von der Mitte stehenden Abgeordneten verwandelte, halten sich eben alte Feindschaften lange.

Ein anderes Lieblingsprojekt von Hayden und Jane wurde einhellig positiv beurteilt: das Kindercamp auf ihrer Ranch in Santa Barbara. Sie nannten die Kolonie Laurel Springs. Sie bietet jeden Sommer für ungefähr zweihundertfünfzig Kinder, von denen ein Drittel aus Armenvierteln stammen, immer noch einen Geschmack vom Leben in der Wildnis. Die Kinder aus schlechter gestellten Familien kommen dorthin mit »Stipendien« der Campaign for Economic Democracy, und sie toben sich dort mit Janes eigenen Kindern Vanessa und Troy aus. Jemand, der das Camp 1981 besuchte, beschrieb es so:

> Das ist ein ausgedehntes Areal – an die fünfzig Hektar –, und Hayden und Fonda wohnen in einem kleinen, einfachen, fast baufälligen Haus. Es besitzt eine überdachte Veranda und einen Vorraum, wo man sich die Schuhe und nassen Sachen auszieht, und drinnen stehen Möbel längst vergangener Behaglichkeit, einige aus alter Kiefer und Eiche, ein überladenes Sofa, ein Kanonenofen, Familienfotos … Das Haus gehört zu einer Gruppe von Cottages

rund um den Hauptspielplatz des Camps. Dort vernimmt man das laute Geschrei und Lachen der Kinder. Einige von ihnen reiten auf Pferden aus, was nach Janes Worten ihre Lieblingsbeschäftigung in dem Alter war. Troy klettert mit Freunden auf einen Baum; Vanessa macht mit anderen eine Nachtwanderung; Hayden ist mit einer Gruppe den ganzen Tag zu einem nahen Bergsee gegangen, um Barsche zu angeln ... Das ist alles ein Riesenunterschied zu Janes und Toms Stadtwohnung in Santa Monica; die hat acht Zimmer, die Wände wurden alle von Jane elegant mit Chintz bezogen, das Haus ist von Gesträuch, Zäunen und Sicherheitsanlagen umgeben, um die paar Verrückten nicht reinzulassen, die ihr noch immer Morddrohungen schicken.

Zwei Sommer davor war es genauso, nur daß Jane die Kinder und Pferde einige Zeit allein lassen mußte, um ihren zweiten großen IPC-Film fertigzustellen. Seit fünf Jahren arbeitete sie daran – seit sie die schreckliche Geschichte über Karen Silkwood aus Oklahoma gehört hatte. Das war eine Laborantin im Kerr-McGee-Werk, das Plutoniumbrennstäbe für Atomreaktoren herstellt. Sie hatte entdeckt, daß sie selbst und dreiundsiebzig weitere Beschäftigte von dem radioaktiven Material, mit dem sie es zu tun hatten, kontaminiert waren – eine lebensbedrohliche Sache. Sie hatte eine dicke Akte mit Beweismaterial für die Kommission für Nuklearkontrolle zusammengestellt und fuhr mit dem Wagen zu einer Verabredung mit einem Reporter der *New York Times*, dem sie alles zeigen wollte: Da kam das Auto auf mysteriöse Weise von der Straße ab, und sie starb bei dem Unfall. Ihre Dokumentation verschwand.

Jahrelang hatte Jane sich bemüht, die Filmrechte an der Geschichte von Karen Silkwood zu erwerben, aber aufgrund einer komplizierten Reihe von Umständen war es ihr nicht gelungen (erst vier Jahre später wurden sie veräußert; Mike

Nichols inszenierte dann *Silkwood* mit Meryl Streep). Jedenfalls blieben die Befürchtungen über den bewußt fahrlässigen Umgang mit Atomenergie auf der Tagesordnung der Campaign for Economic Democracy – und auch auf Janes persönlicher Liste vorrangiger Anliegen. Sie sann ständig darüber nach, wie sie diese Besorgnis in einer packenden, dramatischen Geschichte auf die Leinwand bringen könnte.

Ohne daß sie Kenntnis davon besaß, trugen sich andere Leute, nicht weit von ihr in Los Angeles, mit demselben Gedanken, sogar konkret bezogen auf Jane Fonda und ihre Karen-Silkwood-Geschichte. Bevor das Jahr zu Ende ging, kam es dann so, daß sie in dem bedeutendsten Film, den sie bis dahin gemacht hatte, auftrat und ihn mitproduzierte: *Das China-Syndrom*.

30

Das China-Syndrom (*The China Syndrome*) führte das erste und bislang einzige Mal das dynamische Duo Jane Fonda und Jack Lemmon zusammen. Lemmon hatte Jane seit ihren Teenagerjahren ab und an getroffen. Er hing bei den Dreharbeiten zu *Keine Zeit für Heldentum* (*Mister Roberts*) im Studio herum und schaute ihrem Vater Hank Fonda bei der Arbeit über die Schulter. In diesem durchaus beachtlichen Film spielte Lemmon den Fähnrich Pulver und erhielt dafür den Oscar für den Besten männlichen Nebendarsteller. Er erzählt: »Jane berichtete mir später, daß sie damals, 1955, in mich ziemlich verknallt war, und ich sagte: ›Wieso hast du mir das nicht gesagt?‹ Sie antwortete: ›Also, ich war doch noch zu jung.‹ Und ich erwiderte: ›Das kümmert mich einen Scheißdreck. Du hättest es mir auf jeden Fall sagen müssen.‹« Jack Lemmon drückt sich immer ziemlich drastisch aus.

Ebenso offenherzig, wie er seine Gefühle für Jane kundtut, beobachtete er sie mehr aus der Ferne, auf dem Höhepunkt ihres Protests gegen den Vietnamkrieg. Er ist selbst politisch ziemlich aktiv, hauptsächlich in Sachen Umwelt, gegen »die Ausplünderung der Erde«, wie er es bezeichnet. Er berichtete mir:

> Zuerst habe ich mit gemischten Gefühlen zugeschaut, wie Jane ihren Kreuzzug gegen den Krieg begann. Ich bewunderte ihren Mut, aufzustehen und loszuschreien, aber ich war auch der Ansicht, daß sie, praktisch gesehen, nicht viel erreichen würde. Ich wollte ihr schon sagen: »Du protestierst zuviel und vergraulst die Leute.« Aber dann spürte

ich immer mehr, mit welcher Leidenschaft sie ihre Überzeugungen verfocht. Genau das macht sie zu so einer wunderbaren Schauspielerin. Sie lebt diese Leidenschaft aus und hat keine Scheu, ihr Ausdruck zu verleihen, weder im Leben noch auf der Leinwand. Außerdem hatte sie, wie sich herausstellte, mit Vietnam recht.

Es lag auch mit an meinen eigenen Erfahrungen, daß ich ihre Haltung zu Vietnam bald bewunderte. Ich bekam so eine Wut auf die Atombombe, auf die Umweltzerstörung, auf den Bau dieser verdammten Atomkraftwerke, und ich übte starke Kritik daran – natürlich in weniger spektakulärer Weise als Jane. Drei Fernsehdokumentationen habe ich über die Atomenergie, die Luftverschmutzung und anderes gemacht, so daß ich von Senator George Murphy »Hurensohn« genannt wurde; er drohte mir gar mit gerichtlicher Verfolgung. Die Kraftwerksbetreiber versuchten mit gemeinen Briefen an die Filmstudios, mir die Karriere kaputtzumachen. Die Energiegesellschaft Pacific Gas and Electric verklagte meinen Produzenten und Mitarbeiter an den Dokumentarfilmen Don Widener, doch Don verklagte sie wiederum und kassierte dann bei dem ausgehandelten Vergleich Millionen Dollar. Aber mir schickte man Briefe: »Hau ab nach Rußland, du kommunistischer, links angehauchter, perverser, schwuler Bastard!« Da merkte ich, was Jane durchgemacht haben muß, weil sie so leidenschaftlich ihre Überzeugungen verfocht.

Es war Lemmons eigener tiefsitzender Zorn über die Gefährlichkeit von Atomkraftwerken, der ihn veranlaßte, sich für das Projekt *Das China-Syndrom* zu engagieren, noch bevor Jane dazukam. Der Produzent Michael Douglas (der davor *Einer flog übers Kuckucksnest*, d. i. *One Flew Over the Cukkoo's Nest*, produziert hatte, ohne darin mitzuspielen) hatte die Rechte an einem Drehbuch über einen potentiellen Reaktorunfall erworben und mit Columbia Pictures einen Vertrag darüber geschlossen. Doch wie der freimütige Lemmon sagt, »das Studio hatte die Hosen gestrichen voll, den Film in Angriff zu nehmen«. Lemmon teilte mir mit:

> Nichtsdestoweniger setzte Michael die Vorbereitungen fort. Die Hauptfigur war laut Drehbuch ein Kraftwerksingenieur von zweiunddreißig Jahren. Er ist es, der die sich anbahnende Katastrophe erkennt und die Sache publik macht, deswegen aber von einem Schlägerkommando umgebracht wird. Er sah die Folge eines China-Syndroms voraus; das bedeutet: Wenn es zu einem Schmelzen des Reaktorkerns kommt, kann sich dieser Prozeß bis nach China auf der anderen Seite der Erde fortsetzen.
>
> Zunächst war mir nichts Genaues über das Projekt zu Ohren gekommen, nur daß ein anderer Atomgegner, Michael Douglas, mitmachte. Bei meinem eigenen Interesse an dem Thema hatte ich läuten hören, daß dasselbe Studio, Columbia, auch einen Vertrag mit Jane Fonda und ihrer IPC Films abgeschlossen hatte, die Geschichte von Karen Silkwood zu verfilmen, aber daß Jane wegen des Streits um die Rechte die Hände gebunden waren.

Eines Tages kam Michael Douglas in das Büro der Agentur William Morris, um mit Leonard Hirshan über die Besetzung der Rolle des zweiunddreißigjährigen Ingenieurs zu reden. Hirshan meinte: »Warum muß der Typ zweiunddreißig sein? Wäre es nicht viel wirksamer, einen älteren Mann zu nehmen, der sich ganz die Grundhaltung der Energiegesellschaft zu eigen gemacht hat, bei der er arbeitet?«

Douglas fragte: »An wen denken Sie?«

»An Jack Lemmon«, antwortete Hirshan.

»Großartig«, meinte Douglas, »können wir ihn kriegen?«

Es bedurfte eines zweiminütigen Telefonats, um Jack Lemmon zu bekommen. Die andere wichtige Rolle des Fernsehreporters, der sich schließlich auf die Seite des Kraftwerksingenieurs schlägt, sollte von Richard Dreyfuss gespielt werden. Den Kameramann als Spezi des Reporters sollte Michael Douglas selbst übernehmen.

Columbia zögerte immer noch mit dem endgültigen Okay für den Film. Da erhielt Lemmon noch einen Anruf von Hirshan, dessen Inhalt Lemmon kurz und knapp so umriß:

> Lenny sagte zu mir: »Was hältst du davon, wenn wir als Fernsehreporter eine Frau nehmen?« Zuerst wurde ich mal wütend: »Das ist die typische Hollywoodscheiße von dir – ein lohnendes Vorhaben dadurch zu versauen, daß ihr es mit einer Frau aufmotzen wollt.« Aber dann vollendete Lenny den von mir unterbrochenen Satz: »Jane Fonda.« Ich antwortete: »Scheiß drauf, *ja*!« So kam Jane rein. Columbia kombinierte einfach Elemente von Janes Projekt über Karen Silkwood mit unserem, und es entstand eine Koproduktion mit Janes IPC Films.

Der Film wurde für Jane, Jack Lemmon und Michael Douglas zur Herzenssache – drei meisterhafte Profis, so auch der Regisseur James Bridges. Es dauerte Monate, die Rolle des Fernsehreporters so umzuschreiben, daß sie der Haltung eines weiblichen statt eines männlichen Journalisten entsprach. Unterdessen verbrachte die auf gründliche Recherchen sehende Jane Stunden mit Connie Chung und anderen Reporterinnen von TV-Nachrichtenmagazinen. Sie schildert das so:

> Ich habe ihr Verhalten studiert, ihren Unwillen, wenn man sie abschob, gängige Hausfrauenthemen zu bringen statt harte Nachrichten. Ich habe sie beobachtet, wie sie eiligst verschwinden mußten, um sich die Haare zu richten und in

heller Aufregung das Make-up aufzufrischen, bevor sie mit den allerneuesten Bildberichten auf Sendung gingen. Ich kam auch dahinter, daß die meisten Themen, die man ihnen überträgt, ziemlich nebensächlicher Natur sind. Einmal wurden wir losgeschickt, um über eine Modenschau zu berichten, weil die First Lady Betty Ford zugegen sein sollte. Keine Betty Ford – kein Bericht. So wie in dem Film: Als die von mir dargestellte Kimberley ihre Atomreaktorstory verfolgen will und ihr Chef sagt: »Zerbrechen Sie sich nicht Ihr hübsches Köpfchen darüber«, da habe ich das verstanden. Es ist schwer für eine hübsche Frau, auf einer Ebene jenseits des stereotypisierten Image von Schönheit oder gar im Gegensatz zu ihm anerkannt zu werden. Das alles half mir, meine Rolle zu gestalten.

Der Film wurde in einer akribisch, bis ins kleinste Detail nachgebauten Schaltzentrale eines Atomkraftwerks in den Columbia-Studios gedreht – sowie in drei echten Kraftwerken in der näheren Umgebung. Der Zutritt zu atomaren Einrichtungen blieb dem Drehstab verwehrt; also gingen sie in konventionelle Kraftwerke, die – mit Ausnahme des nuklearen Kernblocks – ganz ähnlich aussehen. Lemmon erzählt:

Genau in diesen Kraftwerken bekamen wir Ärger mit den Schutzhelmleuten. Sie wußten nicht, was wir vorhatten – das Drehbuch hielten wir geheim –, aber ganz richtig rechneten sie mit dem Schlimmsten. Da beschimpften sie Jane dann auch als Kommunistenhure und abfälliger noch, und sie nannten mich und Michael kommunistische, perverse Schwulensäue und noch anders. Es spielte für sie überhaupt keine Rolle, daß Michael und ich ausgesprochen männliche Typen waren. Für Jane war es schlimmer als für uns. Sie fingen wieder mit der alten Hanoischeiße an und warfen Zeug nach ihr. Ein Kerl ließ dort, wo sie stand, einen Schraubenschlüssel von oben fallen. Hätte er getroffen, hätte er ihr die Schädeldecke zertrümmert.

Beim Filmen hatte Jane tatsächlich einen Unfall, aber der hatte nichts mit den Leuten im Schutzhelm zu tun. Als sich die Dreharbeiten dem Ende näherten, da stolperte sie und holte sich einen Haarriß im Knöchel. Sie beendete die Aufnahmen mit einem kleinen Gipsverband, den die Stiefel vor der Kamera verbargen.

Bevor der Film herauskam, liefen anstrengende Vorbereitungen für die Publicity-Kampagne, wie sich Jack Lemmon erinnert:

> Die haben uns detaillierte Anweisungen gegeben, genau wie dem Präsidenten, wenn der zu einer Pressekonferenz geht. Ein Werbemanager namens Chuck Ashman stellte eine Liste aller bohrenden Fragen zusammen, welche die feindselige Presse vorbringen könnte, und wir mußten uns stundenlang mit diesen Fragen bepflastern lassen. Das war wie bei einer Theaterprobe. Als wir dann tatsächlich der Presse gegenüberstanden, konnte uns freilich nichts mehr überraschen. Und das waren wirklich scharfe Fragen, als wir es mit rechtsgesinnten Reportern zu tun bekamen. Die Energiegesellschaften hatten sie mit Munition aller Art versehen: daß der ganze Film erfunden sei, sachliche Ungenauigkeiten enthalte und daß es zu einem solchen Schmelzen von Reaktorkernen in einem Kraftwerk unter keinen Umständen kommen könne. Diese feindselige Haltung von Teilen der Presse hielt nach Anlaufen des Films zweieinhalb Wochen an. Der Unfall, von dem sie behauptet hatten, er könne sich niemals ereignen, *ereignete sich wirklich* – in Three Mile Island in Pennsylvanien. Sie hörten auf, uns zu beschimpfen, und sie hörten damit auf, den Film herunterzumachen. Und zwar über Nacht.

Noch nie ist das Schicksal eines Films in einem solchen Maße von einem tatsächlichen historischen Ereignis bestimmt worden. Die Katastrophe von Three Mile Island fand am 28. März 1979 statt, gerade als *Das China-Syndrom* die Kinos auch der kleinsten Provinznester in den USA erreichte. Es war schon unheimlich, mit welcher Genauigkeit der Film schilderte, was tatsächlich in dem Atomkraftwerk im Zentrum von Pennsylvanien passierte. Das Kühlsystem fiel aus. Der Reaktorkern begann zu schmelzen. Wegen der frei werdenden Radioaktivität mußte die Zivilbevölkerung im Umkreis von Meilen evakuiert werden. Zehn Jahre danach befand sich der geschmolzene radioaktive Reaktorkern noch immer tief im Boden unter dem nunmehr stillgelegten Kraftwerk, ohne eine Chance der Bergung – genau wie später bei dem »Unfall« von Tschernobyl in der UdSSR.

Die Besucherzahlen in den Kinos schnellten hoch und ergaben für *Das China-Syndrom* am Ende Kasseneinnahmen von mehr als sechzig Millionen Dollar, was selbst solche voraufgegangenen Kassenschlager wie Barbra Streisands *Funny Girl* (*Funny Girl*) übertraf. Der Film erhielt keine Oscars (in dem Jahr räumte *Kramer gegen Kramer* (*Kramer vs. Kramer*) fast alles ab), aber Jane wurde zum fünftenmal als Beste Schauspielerin nominiert, das dritte Mal hintereinander.

Und Jane setzte sich von nun an für ein neues vordringliches Anliegen ein, das gut in das Konzept der Campaign for Economic Democracy paßte. Sie gab 150000 Dollar für eine Vortragsreise in Städte des Ostens und Mittelwestens der USA aus, bei der sie und Hayden die sich ankündigenden, von Atomkraftwerken ausgehenden Gefahren vor Augen führten. Jane tat das nur noch zwischen ihren Filmen, aber mit dem alten Feuer. Und diesmal traten sie für eine Sache ein, die fast einhellig die Zustimmung der Bevölkerung fand. Im ganzen Land fühlten sich die Menschen angesprochen und sandten Hunderte von Leserbriefen an die Zeitungsredaktionen.

Mehrere Leserzuschriften wiesen darauf hin, daß der konservative Kolumnist George Will geschrieben hatte, Jane Fonda habe im *China-Syndrom* »Lügenmärchen über das Schmelzen von Reaktorkernen erfunden, nur um ihre Habgier zu befriedigen«, und daß der Artikel ganze drei Tage vor der Katastrophe von Three Mile Island erschienen war. In deutlicher Abkehr von früheren Zuschriften, die Jane Fonda heraufbeschworen hatte, schrieb nun Robert Rodi, ein Leser der *Newsweek*: »Müssen wir erneut feststellen, daß Jane Fonda gewöhnlich recht hat?«

Gewöhnlich, aber nicht immer. In jenem Jahr 1979 ließ sich Jane in eine Auseinandersetzung mit einer früheren Mitstreiterin in der Antikriegsbewegung ein – ausgerechnet mit Joan Baez; es ging um die Richtung, in der sich die Ereignisse in dem nunmehr vereinigten Vietnam entwickelten. Jane weigerte sich hartnäckig zu glauben, daß die Nordvietnamesen eine repressive Herrschaft über das frühere Südvietnam ausübten. Es war die Zeit der Boat People, als Tausende von Flüchtlingen das Land mit jedem verfügbaren baufälligen Kahn über See verließen. Die Sängerin Joan Baez besuchte sie in den Durchgangslagern und brachte durch ihre Benefizkonzerte in den USA Geld für sie auf. Jane trat schließlich den Rückzug an und äußerte, sie wollte sich nicht zur »Apologetin Nordvietnams aufschwingen«. Und auch sie half, eine Veranstaltung für die Boat People auf die Beine zu stellen. Aber der Schaden war da. Von nun an war nicht mehr alles beim alten zwischen Jane und Joan und anderen aus der Friedensbewegung.

31

Es überrascht schon, daß Jane Fonda überhaupt in dieser Phase Zeit für öffentliche Angelegenheiten erübrigen konnte, denn sie brachte nun Filme in noch schnellerer Folge heraus als ihr Vater; der schaffte in seiner frühen Zeit bei RKO drei im Jahr. Gleich nachdem *Das China-Syndrom* abgedreht war, stürzte sie sich in die Arbeit am *Elektrischen Reiter* (*The Electric Horseman*), und im direkten Anschluß daran folgte *Warum eigentlich … bringen wir den Chef nicht um?* (*Nine to Five*), ihr vierter Streifen für IPC Films.

Beide Filme spielten enorme Summen ein. Es war leichte Kost, besser als der Durchschnitt, aber keiner von beiden heimste solche Lorbeeren ein wie *Das China-Syndrom* oder *Coming home – sie kehren heim*. Jane schien in jenen Tagen nach diesem Muster von Unterhaltungsfilmen zu arbeiten – mit Zensuren von »eins« bis »zwei minus« und sogar »drei«. Gewissermaßen tappte sie als Tycoon noch herum und experimentierte drauflos, was wohl das beste für sie wäre. Den *Elektrischen Reiter* machte sie aus mehreren Gründen. Erstens wurde ihr eine Gage auf dem neuen Level von einer Million Dollar für die Rolle angeboten. Zweitens würde sie wieder mit Robert Redford zusammen filmen, dessen Wildwood Company Koproduktionspartner von Columbia und Universal war. Drittens lag die Regie in Händen von Sidney Pollack, der sie in *Nur Pferden gibt man den Gnadenschuß* so wunderbar geführt hatte. Viertens konnte sie mit einem anderen politisch Aktiven am gleichen Strang ziehen, denn Redford engagierte sich vorrangig für den Umweltschutz. Und schließlich stimmte das Thema des Films mit zwei ihrer eigenen Tätigkeitsfelder überein, den schändlichen Machenschaften des Big Business und dem Tierschutz.

Der Film wurde in und um St. George, Utah, gedreht, nicht weit von Redfords umweltfreundlichem Erholungs- und Skigebiet Sundance. Es war eine unwahrscheinliche Mixtur von Liebesgeschichte und Ökologie. Der Film handelt von dem einst großen Rodeo-Champion Sonny Steele (gespielt von Redford), der trinkt und sich als wandelnde, saufende Reklame bei einer raubgierigen Cornflakes-Firma verdingt. Bei seinem Auftreten in der Öffentlichkeit ist er gezwungen, eine entwürdigende Jacke mit Lichterketten zu tragen. Er erregt die Aufmerksamkeit der TV-Nachrichtenreporterin Hallie Martin (Jane Fonda). Diese Rolle ähnelt so sehr jener der Kimberley Wells aus dem *China-Syndrom*, daß man sie fast für die Fortsetzung halten könnte, mit den gleichen Schwierigkeiten, denen eine Frau als Reporter ausgesetzt ist, und dem gleichen journalistischen Ehrgeiz.

Nachdem Sonny bei einer Gewerbemesse in Las Vegas im Auftrag des Cornflakes-Herstellers einige Verwirrung gestiftet hat, schmeißt er die Sache hin und macht sich mit dem preisgekrönten Hengst der Firma, Rising Star, aus dem Staub. Dabei entdeckt er, daß das Tier von den Trainern der Company schwer unter Drogen gesetzt war. Ständig heiß auf eine gute Story, nimmt Hallie sofort die Verfolgung von Sonny und dem prachtvollen Tier auf. Sie erfährt dabei das Motiv der Entführung, nämlich dem Pferd die Freiheit zu schenken, damit es sein Leben mit den Artgenossen in der Wildnis leben kann.

Im übrigen besteht der Film hauptsächlich aus einer Verfolgungsjagd, die manchmal ziemlich lächerlich ist, zum Beispiel wenn Rising Star mit Sonny auf dem Rücken einem ganzen Bataillon Polizeiautos davongaloppiert. Sonny und Hallie tun sich zusammen und stecken am Ende unter einer Decke (buchstäblich), Rising Star wird freigelassen, Hallie hat ihre große Story, und Sonny wandert allein dem Sonnenuntergang entgegen.

Trotz der märchenhaften Selbstgerechtigkeit der Geschichte wurde sie von Regisseur Pollack wirksam ins Bild gesetzt, und Jane genoß diese wunderbare Zeit da draußen bei den Aufnahmen. Mit Redford diskutierte sie endlos über Umweltfragen, und die Wüste von Utah gefiel ihr sehr. Doch gegenüber Filmgesellschaften verhält sich die Wüste zuweilen höchst unnachgiebig, und es entstanden gewisse Probleme mit den Naturgewalten beim Drehen. Zum Beispiel unterbrach ein donnerndes Gewitter nach dem anderen eine Kußszene, und man brauchte achtundvierzig Takes dafür. Irgend jemand hat ausgerechnet, daß der Kuß mit all den Einstellungen aus verschiedenen Perspektiven die Produktionsgesellschaft 280000 Dollar kostete – und auf der Leinwand dauerte die Szene ganze zwanzig Sekunden. Als Redford später die Kostenaufstellung durchging, meinte er: »Es wäre uns billiger gekommen, wenn ich das Pferd geküßt hätte, wie in den alten Western mit Gene Autry.«

Der Presse machte es Spaß, den Film zu bespötteln: »Mann trifft Pferd, Mann kriegt Pferd, Mann trifft Mädchen, Mädchen kriegt Mann, Mann schickt Pferd weg, Mädchen hat Knüller …«, und: »Mit gefletschten Zähnen, windgetrocknetem Haar und dem Pferd geben Redford und Jane das perfekte Marlboro-Paar ab.«

Aber das Frotzeln der Presse tat den Kasseneinnahmen keinen Abbruch. Die Leute wollten Jane – zu der Zeit die Filmdiva Nummer Eins – gemeinsam in einem Film mit der Nummer Eins der männlichen Stars, Robert Redford, sehen. Und die Geschichte in der Machart der Filme von Katharine Hepburn und Spencer Tracy war ja durchaus unterhaltsam. Bald war *Der elektrische Reiter* unter den zehn finanziell erfolgreichsten Filmen des Jahres zu finden.

Für Jane als Neuling unter den Filmmagnaten war das eine

Das verrückte California Hotel. 1978

Mit Jack Lemmon, 1979

Bei Henry Fondas 75. Geburtstag, mit dessen Ehefrau Shirlee und Bruder Peter Fonda. 1980

Die Schauspieler-Dynastie: Jane, Henry, Peter. 1978

Workout, 1977

Fitness als Business, 1980

Old Gringo. Mit Gregory Peck und Jimmy Smits (o.r.), 1989

Mit Sohn Troy, 1993

Mit Ted Turner, 1993

nützliche Erfahrung. *Der elektrische Reiter* zeigte ihr, daß große Namen ziehen und daß man da selbst mit einer durchschnittlichen Geschichte Geld machen und zugleich den Zuschauern eine Botschaft vermitteln kann. Deshalb begann sie sofort, an große Namen für ihren nächsten Film zu denken. Das sollte zum erstenmal eine reine IPC-Produktion werden, mit Jane als einzigem Boß an der Spitze.

Die Vorbereitungen für *Warum eigentlich ... bringen wir den Chef nicht um?* liefen schon einige Monate auf vollen Touren. Während Jane mit dem *Elektrischen Reiter* beschäftigt war, hatte ihr Partner Bruce Gilbert ausgiebige Recherchen über die mißliche Lage der weiblichen Büroangestellten in Amerika betrieben. Als Jane während der Aufnahmen zu *Steelyard Blues* seinerzeit im Kindergarten Blue Fairyland in Berkeley Gilbert kennenlernte, stand er noch mitten im Psychologiestudium. Inzwischen hatte er sich zu einem glänzenden leitenden Mitarbeiter beim Film gemausert, der Jane bei IPC viele der tagtäglichen Vorgänge abnahm. Aufgrund seiner akademischen Ausbildung konnte er sich unermüdlich in die Erforschung von Themen stürzen, die Jane auf den Nägeln brannten. Eines dieser Themen war die Ausbeutung von arbeitenden Frauen. Bei ihren und Toms Aktivitäten für eine Organisation der Sekretärinnen von Los Angeles hatte Jane große Einblicke gewonnen.

Die Originalgeschichte für *Warum eigentlich ... bringen wir den Chef nicht um?* stammte von Patricia Resnick, die sich unerkannt als Sekretärin bei einer großen Versicherung eingeschmuggelt hatte. Dann nahm Bruce Gilbert seine Erkundungen auf. Er hielt sich lange in der Zentrale der nationalen Gewerkschaft der Büroarbeiterinnen in Cleveland auf und sprach mit Dutzenden von Sekretärinnen über ihre bitteren Erfahrungen mit männlich-chauvinistischen Bossen. Er regte an, und Jane stimmte zu, aus dem Film eher eine Komödie als ein düsteres, mit einer schweren Botschaft belastetes Drama zu machen. Gilbert, der sich später, wie so viele andere, von Jane trennte, äußerte: »Der Gedanke kam mir, als ich aus einer Laune heraus die Frauen befragte, ob sie sich mal in ihrer Phantasie vorgestellt hätten, wie man es den Bossen heimzahlen könnte. Sie gaben so lustige Antworten und malten sich so teuflische Dinge aus, daß wir meinten, der Film *müsse* einfach eine Komödie werden.«

Als diese Entscheidung dann getroffen war, begann sich Jane nach Schauspielerinnen mit großem Namen umzuschauen. Die brauchte sie ihrer Meinung nach, um die Botschaft rüberzubringen – und um Geld zu machen. In der Welt der Komödie lag ein Name auf der Hand: Lily Tomlin; deren Nummern als Ernestine, das Fräulein vom Amt, hatten Jane immer begeistert. Dann holte sich Jane von dem ganz anderen Gebiet der Country-music Dolly Parton. Dolly hatte zwar noch nie in einem Film mitgewirkt, aber, so meinte Jane, »immer, wenn ich sie im Fernsehen sah, kugelte ich mich vor Lachen bei ihren ungeheuerlichen gekonnten Schnitzern, ihrer abscheulichen Aufmachung und ihren unverschämten Reden«. Also wurde Dolly von Jane engagiert. Neben dem Gespann Lily und Dolly übernahm Jane die unbedeutendere Rolle der dritten Sekretärin.

Das schließlich fertiggestellte Drehbuch war so unkompliziert wie ein alter, zwei Rollen langer Kurzfilm. Gerald Nachman vom *San Francisco Examiner* schrieb: »Diesen Film hätte man ganz leicht *Die Aussichtslosen treffen Gloria Steinem* taufen können.« Judy Bernly (Jane) findet Arbeit in einem Großraumbüro als Sekretärin – ihr erster Job nach der Scheidung und ihrem Hausfrauendasein. Sie schließt sich rasch der Leiterin des Schreibbüros Violet Newstead (Tomlin) und der Chefsekretärin Doralee Rhodes (Parton) an. Der Boß, der sich allen Frauen gegenüber ausgesprochen schrecklich benimmt, wird von niemand anderem als Dabney Coleman gespielt.

Als sich die drei Damen zu Hause bei einem Joint entspannen, fangen sie an sich auszumalen, wie sie sich an dem Scheusal Coleman rächen können. Die vom Drogengenuß inspirierten Wunschträume werden auf der Leinwand szenisch veranschaulicht – ganz lustige Sachen. Die Phantasie verwandelt sich dann aber in Wirklichkeit, als Violet aus Versehen dem Boß Rattengift in den Kaffee tut. Umgehend kidnappen sie ihn, erpressen ihn und führen eine umwälzende Büroreform durch, die ihrer feministischen Vorstellungswelt entspringt: Job-sharing, flexible Arbeitszeit, kein Kaffeekochen mehr für den Chef, Aufstiegschancen für Frauen bis in die Leitungsebene und sogar ein Tageskindergarten für die Kinder der weiblichen Bürokräfte.

Lily und Dolly stellten alles in den Schatten. Jane machte das nichts aus, denn sie spielte nicht alle ihre Trümpfe aus, weder mit ihrer Kleidung noch mit ihrem Auftreten. Sie bemühte sich nach Kräften, so auszusehen und zu agieren, als sei sie bloß ein Mauerblümchen – was ihr aber nicht ganz gelang. Hinter der dicken Hornbrille war immer mal ein bißchen von Barbarella und Bree Daniel zu spüren; als Sekretärin war sie nicht unbedingt überzeugend.

Aber der Tycoon Jane blühte danach auf wie eine Rose. Trotz der durchwachsenen Besprechungen brachte der Film eine Menge Geld ein. Fast alle *wirklichen* Büroangestellten des Landes gingen in den Film, und dann die Millionen, die Lily, Dolly und Jane anbeteten. Ohne sich dessen bewußt zu sein, spendete David Ansen von der *Newsweek* dem Tycoon Jane das höchste Lob, als er schrieb: »Wenn es einen Oscar für die Wahl der besten Besetzung gäbe, würde ihn dieses Jahr *Warum eigentlich … bringen wir den Chef nicht um?* unbesehen gewinnen.« Nur wenige wußten, daß Jane und ihre Gesellschaft IPC Films diese glänzende Kombination Lily, Dolly und sie selbst ins Rennen geschickt hatten. Für die Schauspielerin Jane war der Streifen nicht das Gelbe vom Ei.

Etliche Kritiker beteten Ansens Worte nach: »Jane Fonda hat die unattraktivste Rolle und spielt die normale Frau neben den grotesken Kampfgenossinnen.« Wie Schauspielerinnen nun mal sind, konnte sich Jane über solche Kommentare ziemlich ärgern.

Doch in diesem Falle ärgerte es sie nicht allzusehr, denn sie beschäftigte sich schon mit dem nächsten Film, wieder für IPC, und sie wußte im Innersten, daß dieser ein *echter* großer Renner werden würde.

32

»Das Kind hat mir vor ein paar Jahren wieder mal einen rechten Streich gespielt«, sagte Josh Logan 1987 in seinem letzten Interview mit mir. Er bezeichnete Jane immer noch als »das Kind«, obwohl sie zu der Zeit gerade fünfzig wurde. Und er erzählte weiter:

> Nicht daß sie es gewußt hätte, aber sie kam mir bei einer großen Produktion in die Quere, die ich machen wollte. Doch ich darf mich, glaube ich, nicht beklagen. Sie war so clever, daß sie mir einen Tick zuvorkam. Das war nämlich so: Ich ging mir in der Hudson Guild ein Off-Broadway-Theaterstück anschauen. Es stammte von dem jungen Autor Ernest Thompson, und es gefiel mir sehr. Als ich nach Hause kam, rief ich gleich Jimmy Stewart in Kalifornien an und sagte zu ihm: »Das ist genau der richtige Film für dich, und ich möchte ihn produzieren und die Regie übernehmen. Die ergreifende Geschichte dreht sich um einen alten Brummbär, der auf seine alten Tage mit seiner Frau und seiner Tochter ins reine kommen will.« Jimmy antwortete: »Fein«, und am nächsten Morgen telefonierte ich wegen der Filmrechte herum. Ich konnte sie bloß nicht kriegen. Jane hatte sie schon für ihre eigene Gesellschaft erworben und wollte Hank dafür engagieren. Das Stück hieß *Am goldenen See* (*On Golden Pond*). Als ich Jimmy am Telefon erzählte, was passiert war, erwiderte er auf seine trockene Art: »Nun, Josh, du kannst nicht immer gewinnen, besonders nicht, wenn du ein gescheites Patenkind hast, das auch Produzent ist.«

Der schnelle Ankauf von *Am goldenen See* war ein weiteres Indiz, daß Jane als Filmpotentatin auf vollen Touren lief. Es zahlte sich natürlich aus, daß sie den Stückeschreiber kannte. Er war ein Nachbar aus Santa Monica, und sie wußte schon von dem Stück, als es noch in der Schreibmaschine steckte. Warum kaufte sie es, schon bevor die lobenden New Yorker Theaterkritiken erschienen? Sie gab eine einfache Antwort darauf, obgleich ihr die Stimme dabei ein bißchen zitterte: »Ich wollte diesen Film als Huldigung an meinen Vater machen.«

Hank Fonda ging auf die sechsundsiebzig, und es stand nicht gut um ihn – weder gesundheitlich noch beruflich. 1974 – also sechs Jahre zuvor – war er während seiner Einmannshow am Broadway, *Clarence Darrow for the Defense*, hinter der Bühne zusammengebrochen und mußte eiligst ins Lenox Hill Hospital gebracht werden. Sein Herz schlug unregelmäßig wild drauflos, und ihm mußte ein Herzschrittmacher eingesetzt werden, um den Rhythmus zu stabilisieren.

Doch es handelte sich um eine chronische Herzkrankheit, und Hank wurde in den folgenden sieben Jahren achtmal ins Krankenhaus gebracht und erhielt schließlich einen neuartigen Lithium-Pacemaker. Arbeiten konnte er nicht viel, und er war auch nicht sehr gefragt. Schon Ende der sechziger Jahre war er meist nur als Star in einer Nebenrolle aufgetreten, in Kriegsfilmen wie *Die letzte Schlacht* (*The Battle of the Bulge*), und nun blieben Filmrollen fast gänzlich aus. In der Fernsehwerbung machte er Reklame für Fotoartikel und war gelegentlich in Fernsehspielen wie in David Rintels' *The Oldest Living Graduate* zu sehen.

Jane ging die Krankheit des Vaters sehr nahe. Sie hatte Schuldgefühle (wie sie Freunden gestand), daß sie sich nach seinem ersten Herzanfall in einer anderen Ecke der Welt aufgehalten und in Vietnam *Introduction to the Enemy* gedreht hatte und deshalb nicht in New York an Hanks Bett sitzen konnte. Dann bedrängten sie noch andere gemischte Gefühle. Seit der Kindheit war Hank ihr Vorbild gewesen, und nun zerfiel das Idol – ein Problem, dem sich in unterschiedlichen Graden Millionen von Menschen mit ihren kränkelnden Vätern gegenübersehen. Aber Hank Fonda war kein durchschnittlicher Vater, wie es Jane in etlichen Jahrzehnten zur Genüge klargeworden war. Gefühlsmäßig vermochte sie sich ihm immer noch nicht zu nähern, selbst wenn sie an seinem Krankenbett saß. Sein Stolz auf sie wuchs, und er sagte bei vielen Gelegenheiten: »Ich habe größte Hochachtung vor Jane.« Doch seine Haltung glich – wie es Brooke Hayward analysiert hat – weiterhin der eines barschen Hauptfeldwebels gegenüber seinen untergebenen Soldaten.

Der Schriftsteller Howard Teichman schildert Janes Besuch bei Hank im Krankenhaus einen Tag nach seinem sechsundsiebzigsten Geburtstag. Teichman erinnert sich, wie Jane, offensichtlich in furchtbarer Sorge um ihn, eintrat und Hank sie mit den Worten begrüßte: »Ich dachte, du bringst mir wenigstens einen Einkaufswagen voll Kräuterlimonade zum Feiern mit!« Kräuterlimonade mit Eis war immer sein Lieblingsgetränk gewesen.

Hank erkannte durchaus seine Schwächen als Vater. Er gab sie häufig öffentlich zu, sogar damals, als er für sein Lebenswerk von der Filmakademie ausgezeichnet wurde. Mehrmals sprach er: »Ich gefalle mir nicht. Ich konnte mich nie leiden. Selbst um Ihnen meinen Dank ausdrücken zu können, brauche ich eine Textvorlage ... Ich glaube nicht, daß ich ein besonders guter Vater gewesen bin, aber ich bin glücklich, daß ich so begabte Kinder in die Welt gesetzt habe.«

Es hatte also einen tieferen Grund, wenn Jane sagte, sie habe *Am goldenen See* als Huldigung an ihren Vater angekauft und produziert. Man muß kein Psychologe sein, um zu erkennen, daß sie immer noch die uneingeschränkte Liebe des Vaters zu erringen trachtete und daß sie Schuldgefühle erfüllten, weil sie sich mit zwei Oscars schmücken konnte und der brillante Hank nicht einmal einen bekommen hatte. Sie hoffte, ihr Idol wieder auf den Sockel zu heben, wenn sie ihm die Chance einer Vorstellung alter Klasse bot.

Wahrscheinlich erkannte sie auch, daß sie durch das Stück von Thompson wenigstens auf der Leinwand zum erstenmal mit dem Vater vertraulich reden könnte, was *er* bisher im Leben nicht fertiggebracht hatte. Sie glaubte daran, weil die Situation von Chelsea, der Tochter im Stück, und ihrem Vater Norman so sehr Janes eigenem Verhältnis zu ihrem Vater entsprach. »Da war also diese dreiundvierzigjährige Frau in dem Stück«, erklärte Jane, »deren Vater ihr Leben bestimmt. Und hier war ich: Mein Vater löste das gleiche Gefühl bei mir aus, als ich jünger war.«

Und so gingen Jane als Produzentin und ihr Partner Bruce Gilbert daran, den Film zusammenzubauen. In Janes nunmehr für das Casting geschärften Vorstellung gab es nur eine Schauspielerin, die Normans langjährige Ehefrau Ethel während der letzten Tage ihres gemeinsamen Lebens am goldenen See spielen konnte: Katharine Hepburn. Vom ersten Tag an stand für Jane fest, daß sie selbst die Tochter Chelsea spielen würde – wieder selbstlos in einer untergeordneten Rolle neben dem Knistern zwischen zwei bravourösen echten Giganten der Leinwand, die zum erstenmal in einem Film zusammentrafen.

Sowohl Katharine Hepburn als auch Hank waren begeistert von dieser Rollenverteilung. Jane war überglücklich: »Schon als kleines Mädchen habe ich Kate bewundert. Jetzt war sie für mich nicht nur die möglicherweise höchstgeschätzte lebende Schauspielerin, sondern bildete auch für mich die Symbolgestalt der Frauenemanzipation, seit sie ihre Filmlaufbahn vor fast fünfzig Jahren mit ihrer Rebellion gegen Louis B. Mayer begann und ihn austrickste.«

Katharine Hepburn sagte, Jane erinnere sie genau daran,

wie sie, Kate, als junge Frau einmal gewesen war. Mit ihrem scharfen Gespür für menschliche Beziehungen erfaßte sie sogleich alle Nuancen der Situation zwischen Hank und Jane. Sie sagte: »Beide greifen nach etwas, was sie ihrer Ansicht nach verfehlt haben.« Recht hatte sie.

Jane und Gilbert suchten sich den angesehenen Regisseur Mark Rydell aus, und der ganz Troß setzte sich an einen See in New Hampshire in Bewegung, der der Beschreibung in Thompsons Stück sehr nahekam. Alle Szenen spielen am See. Es war immer noch im wesentlichen eine Dreipersonengeschichte. Sie dreht sich um Norman Thayer, einen fast achtzigjährigen Mann mit seltsamen Marotten, der Anzeichen von Senilität verrät und sich vor dem Tod fürchtet, und um seine über siebzigjährige, blitzgescheite, einfühlsame, liebende Frau Ethel. Beide verbringen wie schon seit Jahren den Sommer in ihrem Cottage am goldenen See – vielleicht den letzten. Norman ist noch sehr aktiv, aber krank. Ihre Unterhaltung sprüht vor Witz und Spannung, als sie sich abwechselnd kabbeln, einander lieben und lebensbedrohliche Krisen überwinden.

Da hinein platzt Chelsea (Jane), die schon lange dem Vater entfremdet ist. Sie bringt den neunjährigen Billy mit, den frühreifen Sohn des Mannes, den sie zu heiraten gedenkt. Chelsea läßt Billy bei ihren Eltern, während sie mit dem Zukünftigen, einem Zahnarzt, nach Europa fährt. Eine tiefe Zuneigung entwickelt sich zwischen Billy und Norman: Der wollte nämlich schon immer einen Sohn haben, bekam aber statt dessen Chelsea. Sie spielen zusammen, angeln zusammen und erleiden auf dem See einen Unfall, der beinahe in einer Katastrophe geendet hätte.

Interessant dabei war, daß Hank während der Aufnahmen großen Gefallen an Tom Hayden fand, der wie er selbst ein leidenschaftlicher Angler war. Davor waren sie freundlich und korrekt miteinander umgegangen. Jetzt, wo sie an Hanks freien Tagen gemeinsam Forellen und Barsche angeln gingen, entwickelte sich zwischen ihnen eine wahre Anglerfreundschaft. Jane schwelgte in Seligkeit. Die weise Katharine Hepburn beobachtete das als Zuschauerin und war ebenso glücklich darüber.

Zur gleichen Zeit war Jane aber auch äußerst unruhig. Die große Szene der Annäherung zwischen Norman und Chelsea stand bevor, und das konnte auch irgendwie die große Szene der Annäherung zwischen Hank und Jane sein. Die Schlüsselstelle beginnt so:

> *Chelsea* (*zu Ethel*): Ich kann mit ihm nicht reden. Das konnte ich noch nie. Vielleicht können wir eines Tages Freunde werden.
> *Ethel*: Chelsea, Norman ist achtzig. Er hat Probleme mit dem Herzen und kann sich nicht mehr richtig an alles erinnern. Wann, denkst du denn, soll diese Freundschaft beginnen?

Ein paar Szenen später wärmen Chelsea und Norman wieder alte Streitigkeiten auf, und Jane fleht, den Ausdruck echter Liebe in den Augen: »Ich möchte deine Freundin sein.«

Als die Szene drankam, wurde es Hank weich ums Herz, Norman wurde es weich ums Herz, Jane wurde es weich ums Herz, Chelsea wurde es weich ums Herz. Das war eine der denkwürdigsten Szenen der Filmgeschichte, auch wenn sie zurückhaltend gespielt wurde. Als sie vorüber war, weinte Jane, und Hank ging zu ihr hin und drückte sie an sich, vielleicht zum erstenmal in seinem Leben. Kate Hepburn weinte auch. Es erinnerte sie an Spencer Tracys Liebeserklärung in ihrem letzten gemeinsamen Film *Rat mal, wer zum Essen kommt* (*Guess Who's Coming to Dinner*).

Wie Tracy kostete es auch Hank Fonda alle Kraft, seinen letzten Film zu beenden. Die Aufnahmen zu *Am goldenen*

See wurden an einer Stelle unterbrochen, weil er für ein paar Tage ins Krankenhaus mußte. Als die Dreharbeiten abgeschlossen wurden, war er wieder krank und kam bald darauf erneut ins Krankenhaus. Jane verbrachte viel Zeit bei ihm und löste sich in der Besuchszeit mit seiner Frau Shirlee ab.

Eine Weile schien es ihm gutzugehen, und er jubelte mit Jane, als der Film nach der Premiere gute Besprechungen erhielt und volle Häuser erzielte. Es war ein Hit – nicht so groß wie einige andere Filme Janes, aber für einen Film über ältere Leute auf einem Markt, der von einer ekstatischen Begeisterung für Filme über jüngere beherrscht wurde, schnitt er an den Kinokassen ganz ansehnlich ab.

Als es zur Oscar-Verleihung kam, wurden Hank, Katharine und Jane nominiert – und der Film. Inzwischen redete Hank Jane, wenn auch zögernd, mit »Honey« und »Darling« an. Er zeigte sich nun beträchtlich zugänglicher, aber nicht bis ins letzte.

An der Oscar-Verleihung im März konnte er nicht teilnehmen: Er lag wieder im Bett und sah sich die Zeremonie mit Shirlee im Fernsehen an.

Hank erhielt den Oscar für den Besten Schauspieler, den ersten Oscar seiner siebenundvierzigjährigen Filmkarriere. Mit Tränen in den Augen ging Jane auf die Bühne und nahm die Trophäe stellvertretend in Empfang. Dann gewann Katharine Hepburn den als Beste Schauspielerin. Jane schrie auf vor Freude. Nach der Übergabe des Oscars für den Besten Film an *Die Stunde des Siegers* (*Chariots of Fire*) eilten Jane und Katharine Hepburn zu Hank nach Hause, um mit ihm und Shirlee zu feiern. Diesmal brachte sie einen Einkaufswagen voll Kräuterlimonade mit.

Fünf Monate danach war Hank tot. Er verschied im Schlaf am 12. August 1982 im Cedars-Sinai Hospital in Los Angeles. Als er starb, waren Jane und die Familie an seinem Bett versammelt.

Eine Woche später wurde sein Testament eröffnet. Er überließ fast den gesamten beträchtlichen Besitz Shirlee und seiner Tochter Amy aus der Ehe mit Susan Blanchard. Bis zu seinem Ende war er bärbeißig geblieben: Jane vererbte er nichts, ebensowenig ihrem Bruder Peter. Ausdrücklich vermerkte er im Testament den Grund: »Meiner Meinung nach sind sie finanziell unabhängig.«

33

»Obwohl der Tod ihres Vaters samt seinen Nachwirkungen nicht unerwartet kam, war er doch für Jane offensichtlich ein schwerer Schlag«, meinte Tom Epstein, einer ihrer Kollegen von der Campaign for Economic Democracy. Folgende Bilanz unterstützt diese Annahme: Während Jane von 1978 bis 1981 die unglaubliche Anzahl von acht Filmen hervorgebracht hatte, belief sich ihre gesamte Produktion der nächsten sechs Jahre auf nur drei Filme.

Es nimmt sich wie eine kleine Lücke aus, wenigstens in der Filmtätigkeit. Einige Freunde erklären sich das so: Jane hatte persönlich ein sehr hohes künstlerisches Niveau erreicht, als sie Hank Fonda mit *Am goldenen See* zu seinem ersten Oscar verhalf, und litt vorübergehend an dem Komplex, nun keine neuen Welten mehr erobern zu können. Diese Freunde glaubten auch, Hanks Testament habe sie verletzt – nicht aus materiellen Gründen, denn das kümmerte sie überhaupt nicht, sondern weil sie erkannte, daß es ihr trotz aller Bemühungen nicht vollkommen gelungen war, eine echte verständnisvolle Beziehung zu ihm herzustellen.

Andere meinten, sie sei nach den drei hektischen Jahren, in denen sie Filme am laufenden Band produzierte und spielte, einfach erschöpft. Das zeigte sich deutlich im letzten Film von 1981, *Das Rollover-Komplott* (*Rollover*). Auch er wurde von IPC produziert, und Bruce Gilbert gesteht: »Abgesehen natürlich von *Introduction to the Enemy* war es das erste finanzielle Fiasko von IPC Films.«

Wenn man sich diesen Film genauer anschaut, in dem sie unter der erneuten Regie von Alan Pakula zusammen mit Kris

Kristofferson auftrat, dann entdeckt man viele Anzeichen einer solchen Ermüdung. Hier vermißt man das feine Gespür der Produzentin und die flammende Begeisterung der Schauspielerin Jane. Gilbert gibt zu verstehen, daß man diesen Stoff wahrscheinlich von vornherein gar nicht hätte ankaufen sollen. Aber aus Fairneß den Verfassern David Shaber, Howard Kohn und David Weir gegenüber muß man sagen, daß Jane zu dieser Zeit wegen der Krankheit ihres Vaters den Kopf voll von schrecklichen Sorgen hatte.

Es war ein romantischer Krimi, angesiedelt in der Welt der internationalen Hochfinanz: geldgierige amerikanische Banker (ein beliebtes Thema Jane Fondas) im Streit mit geldgierigen arabischen Investoren. Ihre Machenschaften können die Welt in eine Wirtschaftskatastrophe stürzen, und das geschieht dann auch. In diesem Epos wird Jane mit einer Fülle von Phantasiekostümen ausstaffiert, aber ihrer Darstellung mangelt es an Wärme und Glaubwürdigkeit – ganz ungewöhnlich für sie. Das kam fast einem Rückfall in die Periode ihrer französischen Filme gleich, in denen sie reiche Damen gespielt hatte.

Der Film wurde von den Kritikern verrissen, und die Einnahmen waren kaum der Rede wert – trotz Janes voraufgegangener Erfolge. Für die Branche überschrieb die *Variety* ihre Besprechung mit »Nicht besonders bankwürdig« und schloß: »Diese Geschichte soll uns warnen, und man kann nach dem Kinobesuch nur eins tun: sein Geld abheben und es unter die Matratze stecken.« Das einzig Gute an dem Film war die Tatsache, daß Jane Hume Cronyn kennenlernte, der einen der Banker spielte und später absolut unerwartet zu einem wichtigen Triumph für sie beitragen sollte.

So begann Janes Atempause der frühen achtziger Jahre in Moll. In den nächsten drei Jahren sollte sie nicht vor die Kamera treten. Für die Produzentin Jane gab es im Gegensatz zur Schauspielerin jedoch keine richtige Pause. Sie bemühte sich um die Filmrechte an zwei Romanen; einer war schon zehn Jahre zuvor erschienen, an dem anderen wurde noch geschrieben – wie damals bei dem Stück *Am goldenen See.* Vor allem diesem Spürsinn, verborgene Filmstoffe auszugraben, verdankt die Produzentin Jane Fonda ihre Machtstellung in der Filmindustrie.

Gleichzeitig hatte Jane noch ein anderes Eisen im Feuer. Das Fitneßstudio in Beverly Hills florierte und veranlaßte sie, neue Studios in San Francisco und in Encino im San Fernando Valley bei Los Angeles zu eröffnen. Bis 1982 hatten sich diese Studios zum großen Geschäft gemausert; wenigstens dreitausend Frauen kamen pro Woche, die Stunde für 6,50 Dollar. Das waren nur Pfennige, verglichen mit den Einnahmen aus dem ersten *Jane Fonda Original Workout Book.* Der Buchmarkt hat etwas Derartiges nur selten erlebt: 1800000 verkaufte Exemplare! Janes zweites verlegtes Buch schlug 1982 fast ebensogut ein, *Workout Book for Pregnancy, Birth and Recovery* (etwa: Fitneßbuch für Schwangerschaft, Geburt und Rekonvaleszenz) von der Fitneßexpertin Femmy DeLysser. Bei einer Tantieme von 2,45 Dollar pro Exemplar beliefen sich die Einnahmen, die in die Schatzkammern von Jane Fonda's Workout, Inc., flossen, auf mehr als fünf Millionen Dollar.

Aber auch das waren bloß Pfennige im Vergleich zu dem, was die Videokassetten gemeinsam mit den entsprechenden Audiokassetten und Schallplatten einspielten. Ihr erstes Fitneßvideo erschien am 25. April 1982 auf dem Markt. Es kostete sechzig Dollar und stieg sofort raketenhaft bis an die Spitze der Charts und bleib jahrelang ganz oben. Dasselbe passierte mit den darauffolgenden Kassetten. Das Magazin *Fortune* schreibt dazu:

> Bevor Fonda ihren Tophit landete, war jeder Spitzenreiter ein Spielfilm. Vor Fonda bestand der Videomarkt ganz aus Spielfilmen. Achtzig Prozent der Einnahmen erzielten die meisten Videoshops mit der Ausleihe. Aber Fondas Kassetten wurden *gekauft*, nicht ausgeliehen. Jetzt fragt sich jeder in der Branche, wie er das nachmachen kann.

Das Erfolgsgeheimnis von Janes Videokassetten ist umstritten. Ohne Frage hat ihre im Showbusineß erworbene Cleverneß viel dazu beigetragen. Die Videos enthalten die grundlegenden Übungen – meist Aerobictänze –, aber jedes einzelne ist wie eine gut ausbalancierte Broadwayshow inszeniert. Jane steht da, Vorderbühne Mitte, im engen Trikot, hinter ihr eine Gruppe ähnlich gekleideter, attraktiver Mitturnerinnen. Wenn die Musik einsetzt, fliegen Brüste und Pobacken in alle Richtungen.

Selbst die heftigsten Kritiker an dem Sex-Touch der Videobänder räumen ein, daß sie für Millionen von Frauen, die sich mit ihrer Hilfe in Form halten wollen, instruktiv und wertvoll sind, doch man murmelte auch, daß Jane mit dem spärlichen Dreß wieder auf das Niveau von *Barbarella* zurückfalle. Professor Margaret Morse von der University of Southern California kritisierte in einer Studie *alle* Fitneßvideos, nicht nur die von Jane, weil sie eine »passive Fraulichkeit« propagierten. Sie klagte, die Kassetten seien »fast Softpornos voller Gekeuche, geiler Gafferei und langen Einstellungen auf Körperteile, die nichts direkt mit der Übung zu tun haben«. Speziell über Jane schrieb sie:

> Ich sehe Jane Fonda auf ihrem Hintern sitzen, die Beine V-förmig in die Luft gestreckt. Einerseits sieht das nach Kraft aus, doch andererseits macht es sie völlig bewegungslos und zwingt sie in eine unterwürfige Position. Die klare Botschaft lautet: »Ich besitze Kraft, aber ich bin dennoch eine Frau, die auf Männer angewiesen ist.«

Diese Argumentation – die Jane nur ein Wort entlockte: »Absurd!« – war für die Öffentlichkeit ein bißchen zu verstiegen und kratzte den Absatz überhaupt nicht. Vielleicht hat sie den Verkauf an gewisse voyeuristische Männer eher gesteigert.

Jedenfalls lief Mitte 1982 das Geld scheffelnde Fitneßimperium finanziell auf Hochtouren. Der Großteil des Gewinns ging nach wie vor an die Campaign for Economic Democracy und wurde neuerdings auch in Tom Haydens ersten politischen Wahlfeldzug gesteckt; er strebte einen Sitz im Abgeordnetenhaus des Bundesstaats Kalifornien an.

Hayden kandidierte für die Demokraten in Santa Monica, obwohl der 44. Wahlbezirk auch einige Gebiete der City von Los Angeles umfaßte. Sein Gegner war der Republikaner Bill Hawkins. Der baute seinen Wahlkampf fast ausschließlich auf der Behauptung auf, Hayden sei trotz seiner Beteuerungen, sich gewandelt zu haben, immer noch ein gefährlicher Radikaler – wie zu Zeiten der Sieben von Chicago. Es herrschte ein erbitterter Wahlkampf, in dem Hawkins starke Unterstützung aus der Ecke der Hauseigentümer erhielt, die Hayden in Sachen Mietpreiskontrolle besiegt hatte. Hayden schlug mit seinem über die Jahre perfektionierten Podiumsrednerstil zurück, und er hatte Jane als effektvolle Wahlhelferin im Hinterhalt. Sie war bei Versammlungen und Auftritten in Einkaufszentren einfach brillant.

Es war das wahrscheinlich kostspieligste Rennen in der Geschichte Kaliforniens um einen bloßen Abgeordnetensitz auf Bundesstaatsebene. Auf beiden Seiten wurden jeweils über zwei Millionen Dollar ausgegeben – mehr als man in einem der kleineren Bundesstaaten des amerikanischen Westens braucht, um Gouverneur zu werden. Mit den finanziellen Ressourcen aus Janes Filmen und aus dem Fitneßgeschäft schlug Hayden den Opponenten, was die Ausgaben anging, aus dem Feld, wenn auch nur geringfügig. Hawkins'

Plakate und Werbesendungen betonten, wie gefährlich es für die ganze Nation wäre, wenn der Fonda-Hayden-Flügel der Demokratischen Partei die Macht übernähme. Das Resultat am Wahltag 1982 fiel jedoch eindeutig aus: Hayden gewann mit 64373 Stimmen gegen Hawkins mit 53389 Stimmen.

Und so richtete sich Jane darauf ein, eine Weile die Frau eines gewählten Politikers zu sein. Trotz all ihrer anderen Aktivitäten arbeitete sie von Zeit zu Zeit in Toms Büro in Santa Monica, und zu Hause in der Alta Avenue spielte sie gekonnt die Gastgeberin bei politischen Zusammenkünften. Diese Parties waren nichts gegen die Festivitäten, mit denen sie in Beverly Hills und Bel Air aufgewachsen war. Tatsächlich ging sie den Hollywood-Berühmtheiten, die sie zu ihren Freunden zählen konnte, aus dem Wege. Der Publizist Andy Meisler liefert dazu einen sozial interessanten Kommentar. Er arbeitete unerkannt als Parkwächter bei Feten der Filmbranche, weil er für ein Magazin eine Geschichte darüber schreiben wollte, welche Autos die Stars fahren: »Ich war bei einer Party im Haus Jane Fondas angestellt, und ich habe keinen einzigen Mercedes oder Rolls Royce oder Jaguar geparkt, die bei anderen Parties einfach dazugehörten. Statt dessen kamen sie alle im gleichen Autotyp zu Janes Toreinfahrt herein – im Volvo. Also das würde ich ›liberalen Schick‹ nennen!«

Im großen und ganzen führten die Fonda-Haydens einen unorthodoxen Haushalt. Da Hayden eine ansehnliche Aufwandsentschädigung bekam und sich nicht gern von der Familie trennte, pendelte er zwischen Santa Monica und Sacramento, der Hauptstadt des Bundesstaats. Das bedeutete einen täglichen Linienflug hin und zurück von zusammen ungefähr achthundert Meilen, was sich der durchschnittliche Abgeordnete nicht leisten konnte. Jane betete Hayden ja geradezu an, aber im Gegensatz zu ihren früheren Liaisons wurde dieses Gefühl nun erwidert. Hayden war schon immer ein Filmfan gewesen, und er bewunderte alles, was Jane »seit ihrer Erweckung« auf der Leinwand dargeboten hatte. Mit fachmännischem Geschick beriet er sie und war in gewissem Grade auch dafür mitverantwortlich, daß sie *Das China-Syndrom* und *Coming home – sie kehren heim* drehte, und er gab auch Anregungen für einige feine Nuancen ihrer Darstellung in diesen und anderen Filmen. Ihrerseits beriet Jane Tom Hayden mit fachmännischem Geschick bei manchen politischen Verhandlungen in der Gesetzgebenden Versammlung – so bei einer Reihe von Gesetzesvorlagen, die er einbrachte, um von den Arbeitgebern zu finanzierende Tageskindergärten durchzusetzen. Gegen solche Ansinnen legte der republikanische Gouverneur George Deukmejian gewöhnlich sein Veto ein.

Das gute Einvernehmen des Paars schlug sich auch im Verhalten von Janes Kindern nieder. Troy, nun neun Jahre, hatte Haydens irischen Gesichtsschnitt und die Liebe des Vaters zum Sport geerbt. Der Junge war schon ein eingefleischter Baseballspieler und machte sich in der Kinderliga sehr gut; des öfteren schaute die Mutter bei Wettkämpfen zu. Die vierzehnjährige Vanessa lebte nun glücklich und zufrieden bei der Mutter; Vater Roger Vadim hatte jedoch absichtlich ein Haus in der Nähe, in Santa Monica, genommen, und sie konnte, sooft sie wollte, mit ihm zusammensein. Vanessa zog Jane zuweilen mit solchen schnippischen Bemerkungen auf wie: »Dad kocht besser als du«, eine mehr oder weniger theoretische Feststellung, denn sowohl Jane als auch Vadim hatten Hausangestellte, die wahrscheinlich meistens kochten.

Vanessa kam gerade in die Pubertät, und nun nahm Jane, anders als in früheren Jahren, ihre Verantwortung als Mutter sehr ernst. In einem Interview mit der *Los Angeles Times* äußerte sie:

Wenn ich daran zurückdenke, wie mir zumute war, als meine Mutter starb – ich war in Vanessas Alter –, und wie wenig wir davor miteinander geredet haben, so gebe ich mir mit Vanessa alle Mühe. Sie ist mir ja so ähnlich. Sie ist ein launisches, gefühlsbetontes, schnell erregbares Mädchen, ein Mensch, glaube ich, der aus einem gewissen Gefühl der Unsicherheit heraus in manchem zu weit geht, der eine bestimmte Art von Aufmerksamkeit zu erringen versucht … Irgendwie bin ich vielleicht mehr ihr Kumpel als ihre Mutter. Mit mir kann man gut über Sex und Drogen und all so was reden. Und ich rede mit ihr darüber. Sie hört so intensiv zu … Ich denke, Vanessa wird es schon schaffen. Um Troy mache ich mir keine Sorgen.

Das waren also die guten Jahre – Jane befreit von der Hektik des Filmemachens. 1983 schrieb sie ein neues Buch, gemeinsam mit Mignon McCarthy, *Women Coming of Age*, über den Wechsel ins mittlere Lebensalter; es wurde ein Jahr darauf veröffentlicht. Obwohl andere Autoren, die das gleiche Thema behandelt hatten, Zweifel an der Originalität der Gedanken laut werden ließen – namentlich Barbara Seaman, ein Guru auf diesem Gebiet –, wurde es wieder ein Bestseller. Es gab eine Menge scharfe Kritik, aber keine Gerichtsverfahren, und wie bei allen Büchern Janes kamen von *Women Coming of Age* natürlich auch bald eine Schallplatte, eine Ton- und eine Videokassette auf den Markt.

Wie man sieht, befaßte sich Jane jetzt vorrangig mit derartigen Dingen, so daß das Magazin *Fortune* 1984 einen langen Artikel über sie als eine der Top-Geschäftsfrauen der Vereinigten Staaten veröffentlichte. Er trug den Titel »Jane Fondas Erziehung zum Busineß«. Der Untertitel war treffender: »Jane Fonda bewies im vergangenen Jahrzehnt, daß man Kapitalisten nicht mögen muß, um ein erfolgreicher Kapitalist zu werden.« Dieses Februarheft von *Fortune* war in Los

Angeles und Umgebung sofort vergriffen. Die Leute von der Filmbranche, die sich über Janes fast dreijährige Abwesenheit von den Studios gewundert hatten, erfuhren nun wenigstens einen der Gründe dafür.

In Los Angeles stellte man sich jetzt häufig die Frage: »Wenn diese vielen Millionen ihr aus anderen Quellen zuströmen, wird Jane Fonda dann überhaupt noch mal einen Film drehen?« Wie gewöhnlich stieß die Herrin des Unerwarteten die Schlauköpfe des Showbusineß vor den Kopf: Sie drehte wieder, noch im selben Jahr 1984, aber für das *Fernsehen*. Zum ersten- und letztenmal begab sie sich als Produzentin und als Filmstar in dieses Medium, und sie schoß den Vogel ab: Sie erhielt den Emmy.

34

Wenigstens in meinen Augen ist Jane Fondas dreistündiger Fernsehfilm für ABC *Ein Traum wird wahr* (*The Dollmaker*) das Beste, was sie gemacht hat. Daß sie den Film drehte, hat viele bewegende Aspekte. Zum einen bestärkt er mich in dem Glauben, daß ihr Vater selbst im Tode noch einen gewaltigen Einfluß auf sie ausübte. Bemühte sie sich nach wie vor, seine uneingeschränkte Liebe zu gewinnen? Wollte sie ihm immer noch nacheifern? Man vergesse nicht, wann immer sie in der Öffentlichkeit über die Laufbahn ihres Vaters sprach, stellte sie meistens *Die Früchte des Zorns* als sein Meisterwerk heraus. Es gibt etliche Hinweise – selbst von Roger Vadim –, daß sie einige Jahre lang nach ihren eigenen *Früchten des Zorns* suchte. *Nur Pferden gibt man den Gnadenschuß* kam dem Ziel sehr nahe, aber das war kein eigener Film gewesen.

Im Jahre 1971, als sie tief in den verschiedenen Protestbewegungen drinsteckte und ihre Beschimpfung als »Hanoi-Jane« noch bevorstand, fiel Jane ein Roman mit dem Titel *The Dollmaker* in die Hände. Sie verschlang das Buch und las es immer wieder, und als sie mit ihren Vorträgen an Universitäten und in GI Coffee Shops kreuz und quer durchs Land fuhr, trug sie es bei sich in ihrem Matchbeutel. Das ist wieder mal ein glänzendes Beispiel dafür, wie hartnäckig Jane an einem möglichen Filmstoff festhält, bis sie ihn auf der Leinwand verwirklicht sieht! In dem Fall hielt sie unglaubliche dreizehn Jahre lang an ihm fest.

Was Jane an dem Roman so faszinierte, war die Hauptfigur Gertie Nevels, eine außergewöhnlich tapfere Frau, Mutter von fünf Kindern. Sie wird gezwungen, ihre Wurzeln in den heimatlichen ländlichen Appalachen zu verlassen und ihrem Mann nach Detroit zu folgen, der dort während des Zweiten Weltkriegs am Fließband arbeitet. Der *Los Angeles Times* gegenüber bemerkte Jane Fonda in einem Interview:

> Gertie Nevels war Tom Joad aus den *Früchten des Zorns*, den mein Vater gespielt hatte, so ähnlich! Ich liebte Gerties Beherztheit und Findigkeit angesichts ihrer Knochen und Seele zermürbenden Erfahrungen in Detroit, wo sie nicht zuletzt den schrecklichen Tod eines Kindes miterleben muß, das unter die Räder eines Zugs gerät. Wir lernen diese Frau in dem Moment kennen, als sie sich klar wird, daß sie eine echte künstlerische Begabung besitzt, nämlich Puppen und Figuren aus Holz zu schnitzen. Und sie beginnt an die eigenen Fähigkeiten zu glauben. Ich liebte Gerties Bescheidenheit und ihre mütterlichen Qualitäten. Man findet nur selten einen Stoff, der eine Frau zeigt, wie sie Dinge tut, die Frauen eben tun – Kinder aufziehen, sie ernähren, als Rückgrat der Familie dazusein –, und das ohne Herablassung und ohne falsche Feminisierung.

Von dem Roman gefesselt, machte sie sich 1974 auf die Suche nach der Verfasserin Harriette Arnow. Damals steckte Jane in großen finanziellen Schwierigkeiten. Sie hatte gerade in Vietnam den Film *Introduction to the Enemy* gedreht, der kein Geld einbrachte, und die Rußlandreise wegen der kleinen Rolle in *Der blaue Vogel* stand ihr noch bevor. Bis zu ihrem ersten Comebackfilm *Das Geld liegt auf der Straße* sollten noch zwei Jahre vergehen. Und sie hatte gerade das beschwerliche Jahr hinter sich, in dem sie die Bulimie als Gewohnheit abgelegt hatte.

Über ihre Begegnung mit Harriette Arnow berichtet Jane:

> Ich befand mich gerade auf Tour als Kriegsgegnerin in Michigan, und Harriette Arnow wohnt in Ann Arbor. Als wir dort an der University of Michigan ein Protestmeeting abhielten, rief ich sie an und fragte, ob wir uns treffen und uns über *The Dollmaker* unterhalten könnten. Wir trafen uns, und je länger wir miteinander sprachen, desto mehr gelüstete es mich nach einer Option auf die Verfilmung. Ich konnte mir sie aber zu der Zeit nicht leisten, doch sobald etwas Geld bei meiner Firma IPC hereinkam, erwarb ich die Rechte.

Es gibt kein besseres Beispiel für Janes Beharrlichkeit, wenn sie etwas unbedingt haben will. Das Projekt *The Dollmaker* schlummerte noch weitere zehn Jahre, bevor sie es in Angriff nahm. Zuerst dachte sie nur an einen Kinofilm und engagierte einen Drehbuchschreiber der Spitzenklasse, Millard Lampell, der den ausufernden 600-Seiten-Roman zu einem Zweistundenfilm verdichten sollte. Lampell bekam das nicht zu ihrer Zufriedenheit hin, ebensowenig wie andere Autoren, die sie danach dransetzte.

In der Zwischenzeit florierte Janes Karriere wieder mit *Julia* und *Coming home – sie kehren heim*. Schließlich schlug ihr Partner bei IPC Films, Bruce Gilbert, vor, sie sollte es mal mit dem Fernsehen versuchen, das gerade begann, mit überlangen Spielfilmen und Serien die Zeitbegrenzung der Kinofilme zu umgehen. Zunächst wies Jane diesen Gedanken heftig von sich:

> Ich schätze, ich hegte gegenüber dem Fernsehen viele Jahre hindurch eine etwas elitäre Verachtung. Und schließlich hatte sich ja auch Joe Loseys *Nora* wenige Jahre zuvor als Flop erwiesen, nachdem er keinen Filmverleih gefunden und ihn schließlich ans Fernsehen gegeben hatte. Aber dann schaute ich mir 1977 *Roots* im Fernsehen an. Das

faszinierte mich Abend für Abend, und meine ganze Abneigung gegen dieses Medium schmolz dahin. Wenn man *Roots* durchginge, fände man viele Passagen, bei denen künstlerische Zugeständnisse gemacht worden sind, aber wen kratzt das? Der Film hinterließ einen gewaltigen Eindruck. Er erreichte eine unglaubliche Menge Leute.

Deshalb entschlossen sich Jane und Bruce Gilbert, *Ein Traum wird wahr* nach dem Buch *The Dollmaker* fürs Fernsehen zu produzieren. Sie engagierten den ausgezeichneten Fernsehregisseur Daniel Petrie (der solche glänzenden Fernsehfilme wie *Eleanor and Franklin* und *Sybil* inszeniert hatte), und sie wendeten einen für Jane Fonda typischen raffinierten Trick an. Jane erzählt: »Gleich einen Tag nachdem ich meinen zweiten Oscar für *Coming home – sie kehren heim* gewonnen hatte, führten Bruce und ich ein Gespräch mit Direktoren von ABC. Was würden sie sagen? Ich hatte gerade den Preis der Filmakademie erhalten, ich wollte meinen ersten Fernsehfilm machen, und ich hatte den großen Dan Petrie an der Angel. Sie sagten ja.«

Jane bekam im April 1979 den Auftrag vom Sender, aber es sollte noch eine lange Zeit verstreichen bis zum Drehbeginn. Die Probleme mit dem Script waren noch nicht gelöst. Einmal meinte Bruce Gilbert: »Das ist wirklich ein sehr kompakter Roman. Er enthält unzählige Nebenhandlungen und Dutzende von Figuren. Es sah so aus, als brächten wir kein befriedigendes Drehbuch fertig, das den Inhalt zusammenstrich und zugleich Geist und Wesen der Story bewahrte.«

Zwei weitere Jahre vergingen. Dann packte die Produzentin Jane 1981 die Sache beim Schopfe. Zu der Zeit drehte sie *Das Rollover-Komplott*, ihren nicht sonderlich erfolgreichen Film über die internationale Hochfinanz. Zu den Mitwirkenden zählte der damals siebzigjährige wunderbare Schauspieler Hume Cronyn, der einen älteren Banker darstellte. Während er an dem Film mitarbeitete, schrieb Cronyn – gemeinsam mit der Romanautorin Susan Cooper – an seinem ersten Bühnenstück. Das Stück *Foxfire* handelt von einem älteren Paar, das in den Appalachen wohnt.

Jane erfuhr, daß das noch nicht abgeschlossene Stück von Cronyn und Cooper in einer Gegend ähnlich der angesiedelt war, aus der die Familie in *The Dollmaker* stammt. Sie bat Cronyn und Cooper, den Roman von Harriette Arnow zu lesen. Beide verliebten sich in die Heldin Gertie Nevels. (Susan Cooper erklärte: »Ich fühlte mich der inneren Kraft dieser von ihrem Mann unterjochten Frau eng verbunden, die gerade in ihrer ungeheuren Not zu sich selbst findet.«) Beide waren so begeistert, daß Jane ein enormes Wagnis einging und sie bat, sich doch mal das Drehbuch vorzunehmen, das bis dahin ein unlösbares Problem dargestellt hatte. Es war wirklich ein enormes Wagnis, denn weder Cronyn noch Cooper hatten je ein Fernsehspiel verfaßt.

Cronyn bekam es mit der Angst und meinte: »Sechshundert Seiten Roman adaptieren, da kriege ich das Fracksausen!« Susan Cooper war zuversichtlicher. Sie machten sich an die Arbeit, und – Wunder über Wunder! – diese beiden absoluten Fernsehneulinge brachten ein für den Film *Ein Traum wird wahr* geeignetes Script zustande, an dem sich einige der erfahrensten und berühmtesten Drehbuchschreiber die Zähne ausgebissen hatten. Ein höchst kluger Griff Janes als Produzentin! Sie hatte sogar das Gefühl, daß Cronyn und Cooper die Geschichte gegenüber dem Roman noch verbessert hätten – sie gaben dem Fernsehfilm ein Happy-End. Am Schluß des Romans bleibt Gertie in Detroit und blickt entmutigt einer düsteren Zukunft entgegen, doch im Film kriegt sie es fertig, die gesamte Familie auf einen Laster zu laden und loszufahren Richtung Kentucky, zurück zu einem Leben auf der Farm, der langersehnten eigenen Farm.

In dieser Periode ohne Filmarbeit nach dem Tod des Vaters

besaß Jane also endlich wieder ein brauchbares Drehbuch. Während sich die Filmbranche fragte, ob sie jemals wieder einen Film machen würde, saß sie ohne deren Wissen fleißig an den Vorarbeiten zu *Ein Traum wird wahr*, und nebenher führte sie gleichzeitig ihre sich weiter entfaltenden Geschäftsunternehmen.

Wie es bei Jane Usus war, mobilisierte sie alle denkbaren Quellen, um sich auf die Rolle der Gertie Nevels vorzubereiten. In diesem Falle bildete Dolly Parton ihre bekannteste Quelle. Beide hatten sich bei den Aufnahmen zu *Warum eigentlich ... bringen wir den Chef nicht um?* angefreundet, und Dolly kannte besser als alle anderen die Gewohnheiten und die Sprechweise der Frauen vom Lande in dem Südstaat. Dolly empfahl Jane zwei Familien, mit denen Jane dann tageweise zusammenlebte. Jane bemerkte dazu in dem Interview mit der *Los Angeles Times* weiter:

> Ich habe besonders viel von Lucy und Waco Johnson gelernt, einem Ehepaar in den Siebzigern aus den Ozark Mountains. Lucy ist Künstlerin. Sie macht auch Puppen, neben der Arbeit auf der Farm. Ich bin ja ziemlich gut in Form, aber nachdem ich einen ganzen Tag lang das gemacht hatte, was die vierundsiebzigjährige Lucy jeden Tag tut – Holz hacken, Kühe melken, buttern –, konnte ich mich am Abend nicht mehr rühren ...
>
> Ein Großteil der Zeit habe ich mit dem bekannten großartigen Coach für Dialoge gearbeitet, mit Bob Easton. Der hat jede Nuance der unterschiedlichen Akzente im Ohr. Er kennt die feinen Unterschiede im Tonfall, wie man in Kentucky und wie man in Tennessee spricht. Er brachte mir all die kleinen Regeln bei und markierte mein Drehbuch mit phonetischer Umschrift. Von dem Zeitpunkt an, wo ich den Flieger zum Drehort bestieg, sprach ich nur noch Dialekt und nicht so, wie ich normalerweise rede.

Gedreht wurde in den Smoky Mountains von Tennessee und in einem stillgelegten Stahlwerk in Chicago, das gleichzeitig als die Fabrik und die Wohnsiedlung des Films diente. An das gemächliche Tempo bei Aufnahmen zu einem Kinofilm gewöhnt, war Jane von der viel schnelleren Abfolge der Einstellungen beim Fernsehen bald total geschlaucht, aber Regisseur Petrie war freundlich und geduldig mit ihr. Er meinte: »Sie ist so eine superbe Schauspielerin, daß der Regisseur gar nicht viel nachhelfen muß. Außerdem«, und er zuckte die Schultern, »war sie ja auch mein Boß.«

Die Geschichte läuft ganz ruhig an. Sie beginnt auf dem Lande in Kentucky. Gertie lebt dort in jämmerlicher Armut und zieht fünf Kinder groß, von denen eins gleich am Anfang des Films beinahe an Diphtherie stirbt. Gertie möchte in dem Bergdörfchen bleiben und hofft, eines Tages dort eine eigene Farm zu besitzen. Ihr Mann geht aber nach Detroit, wo es sich, wie er meint, mit den im Krieg höheren Fabriklöhnen leichter durchkommen läßt. Später weist der Mann Gertie an, ihm mit den Kindern zu folgen, und sie ziehen in eine Wohnung in einer verwahrlosten Wohnsiedlung der Großstadt.

Dort spielt der größte Teil des Films. Gertie knüpft mit einigen der Nachbarn Bekanntschaft an, überlebt eine echte Tragödie und ein weiteres tragisches Ereignis, und sie muß mit ansehen, wie ihr Mann nach einem Streik den Job verliert und vor der Polizei fliehen muß. Unterdessen vervollkommnet sie ihre Kunstfertigkeit, in Heimarbeit wunderbare Figuren aus Holz zu schnitzen. Sie verkauft immer mehr und häufiger an örtliche Kunstsammler und wird von ihnen am Umsatz beteiligt. Sie nimmt das Geschick der Familie in die Hand und verdient schließlich – in der Schlußversion von Cronyn und Cooper – genug Geld, um mit der gesamten Familie in ein hoffentlich besseres Leben heimzukehren in ihr Dorf in Kentucky.

Wie gewöhnlich bei Produktionen von Jane Fonda waren

die Rollen blendend besetzt. Der Ehemann wurde von Levon Helm gespielt, den Jane als Vater in *Nashville Lady* (*The Coal Miner's Daughter*) entdeckt hatte. Geraldine Page stellte mit gewohntem Können Gerties Mutter dar, und der Schriftsteller Studs Terkel trat in einer Star-Nebenrolle als Taxifahrer auf. Neben Jane selbst war die Kinderschar, welche Gerties Sprößlinge spielte, das Beste an dem Film. Sie waren alle bei der lokalen Talentsuche in Tennessee entdeckt worden.

Im ganzen war Jane von diesem Erlebnis mit *Ein Traum wird wahr* absolut überwältigt. Sie meinte: »Die Rolle der Gertie Nevels unterscheidet sich so weit von mir wie von allem, was ich je spielen werde.« Aus diesem Grunde eben halte ich dies für ihre großartigste Darstellung. Bei fast allen Rollen, die sie bislang verkörpert hatte, schimmerte immer ein bißchen von Jane Fonda durch. Hier nicht. Mit der an ihr herumschlabbernden Kleidung, den geschickt auf grob gestylten Gesichtszügen, dem waschechten Kentucky-Idiom und der buchstäblichen *Verwandlung* in Gertie Nevels nimmt man es ihr kaum ab, daß sie die Jane Fonda aus Brentwood, Vassar und Paris ist.

Sie war so mit der Gestalt der Gertie Nevels verwachsen, daß es zu einem berichtenswerten Vorfall kam, von dem Regisseur Dan Petrie erzählte:

> Als wir die letzte Einstellung von dem Film fertig hatten, saß Jane hinter mir. Sie wurde für diese Szene nicht gebraucht, aber sie kriegte es nicht fertig, den Set zu verlassen. Als ich sagte: »Damit ist unsere Arbeit beendet. Es ist alles im Kasten«, da streckte Jane die Arme aus und legte sie um mich. Sie fing an zu schluchzen. Sie hielt mich fest und schluchzte mehr als zehn Minuten lang.
>
> Schließlich brachte sie die Worte heraus: »Entschuldige mein Benehmen. Aber das Ende des Films bedeutet, daß Gertie Nevels fort ist und ich sie nie mehr wiedersehen werde! Ich glaube, ich trauere um sie.«

Die Kritiker trauerten nicht. Sie begrüßten *Ein Traum wird wahr* als eine der glänzendsten Inszenierungen in der Geschichte der abendfüllenden Fernsehfilme. In der *New York Times* schrieb John J. O'Connor: »Dies ist eine unerschrockene Verherrlichung der Gertie Nevels, ihrer schlichten Würde und ihrer Entschlossenheit ... Jane Fonda hat mit ihrer sehr gescheiten Stoffwahl die Art von bravouröser Vorstellung ermöglicht, mit der man Preise gewinnt!« Es stand von vornherein fest, daß sie in dem Jahr den Emmy als Beste Schauspielerin erhalten würde – und sie gewann ihn natürlich.

35

Ein Traum wird wahr trug dazu bei, daß 1984 ein sehr gutes Jahr für Jane wurde – aber es gab auch Rückschläge. Zu den guten Dingen zählte, daß sich Hayden der Wiederwahl stellte, und dieses Mal kletterte seine Stimmenzahl auf mehr als 62000, womit er den republikanischen Gegner D. M. Shell um fast 12000 Stimmen schlug. Tom konnte es sich nun in der Gesetzgebenden Versammlung bequem machen und sollte bald Vorsitzender des wichtigen Ausschusses für Arbeit im Abgeordnetenhaus von Kalifornien werden. Zu den Rückschlägen rechnete die Tatsache, daß Jane gezwungen war, eins ihrer drei Fitneßstudios zu schließen, das in San Francisco. Da sie an Niederlagen nicht mehr gewöhnt war, stellte das eine traumatische Erfahrung dar. Es war auch ein peinlicher Vorgang, denn vor der Schließung hatten drei Trainerinnen Jane wegen Diskriminierung von Frauen und wegen Verletzung des kalifornischen Arbeitsrechts verklagt.

Wie konnte das Jane Fonda passieren, einer der weltweit hartnäckigsten Fürsprecherinnen der Gleichberechtigung der Frau? Das war fast, als klage man den Papst der Diskriminierung von Katholiken an. Tatsächlich war die gegen Jane angestrengte Klage eine Bagatelle, die keine Aufmerksamkeit erregt hätte, hätte es sich nicht um Jane gehandelt. Die drei Klägerinnen beschuldigten sie, ihr nur sechs Dollar die Stunde gezahlt zu haben, während einige männliche Trainer sieben bekommen hatten. Jane hatte mit der praktischen Leitung des Studios in San Francisco gar nichts zu tun. Sie entgegnete: »Diese Männer führen die Aufsicht und erhalten deshalb einen Dollar mehr. Der Lohnunterschied war berechtigt und nicht diskriminierend.« Und sie fügte hinzu: »Außerdem sind meine drei Manager *Frauen*.« Nichtsdestoweniger wurde der Fall damit abgeschlossen, daß Jane den Frauen die Differenz von einem Dollar pro Stunde nachzahlen mußte.

Aber das fiel bei dem hastigen Rückzug aus San Francisco nicht so sehr ins Gewicht. Jane hatte ursprünglich die Idee verfolgt, überall in den USA Fonda Workout Studios als selbständige Unternehmen zu etablieren, nach dem Muster des so überaus erfolgreichen ersten Fitneßcenters in Beverly Hills. Aber in San Francisco war das Studio ungünstig gelegen und das Gebäude so schlecht gebaut, daß es beim Aerobicprogramm auf und ab wippte. Das veranlaßte Jane, statt dessen Gewichtheben anzubieten, was den Frauen nicht sonderlich zusagte. Also packte die Pragmatikerin Jane in der City an der Bucht einfach alles zusammen. Der Journalistin Julia Vitullo-Martin vom Magazin *Fortune* erzählte sie:

> Ich habe einiges dazugelernt. Ich sagte mir: »Brrr! Wenn das alles an einem Ort schiefgehen kann, der nur eine Flugstunde entfernt liegt, was könnte mir da nicht anderswo alles passieren?« Die Ereignisse in San Francisco haben klargemacht, daß ich mich nicht um all diese Dinge persönlich kümmern kann. Die täglichen Geschäftsvorgänge werde und kann ich nicht leiten.

Das war das Ende von Janes ehrgeizigen Plänen, eine landesweite Kette selbständiger Fitneßcenter unter ihrem Namen zu etablieren. Bald schloß sie auch das Studio in Encino, so daß nur das ursprüngliche von Beverly Hills übrigblieb, das heute noch existiert. Dieser merkliche Einschnitt beeinträchtigte jedoch kaum den ungeheuren Erfolg von Jane Fonda's Workout, Inc. Immer noch strömte Geld von den Videokassetten, Büchern und Schallplatten herein. Allein 1984 und

1985 kamen drei Videokassetten heraus, die Bestseller wurden, und die Geschäftsfrau Jane Fonda festigte ihren Status als Multimillionärin.

Sie festigte ebenfalls ihren Status als Mutter und Ehefrau. Nach zwölfjähriger Ehe mit Hayden schien alles für ein Gespann mit so entgegengesetzten Karrieren geradezu idyllisch zu verlaufen. Ihre beiden Kinder wuchsen ohne Probleme mit Drogen und Entfremdung auf, die viele andere Kinder von Filmleuten Mitte der achtziger Jahre heimsuchten. In der Schule machten sich Vanessa und Troy sehr gut. Genau wie Jane immer mit ihrem Vater Hank wetteifern wollte, wollte Vanessa nun mit Jane wetteifern. Wie ihre Mutter wollte sie auf das College Vassar gehen. Jane und Hayden überredeten sie gemeinsam, es mit einer der Elite-Universitäten im Osten der USA zu versuchen, die früher Mädchen verschlossen geblieben waren, jetzt aber den besten und klügsten durchaus offenstanden. Vanessa bewarb sich an der Brown University in Rhode Island, die das Magazin *Time* als diejenige mit den strengsten Zulassungsbedingungen der USA einstufte, und sie wurde angenommen. Mit Tränen in den Augen meinte Jane: »Das war, als würde jemand aus meiner Familie einen weiteren Oscar bekommen.«

Aber wie stand es mit Janes eigenen Bemühungen um einen weiteren Oscar, die während der letzten vier Jahre so dramatisch nachgelassen hatten (wenn man den Emmy für *Ein Traum wird wahr* ausnimmt)? Insgeheim hielt sie sich an die eigenen Pläne, die niemand von der Filmbranche kannte. Durch Hayden hatte sie den hervorragenden mexikanischen Schriftsteller Carlos Fuentes kennengelernt, und sie wußte, daß er einen Roman über die schwierigen Beziehungen zwischen Mexiko und den USA während der Zeit Pancho Villas und der mexikanischen Revolution von 1910 schrieb. Fuentes faszinierte die Lebensgeschichte von Ambrose Bierce, einem großen amerikanischen Schriftsteller und Journalisten mit exzentrischen Zügen, der 1913 im Norden Mexikos spurlos verschwand und nie wieder auftauchte.

Als Jane Fuentes 1981 zum erstenmal begegnete, malte er sich gerade eine Geschichte für einen Roman aus, der den Titel *Old Gringo* tragen sollte. Darin wird Bierce, der unerkannt in Mexiko lebt, in Pancho Villas revolutionäre Operation hineingezogen und verstrickt sich zugleich in eine Beziehung zu der in Mexiko lebenden amerikanischen Lehrerin Harriet Winslow. Jane fesselte der ganze Stoff, und sie führte das Gespräch darüber mit Fuentes weiter. Schließlich steckte sie auch etwas Geld in das Projekt. Fuentes seinerseits war von Jane begeistert und baute die Gestalt der Harriet Winslow in seinem Roman weiter aus, denn er stellte sich im Geiste vor, daß Jane in einer künftigen Verfilmung diese Rolle übernehmen könnte. Das war mal wieder eine fruchtbare Beziehung, ähnlich ihrer Beteiligung an der Entwicklung des Theaterstücks *Am goldenen See* und ihrem fortdauernden Interesse am Stoff des schon veröffentlichten Romans *The Dollmaker*. Wiederum lag die tatsächliche IPC-Produktion des Films noch in weiter Ferne, aber sie behielt alles klugerweise sorgfältig im Auge und wartete ab.

Ende 1984 wurde angekündigt, daß Jane auf die Leinwand zurückkehre, um die Hauptrolle in der Columbia-Produktion *Agnes – Engel im Feuer* (*Agnes of God*) zu übernehmen. Zwei Gründe lagen vor, weshalb sie ihre seit dem Tod des Vaters anhaltende Abstinenz vom Kinofilm beendete. Zum einen würde sie zum erstenmal mit Anne Bancroft zusammenarbeiten können, über deren Schauspielkunst sie sich oft mit Jack Lemmon während der Aufnahmen zum *China-Syndrom* unterhalten hatte. Zum anderen war das Bühnenstück *Agnes – Engel im Feuer* von John Pielmeier 1982 in New York ein Riesenerfolg gewesen und stellte »eine Art philosophischen Exerzitiums dar, das meinen Dad entzückt hätte«.

Es war gerade dieser philosophische Zug, der es schwierig

machte, die Geschichte auf die Leinwand zu übertragen. Sie handelt von einer jungen Nonne. Es kommt ans Tageslicht, daß sie in der Abgeschiedenheit des Klosters ein Kind zur Welt gebracht und das Neugeborene erwürgt hat. In gewisser Hinsicht war es ein Krimi, aber überlagert von einem Haufen theologischer Argumentation über das katholische Dogma. Wie ist Schwester Agnes in der wohlbehüteten Umgebung schwanger geworden, und warum hat sie das Kind getötet? Jane spielt die Rolle der vom Gericht bestellten psychiatrischen Gutachterin Dr. Martha Livingston. Ihre Aufgabe ist es, zu untersuchen, ob die junge Frau verhandlungsfähig ist – was die Ärztin in direkten Konflikt mit der Äbtissin bringt, die von Anne Bancroft gespielt wird.

Da dies kein IPC-Film war, brauchte Jane nicht die vielfältigen Pflichten eines Produzenten wahrzunehmen und hatte demzufolge eine Menge Zeit, sich allein auf ihre Aufgabe als Darstellerin vorzubereiten. Abgesehen davon, daß sie tief in die kniffligen katholischen Dogmen eindringen mußte, war es ein ziemlich leichter Job für sie, weil er im Grunde ihre vielen vorherigen Rollen fortsetzte – die der intelligenten modernen Frau, die einen komplizierten Sachverhalt aufklären soll, nur daß es diesmal keine Nachrichtenreporterin war, die die Fragen stellte, sondern eine Psychiaterin.

Unter der Regie von Norman Jewison fanden die Aufnahmen an einem zwischen Quebec und Ontario gelegenen Ort statt. Jane erfreute sich an der lieblichen Landschaft, die den Hintergrund verschiedener Szenen bildete, »obwohl sie mich schmerzlich daran erinnerte, daß ich seinerzeit aus Ontario kam, als ich vom US-Zoll bei diesem fürchterlichen Zwischenfall in Cleveland festgenommen wurde«.

Janes heftige, unerbittliche Wortgefechte mit Anne Bancroft (beide kamen von derselben Schauspielschule in New York) ergaben großartige Szenen, und Jane verstand sich auch gut mit der jungen Meg Tilly, die die angeklagte Novizin spielte. Ein Besucher des Drehorts beobachtete ein paar feine Veränderungen in Janes Verhalten. Sie hielt sich nicht mehr abseits, in sich selbst gekehrt, wie es früher meist der Fall gewesen war, sondern bemühte sich, den anderen Mitwirkenden und der Crew gegenüber zugänglicher zu sein. Sie gab eine Erklärung dafür ab – möglicherweise ohne sich bewußt zu sein, daß man ihre Haltung bisher ganz anders beurteilt hatte:

> Für mich ist es ganz wichtig, daß mich jeder am Drehort mag. Ich muß *beliebt* sein. Ich bringe nichts fertig, wissen Sie, wenn ich Schiß habe. Deshalb muß ich spüren, daß mir jedermann Sympathie entgegenbringt, *jedermann*, ob die Leute vom Ton oder die Kulissenschieber oder die Beleuchter. Sogar wenn ich in meiner eigenen Produktion mitwirke, hört meine praktische Arbeit als Produzentin auf, sobald die Kamera läuft.

Diese Wärme spürte man auf der Leinwand, besonders in den großen Szenen am Ende des Films, wo die Äbtissin der von Jane gespielten Psychiaterin ihre eigene weltliche Vergangenheit enthüllt und die beiden Frauen so etwas wie Verständnis füreinander gewinnen. Diese Szenen zwischen den beiden Oscar-Preisträgerinnen Fonda und Bancroft gehen unter die Haut.

Im ganzen jedoch gab es ein grundlegendes Problem mit Janes Rolle – vermutlich nicht ihre Schuld, sondern die des Drehbuchs. Ihre unerbittlich und eindringlich ausforschende, kettenrauchende Dr. Livingston wurde auf die Dauer lästig und ermüdete. Wie es eine Besprechung in der *Variety* ausdrückte: »Achtzig Prozent von Jane Fondas Text bestehen aus Fragen. Trotz der halbherzigen Versuche, dieser Gestalt mehr Substanz zu verleihen, indem man sie mit einer senilen Mutter und einem trostlosen Privatleben ausstattet, verkörpert sie das spröde Klischee der modernen Frau in gehobenem Beruf.« Der Film kam im August 1985 in die Kinos und hatte Erfolg, aber Janes Rolle zählt nicht zu ihren besten.

Das gleiche gilt für ihren nächsten Film, *Der Morgen danach* (*The Morning After*), den sie wenige Monate später drehte. Wiederum war sie von einem Thema gefangengenommen, für das sie sich sehr interessierte. Es ging um die Trunksucht (vielleicht fielen Jane die Analogien zu ihrer früheren Bulimie ein). Der Film erinnerte an *Klute*, für den sie den ersten Oscar erhalten hatte. Hier nun sehen wir Jane als abgewrackte Schauspielerin, die aus ihrem alkoholischen Blackout aufwacht und neben sich im Bett einen toten Fremden entdeckt, einen Dolch im Herzen. Als die Schauspielerin Alex diesem Trauma entfliehen will, begegnet sie dem früheren Polizisten Turner (gespielt von Jeff Bridges). Er schließt sich ihr an und hilft ihr, der Sache auf die Spur zu kommen, wie und warum sie in so einen Schlamassel geraten ist. Die Handlung vollführt etliche unwahrscheinliche Windungen und Kehrtwendungen, aber zwischen Jane und Bridges gibt es einige von Witz sprühende Szenen; trotz des Altersunterschieds verlieben sich Alex und Turner. Bemerkenswert ist, daß auch Turner erst Trinker war und nun vom Alkohol loskommen will, aber das Drehbuch hat daraus nicht viel gemacht. Mit all seinen Mängeln war *Der Morgen danach* ein spannender Krimi, und Jane spielte so gut, daß sie wieder für den Oscar nominiert wurde.

Obwohl das kein IPC-Film war, sondern einer von 20th Century Fox/Lorimar/American Filmworks, wurde er von Janes langjährigem Partner bei IPC, Bruce Gilbert, produziert. Es war das letzte Mal, das sie zusammenarbeiten sollten. Sowohl Jane als auch Gilbert weigern sich hartnäckig, über die Gründe der Trennung nach zwölf gemeinsamen Jahren zu sprechen. Gilbert sagt einfach: »Ich wollte mich anderen Interessen widmen.« Jane äußert sich gar nicht dazu.

Der Schriftsteller Ron Rosenbaum, der Jane ziemlich nahestand, unterbreitete in einem in *Vanity Fair* publizierten Artikel seine eigene Theorie über den Bruch. Er ruft ins Gedächtnis, daß die Verbindung zu Gilbert bis in die Zeit der Wohngemeinschaft Red Family und des Kindergartens Blue Fairyland in Berkeley zurückreicht, also in ihre Protestperiode, und meint, daß das, was allgemein unter dem Bruce-Gilbert-Konzept für Fonda Films bekanntgeworden sei, Janes Interessen als Schauspielerin der Absicht unterordnete, eine Botschaft rüberzubringen. Demzufolge habe sich eine stereotype Rolle für sie herausgeschält – die einer »gutmütigen, harmlosen Frau, die Ungerechtigkeiten erfährt, den Dingen auf die Schliche kommt und den Mut findet, für ihre Überzeugungen einzustehen«.

Mit dieser Theorie stimme ich nicht völlig überein – jedenfalls nicht, soweit es *Ein Traum wird wahr* oder gar *Agnes – Engel im Feuer* betrifft. Doch vielleicht wurmte Jane die Meinung der Kritiker, daß ihre Rollen sich immer ähnlicher wurden. Allerdings war sie der Seniorpartner Gilberts und hätte das Konzept jederzeit ändern können, wenn sie gewollt hätte. Also setzt sich in dem Bruch mit Gilbert vielleicht einfach nur Janes altes Verhaltensmuster fort, daß sie von Zeit zu Zeit einen Wechsel in ihren Beziehungen vorzunehmen wünscht.

Zu einem solchen Wechsel kam es auch. Ihr nächster Geschäftspartner war eine Frau, Lois Bonfiglio – eine gewitzte, geistvolle New Yorker Produzentin, die schon seit Jahren in dem Ruf stand, mit Erfolg vielfältige praktikable Projekte für Film und Fernsehen zu entwickeln. Wie Jane ist Lois eine starke Raucherin und eine emsige Fitneßfanatikerin. Sie trainieren gemeinsam in einem Raum gegenüber Janes Büro in Santa Monica. Seltsamerweise ist er nur mit einem Laufband und einem Hometrainer ausgestattet.

Die wichtigste Veränderung stellt aber vielleicht der Namenswechsel dar. Ihre Gesellschaft heißt seit 1986 nicht mehr IPC, was ursprünglich für Indo-China Peace Campaign stand, sondern einfach Fonda Films.

36

Fonda Films brachte in den folgenden beiden Jahren keinen Film heraus, aber in Janes Leben verlief alles glatt, und zwar in einer Weise glatt, daß sie nicht bemerkte, wie sich Unheil über ihr zusammenbraute.

Tom Hayden kandidierte ein drittes und ein viertes Mal für den Sitz in der Gesetzgebenden Versammlung von Kalifornien. Er vergrößerte seinen Vorsprung so weit, daß er 1986 und 1988 überwältigende Wahlsiege in Höhe von sechzig Prozent der Stimmen erzielte.

Jane Fonda's Workout, Inc., kam mit drei neuen Videokassetten auf den Markt; für eine von ihnen, *Start Up with Jane Fonda*, belief sich die Erstbestellung auf 781 659 Stück. Laut Mitteilung von Lorimar Home Video, ihrem Generalauslieferer, steigerte das den Gesamtverkauf von Fitneßkassetten Jane Fondas auf weit über vier Millionen. Bei Janes Tantieme von einundzwanzig Dollar pro Kassette (bei *Start Up* weniger, weil die Kassette billiger war) schraubte das ihre Gesamteinkünfte aus Videos auf über siebzig Millionen Dollar. Das haut einen um! Niemand anderes in der Videobranche oder beim Film ist auch nur annähernd an solche Zahlen herangekommen.

Janes Filmkarriere setzte sich ebenfalls fort: Ihre Gesellschaft erwarb nun die gesamten Filmrechte an Carlos Fuentes' Roman *Old Gringo*. Luis Puenzo und Aida Bortnik wurden als Drehbuchautoren engagiert. In der Hoffnung auf eine Menge Geld aus diesem Epos schloß Columbia Pictures einen Vertrag mit Fonda Films über mehrere andere Streifen ab, was Janes Gesellschaft zu einer der mächtigsten Produktionsfirmen im Studio machte. Kurz danach wurde Jane von MGM (nicht von ihrer eigenen Firma) als Darstellerin für einen Film verpflichtet, den sie nach Fertigstellung von *Old Gringo* für sie drehen sollte. Damals hieß das MGM-Vorhaben noch *Union Street*. Das Drehbuch schrieben die für den Oscar (für *Wildeste unter Tausend*, d. i. *Hud*) vorgeschlagenen Irving Ravetch und Harriet Frank, Jr. Das Studio plante, den Film in einer Fabrikstadt in Neuengland aufzunehmen – möglicherweise in Waterbury, Connecticut.

Die Hysterie um »Hanoi-Jane« lag nun siebzehn Jahre zurück, und in den USA war in der Regel alles vergessen, was die radikalen Aktivitäten von Jane und Tom Hayden in den sechziger und frühen siebziger Jahren betraf. Die meisten Leute kannten Jane nur als einen Filmstar der Spitzenklasse und als phänomenal erfolgreiche Fitneßzarin. Ohne Ausnahme zeigten alle Meinungsumfragen nach den meistbewunderten Frauen in den Vereinigten Staaten Jane mindestens auf Platz vier, manchmal sogar auf Platz eins.

Ihre sichtbaren politischen Aktivitäten hatten sich so weit vermindert, daß sie in den späten achtziger Jahren nur zweimal Schlagzeilen machte. Das erste Mal geschah es bei ihrer langwierigen und mühseligen Kampagne zur Befreiung der sowjetischen Dissidentin Ida Nudel (siehe Kapitel 3), bei der sie auch unerschrocken in das Rußland der Vor-Gorbatschow-Ära reiste.

Ihr zweiter Ausbruch politischer Aktivität galt dem Umweltschutz. Im Jahr 1986 wurden die wahlberechtigten Bürger Kaliforniens aufgerufen, über den Antrag 65 abzustimmen. Er sollte den Gouverneur zwingen, alle Chemikalien aufzulisten und zu beseitigen, bei denen giftige Abfälle entstanden, die den Bundesstaat verseuchten. Der Abgeordnete Tom Hayden und seine Campaign California (der neue Name der Campaign for Economic Democracy) gehörten im Staatsparlament zu den Hauptinitiatoren, die eine Volksabstimmung darüber durchsetzten.

Nach Aussage von Tom Epstein, Manager der Kampagne »Ja zu 65«, gehörte wiederum Jane Fonda zu den Haupinitiatoren, als es darum ging, die Wählerschaft des Staates Kalifornien für den Antrag zu gewinnen.

> Wir sahen uns der mächtigen Gegnerschaft der Ölgesellschaften, der Chemiekonzerne und der Agrarindustrie gegenüber, die Millionen von Dollar in die TV-Werbung steckten, um Antrag 65 zu Fall zu bringen. Unsere einzige Chance gegen all das Geld bestand darin, mit Hilfe von Prominenten aus der Unterhaltungsindustrie, die wir auf unserer Seite wußten, großes Aufsehen zu erregen. Jane und Tom Hayden hatten schon eine Reihe jüngerer Stars – Whoopie Goldberg, Rob Lowe, Michael J. Fox und viele andere – zu einer »Network« genannten Organisation zusammengefaßt. Network stürzte sich ins Kampfgetümmel, und dann brachte Jane noch eine Menge andere Leute an, indem sie sich ans Telefon hängte und wieder wie in den Tagen des Protests gegen den Krieg endlose Reden hielt. Am Schluß hatten wir Stars wie Gregory Peck, Donna Mills, Chevy Chase, Morgan Fairchild, Robin Williams und Ed Begley, Jr., dafür gewonnen. Ich muß sagen, daß Jane den Kitt bildete, der das Ganze zusammenhielt.

Den entscheidenden Faktor im Kampf um das »Ja zu 65 – Bleibt hart bei Giftmüll!«, um die Kampagne beim richtigen Namen zu nennen, bildete eine dreitägige Sternfahrt in die wichtigen betreffenden Gegenden Kaliforniens, an der fast vierzig Prominente im Bus teilnahmen. Epstein fährt fort: »Bei der ersten Vorbesprechung über die Sternfahrt stand Jane auf, hielt ein stürmisches Plädoyer für sauberes Trinkwasser und sagte zum Schluß: ›*Ich werde* im Bus sitzen. Wie steht es mit euch?‹ Ihrem Beispiel folgend, schrieben sich fast alle ein. Ich bezweifle, daß viele von ihnen in den letzten Jahren überhaupt einmal Bus gefahren sind, egal aus welchem Anlaß.«

Die Teilnehmer der Sternfahrt trafen sich am Lorimar Studio, und der Bus fuhr mit ihnen los; sie wollten in neun Städten Vorträge halten und Spenden auftreiben. Die Kampagne diente auch der Registrierung von Wählern. Im Bus ging Jane von einem Platz zum anderen, um den Leuten Mut zu machen. Sie hielt dann mehrere Reden, registrierte selbst viele neue Wähler und war bei allen Pressekonferenzen neben Ed Begley, Jr., und Whoopie Goldberg die Schlüsselfigur. Starke Wirkung erzielte Jane vor allem bei den jüngeren Schauspielern und Schauspielerinnen, die später in der politischen Öffentlichkeit Kaliforniens als das »Brat Pack« (etwa: das junge Gemüse) bekannt wurden. Sie bewunderten Jane, und viele junge Frauen (Justine Bateman zum Beispiel) bekundeten den Ehrgeiz, »einmal eine neue Jane Fonda zu werden«.

Über die Sternfahrt berichtet Tom Epstein:

> In diesen drei Tagen half uns Jane, der ganzen Sache eine Wendung zu geben. Bei den Umfragen waren wir mächtig ins Schleudern geraten, wo doch all das Ölgeld gegen uns stand, aber nach der Sternfahrt ging es mit uns wieder bergauf. Um den Erfolg festzuklopfen, fuhren Jane und Rob Lowe rauf in das Gebiet um die Bucht von San Francisco und traten dort auf; das war ein Teil Kaliforniens, wo wir noch Unterstützung nötig hatten. Das zahlte sich aus. Am Tag der Abstimmung gewannen wir mit machtvollen 63 % gegen 37 % der Stimmen. Bei der Siegesfeier in Santa Monica stellte Jane alle Prominenten vor, die dazu beigetragen hatten ...

Als Gouverneur Deukmejian dann die Durchführung des Antrags 65 zu verschleppen versuchte, führte Jane wenige Monate später eine weitere Demonstrationsfahrt nach Sacramento an. Sie hatte die Idee gehabt, daß alle Teilnehmer Sweatshirts mit der aufgedruckten Diensttelefonnummer des Gouverneurs und der Aufschrift »Lest unsere Brust!«* tragen sollten. Deukmejian wollte Jane und ihre Gruppe nicht empfangen, aber ich vermute, eine Menge Leute verstanden den Wink mit der Telefonnummer und riefen den Gouverneur an. Das machte ihm Beine, und er setzte gemäß Antrag 65 ein paar weitere giftige Chemikalien auf die Liste. Jane ist bestimmt hartnäckig. Es ist kein Zufall, daß sich alles, was sie berührt, in Gold verwandelt.

So befand sich Jane wieder auf dem Pfad öffentlicher Aktivität, aber diesmal für eine populäre Sache – eine Initiative für bürgernahes Regieren. Nur zweimal erblickte Epstein Anti-Fonda-Poster, die auf ihre Haltung im Vietnamkrieg anspielten. Auch Demonstrationen gegen Hayden waren kaum noch zu bemerken. Es war ja auch nicht leicht, Schilder mit der Aufschrift »Mörder« und »Verräter« einem Mann entgegenzuhalten, der in Anzug und Weste wie ein Vertreter des Establishments aussah und ständig Gesetzesvorlagen einbrachte, den Kriegsveteranen finanziell unter die Arme zu greifen und sie für die bleibenden Folgen zu entschädigen, die das Giftgas Orange bei ihnen und ihren Kindern hinterließ. Was sich wenige Monate später ereignete, kam deshalb ziemlich überraschend.

Es gab keinerlei Anzeichen, daß sich irgendwelcher Trouble zusammenbraute, als Jane nach Mexiko flog, um mit der Produktion von *Old Gringo* (*Old Gringo*) zu beginnen. Regie führte Luis Puenzo, Mitautor des Drehbuchs. Die Auf-

* Das kann auch salopp bedeuten: »Lest uns das Ungeziefer von der Brust ab!« (Anm. d. Übers.)

nahmen wurden an mehreren schwer zugänglichen Stellen wie in den zerklüfteten Bergen von Durango gemacht. Neben der von Jane gespielten Lehrerin Harriet Winslow waren die beiden anderen Hauptfiguren im Drehbuch ein junger General in Pancho Villas Revolutionsheer und Ambrose Bierce, der ältere amerikanische Schriftsteller, der – und das ist authentisch – im Norden Mexikos spurlos verschwunden war. Jimmy Smits (aus der Fernsehserie *L. A. Law*) übernahm die Rolle des jungen mexikanischen Generals, während Burt Lancaster Ambrose Bierce verkörpern sollte. Die Geschichte dreht sich um die zwischen beiden Männern emotional hin und her gerissene Harriet Winslow.

Es gab sofort ein Problem, noch bevor die 25-Millionen-Dollar-Produktion anlief. Burt Lancaster war fünfundsiebzig und hatte schon seit längerem ein Herzleiden. Columbia Pictures, Finanzier und Verleih von Fonda Films, gelang es nicht, eine Versicherung für Burt Lancaster abzuschließen, der für die Rolle des Ambrose Bierce anderthalb Millionen Dollar bekommen sollte. Die Versicherungen meinten, das Risiko sei zu groß, wenn er in größerer Höhe arbeiten müßte. Deshalb nahm Columbia Abstand von Lancaster und ersetzte ihn durch den zweiundsiebzigjährigen Gregory Peck. Lancaster prozessierte. Jane, die mit beiden befreundet ist, hielt sich aus dem Rechtsstreit heraus.

Jane bezeichnet *Old Gringo* als »den aufwendigsten Film, den ich je gemacht habe, und einen der schwierigsten. Es gibt darin keine Szenen, die man weglassen könnte. Bei diesem Streifen befand ich mich in einer komplizierten Lage: Er ist sehr gefühlsbetont, sehr theatralisch, und ich spiele eine Jungfrau. Es ist schon lange her, daß ich mal wußte, was einer Jungfrau durch den Kopf geht.« Die Sache mit Lancaster war ihr unangenehm, aber sie meinte: »Ich habe die Idee zu einem anderen Film, den ich mit ihm machen werde.« Für sie war es eine große Freude, mit Peck zu arbeiten. Sie waren schon bei vielen Podiumsgesprächen für die Demokratische Partei zusammen aufgetreten. Gregory Peck, stets gelassen, verstand ihre schauspielerische Besessenheit vollkommen. Nachdem sie ihn einmal gezwungen hatte, eine Kußszene endlos zu proben, um festzulegen, wie die Köpfe und Nasen gehalten werden sollten, fragte ihn der Schriftsteller Ron Rosenbaum, wie denn die Arbeit mit jemandem sei, der eine solche Besessenheit an den Tag legte. Peck erwiderte: »Nun, das ist eine wohltuende Besessenheit.«

Jane war während ihres Aufenthalts in Mexiko zumeist von der übrigen Welt abgeschnitten; eine Zeitlang hielt sie sich in der archäologisch bedeutsamen Stadt Zacatecas auf. Unterdessen hatte Haydens Pressereferent Steve Rivers die Arbeit für sie bei Fonda Films aufgenommen. An einem Wochenende kam Rivers sie besuchen und brachte die alarmierende Nachricht mit, daß MGM die Stadt Waterbury, Connecticut, als einen der Drehorte für den immer noch *Union Street* betitelten Film benannt hatte und daß dort einige ehemalige Kriegsteilnehmer Krach schlugen. Man sah auf einmal immer mehr Plakate und Autoaufkleber mit dem Text »I'm not Fonda Hanoi Jane«.

Da Jane von den Aufgaben als Schauspielerin und als Produzentin (zusammen mit Lois Bonfiglio) bei *Old Gringo* noch voll in Anspruch genommen war, wartete sie darauf, daß sich die Aufregung legen würde, wie es im voraufgegangenen Jahrzehnt gewöhnlich der Fall gewesen war. Aber sie legte sich nicht. Als sie aus Mexiko nach Hause kam, war es eher schlimmer geworden. Obwohl Rivers heute noch meint, der Protest der Veteranen von Connecticut sei niemals so ernst und so ausgedehnt gewesen, wie es die Presse darstellte, entschloß er sich doch, mit Hayden und Jane Kriegsrat zu halten.

Wie Rivers mitteilt, diskutierten sie das Für und Wider einer öffentlichen Entschuldigung Janes für einige der Dinge, die sie in Nordvietnam getan hatte. Sie hatte sich schon in vielen Interviews beiläufig entschuldigt, zum Beispiel bereits 1981, als sie dem *Ladies' Home Journal* erklärte:

> Ich kann die Feindseligkeit der Männer, die im Krieg waren, und ihrer Familien vollkommen verstehen. Das Opfer, das sie brachten, war edel, obgleich der Krieg ein Unrecht war. Was ich getan habe, war überzogen und undiplomatisch, aber ich handelte im aufrichtigen Glauben, daß es für unser Land notwendig sei.

Nachdem entschieden war, daß Jane irgendwie auf den wütenden Aufruhr in Waterbury und Umgebung reagieren sollte, erhob sich folgende Frage: Sollte sie es bröckchenweise tun, in den zahlreichen Interviews, welche die lokale Presse und Fernsehsender in Connecticut erbeten hatten, oder sollte sie es in einem einzigen, landesweit ausgestrahlten Fernsehinterview machen? Rivers berichtet, sie hätten zuerst ein Zweiminutengespräch mit Tom Brokaw in den *Nightly News* bei NBC ins Auge gefaßt, sich dann aber für fünfzehn Minuten in *20/20* von ABC entschieden, mit »unser aller Beichtmutter Barbara Walters«.

37

Steve Rivers erklärt, die Entscheidung, vor Barbara Walters zu beichten, sei einstimmig gefaßt worden, aber Jane hat Ron Rosenbaum für seinen Artikel in *Vanity Fair* erzählt, sie und Hayden seien »hinsichtlich der Entschuldigung unterschiedlicher Meinung« gewesen. Jane quälten noch Zweifel:

> Was ich in Hanoi gemacht hatte, war nicht alles negativ. Immerhin haben eine Woche nach meiner Rede über die Bombardierung der Deiche die Bombenangriffe dort aufgehört. Und vielleicht habe ich sogar dazu beigetragen, den Krieg zu verkürzen. Aber wichtiger als all das war mir die Tatsache, daß ich den Männern da draußen etwas schuldete, ihnen und ihren Frauen und Eltern. Ihnen hatte ich zu helfen versucht, und man hatte ihnen weisgemacht, ich wäre gegen die GIs. Ich war nur gegen das gewesen, dem die Regierung sie ausgeliefert hatte.

Also wurde die Sache mit Barbara Walters vereinbart. Sie kannte Jane, aber sie steht in dem Ruf, mit ihren Bekannten am härtesten umzugehen, damit man ihr keine Bevorteilung vorwerfen kann. Genau deshalb hatte Rivers sie vorgeschlagen. Das Interview sollte in Janes Haus in Santa Monica aufgenommen werden. ABC wollte es an dem Freitagabend vor Beginn der Filmarbeiten in Waterbury im Juni 1988 senden.

Das Interview selbst wurde am 31. Mai geführt. Jane erzählt: »Die Nacht davor habe ich kein Auge zugetan. Ich war so erschöpft. Ich fürchte, ich war beinahe teilnahmslos. Man wünscht sich immer, daß die Inspiration kommt, die Worte, die wirklich alles ausdrücken. Aber sie kamen nicht.«

Aufgezeichnet wurde das Gespräch in Janes Wohnzimmer mit den traditionellen, überladenen Möbeln, den auffallenden Antiquitäten und orientalischen Brücken. Sie trug ein tailliertes Hemd zu einem pastellfarben bedruckten Rock und hatte nur wenig Make-up aufgelegt. Barbara Walters trug ein kurzes blaues Kleid und hatte *viel* Make-up aufgelegt. Jane wirkte verkrampft und nervös und zögerte bei fast jeder Antwort. Es war ein denkwürdiges Interview; hier einige wichtige Ausschnitte:

Walters (*nach Einblendung, wie Jane bei Hanoi auf den Gefechtsstand des Flakkanoniers steigt*): Die berühmten Bilder mit dem Flakgeschütz ...
Fonda: Es war gedankenlos und unbedacht, so etwas zu tun. Für jemanden, der es beruflich mit Kommunikation zu tun hat und die Macht von Bildern kennt, war das gedankenlos und grausam. Ich übernehme die volle Verantwortung dafür, daß ich auf das Flakgeschütz geklettert bin ... Ich bin eine starke Frau. Ich bin naiv, und ich mache Fehler, aber ich war erwachsen, und ich hätte nein sagen müssen.
Walters: In Ihren Rundfunkansprachen aus Hanoi forderten Sie die Soldaten auf, den Befehlen der Offiziere den Gehorsam zu verweigern, und Sie bezeichneten die Offiziere als Kriegsverbrecher.
Fonda: Ich erinnere mich nur, gesagt zu haben, die Waffen seien ungesetzlich und nach den Regeln der Kriegführung verboten. Ich wollte ihnen erklären: Laßt uns darüber nachdenken, was wir gerade tun. Und als ich *wir* sagte, meinte ich uns alle.
Walters: Und die Kriegsgefangenen, die Ihre Sendungen in nordvietnamesischen Gefängnissen hörten?
Fonda: Ich respektiere deren Standpunkt. Aber diejenigen von uns, die nach Hanoi gefahren sind und dokumentari-

sche Informationen sammelten, die sonst nicht herausgekommen wären, halfen den Krieg beenden. Die Kriegsgefangenen wurden früher entlassen. Das Töten hörte auf. Deshalb glaube ich, daß wir beigetragen haben, sie nach Hause zu holen ... Sie, die Kriegsgefangenen, haben genug gelitten. Sie hatten es nicht nötig, von mir das zu hören (*nach Einblendung der Stelle, wie Jane sagt, manche hätten gelogen, als sie erklärten daß sie gefoltert wurden*). Ich war wütend darüber, daß Nixon sie benutzte, um den Krieg edel erscheinen zu lassen, und weil er die Geschichte umschreiben wollte. Ich hätte es nicht tun sollen.
Walters (*nach einem Filmausschnitt von 1971, in dem Jane Fonda sagt, sie sei eine Revolutionärin*): Sind Sie noch immer eine Revolutionärin?
Fonda: Heute bin ich keine Revolutionärin mehr. Als ich das 1971 sagte, war das absurd. Ich wußte gar nicht, was »Revolutionärin« bedeutet ... Ich wollte nicht, daß man mich für irgendein Starlet hält. Ich habe Wörter und eine Rhetorik gebraucht, die ich nicht verstand. Darauf bin ich nicht stolz.

Und dann folgten die wichtigsten Erklärungen ihrer Entschuldigung:

Ich bin stolz auf das meiste, was ich tat, und ich bedaure *manches*, was ich tat ... Ich möchte etwas sagen, nicht nur den Kriegsveteranen aus Waterbury, sondern allen Männern, die in Vietnam waren, die ich mit Worten oder Handlungen verletzt oder deren Schmerz ich vergrößert habe. Ich glaube, ich muß mich bei ihnen entschuldigen. Es war nie meine Absicht, sie zu kränken oder ihre Situation zu verschlimmern. Ganz im Gegenteil. Meine Absicht war, dazu beizutragen, daß das Töten und der Krieg aufhören. Aber manchmal war ich dabei gedankenlos und unbedacht,

> und es tut mir sehr leid, daß ich sie verletzt habe, und ich möchte mich bei ihnen und ihren Angehörigen entschuldigen!

Voller Wiederholungen, aber wirksam. Die Sendung von Barbara Walters half, das wachsende Ressentiment Jane gegenüber einzudämmen – wenn es denn sechzehn Jahre danach wirklich noch wuchs. Den hartgesottenen Kern der Jane-Hasser gab es noch, und ihn wird es vielleicht *immer* geben, doch (wie in Kapitel 2 ausführlich geschildert) mehr als zwei Drittel der Einwohner Waterburys sprachen sich in Meinungsumfragen zugunsten von Jane aus. Und als die Dreharbeiten begannen, waren die Fans den Gegnern ungefähr 100 zu 1 zahlenmäßig überlegen. Brent Layman von Associated Press in Hartford, Connecticut, war der Reporter gewesen, der mit seiner Story den ersten Anstoß zu dem wütenden Aufruhr gegeben hatte. Später mußte er sein Bedauern ausdrücken, daß er die Tatsachen falsch verstanden habe, als in Connecticut der Protest gegen Jane laut wurde.

Was nach dem Interview mit Barbara Walters an Eindämmung noch geleistet werden mußte, vollbrachten Steve Rivers und Jane selbst. Das Treffen in der St. Michael's Episcopal Church in Naugutuck, bei dem sie mutig sechsundzwanzig feindseligen Veteranen gegenübertrat, fand genau einen Tag nach Sendung des Interviews statt. Es dauerte über vier Stunden und bildete den eigentlichen Wendepunkt. Was Jane am deutlichsten in Erinnerung blieb, war dies:

> Die Männer hatten alle Anti-Fonda-Anstecker und -Autoaufkleber, und während der ersten zweieinhalb Stunden ging es sehr spannungsgeladen und emotional zu. Ich erzählte ihnen meine Story – wieso ich gegen den Krieg gewesen und weshalb ich nach Vietnam gefahren war. Ich hörte mir ihre Beschwerden über meine Handlungen an.

Allmählich fingen wir an, den Standpunkt des anderen zu verstehen, und die Feindseligkeit schwand. Dann ereignete sich etwas, das ich mein Lebtag nicht vergessen werde.

Folgendes passierte. Nachdem sich alles ein bißchen beruhigt hatte, sprach Jane davon, was sie und Hayden im Interesse der Veteranen getan hatten, vor allem für die Entschädigung und die medizinische Betreuung von Opfern des Giftgases Orange und ihrer Angehörigen. Plötzlich zog einer der Veteranen eine Spielkarte aus der Tasche. Es war das Pik-As. Er sagte: »Das haben wir immer auf die toten Vietcong gelegt.« Damit gab er zu verstehen, daß die Karte für Janes Leiche gedacht gewesen war. »Die brauche ich nicht mehr«, sagte er. »Und er zerriß sie«, berichtet Jane.

38

Wenige Monate nachdem *Stanley & Iris* (wie *Union Street* dann hieß) in Toronto abgedreht worden war (gänzlich ohne Zwischenfälle), kam Steve Rivers mit einer Ankündigung heraus, die die Welt innerhalb wie außerhalb des Showbusineß schockierte. Am 15. Februar 1989 erklärte er schlicht und knapp: »Jane Fonda und ihr Ehemann, der Abgeordnete Kaliforniens Tom Hayden, haben beschlossen, sich gerichtlich zu trennen. Tom und Jane betrachten die Trennung als Privatangelegenheit und werden dazu keinen Kommentar und keine öffentliche Erklärung abgeben.« Rivers selbst wollte die Sache auch nicht kommentieren.

Die Story machte überall auf der Welt Schlagzeilen. Die seriöse *Los Angeles Times* brachte sie auf der Titelseite. Es verblüffte sogar enge Freunde Haydens und Janes, besonders da viele von ihnen gerade erst die Weihnachtskarte des Ehepaars vom Kaminsims abgeräumt hatten. Auf der clownesk-witzig gehaltenen Karte stand: »Fröhliche Festtage und ein freundlicheres, sanfteres neues Jahr!« Sie zeigte ein Foto von Jane, Tom, Troy, Vanessa und Hanks Witwe Shirlee in liebevoller Pose über einem reichgedeckten Tisch bei Zucky's, einem jüdischen Delikatessenrestaurant in Santa Monica nicht weit von ihrem Haus. Nichts deutete auf eine eingetretene oder bevorstehende Entfremdung hin. Die Gesichter strahlten alle vor Glück und Zufriedenheit.

Was war also geschehen? Niemand wußte es, aber Meinungen dazu gab es genug. Die *Los Angeles Times* zitierte einen »langjährigen Freund der beiden«:

> Das bahnte sich schon seit langem an. Sie haben versucht, die Ehe zusammenzuhalten, aber Jane fuhr nach Mexiko und Kanada zum Filmen, und Tom saß allein da. Er machte eine Midlife-crisis hinsichtlich seiner Karriere durch, was er im Leben tue und all so was.

Zum Zeitpunkt der Trennung führte Hayden in den Umfragen nach möglichen Kandidaten für das neugeschaffene Wahlamt eines Kommissars für Versicherungen im Bundesstaat Kalifornien. Er wurde auch als möglicher Kandidat für das Amt des kalifornischen Secretary of State und für einen Sitz im Kongreß der USA gehandelt. Bezug darauf hatte wenige Monate zuvor eine Fernsehdokumentation von Barbara Howar genommen, die ihn besonders ärgerte: Die Autorin äußerte darin die lang ausgesponnene absurde Vermutung, Jane Fonda wolle die nächste Jacqueline Kennedy werden, indem sie mit ihrem ungeheuren Reichtum ihren Mann auf einen Senatssessel und schließlich ins Weiße Haus hievte. Angesichts der immer konservativer werdenden Tendenz in der nationalen Politik der USA war das genauso unwahrscheinlich wie die Annahme, Salman Rushdie könne die Ayatollahs im Iran vertreiben.

Tatsächlich hatte Hayden auch auf sich allein gestellt an der politischen Front ziemlich viel Erfolg. Von Janes Unternehmen erhielt er kein Geld mehr und hatte sich selbst eine starke Basisorganisation kleiner Geldgeber aufgebaut. Campaign California zählte allein über hunderttausend Mitglieder. Dennoch war Hayden nach Aussagen einiger Freunde gründlich in sich gegangen und hatte sein bisheriges Leben und seine Karriere kritisch unter die Lupe genommen. Das hing wesentlich zusammen mit seinem 1988 geschriebenen Buch *Reunion*. Es enthielt Erinnerungen an die Tage seiner politischen Aktivität, hauptsächlich in den sechziger Jahren, und diese mögen in ihm zunehmend das Gefühl erweckt haben, er brauche in seinem gegenwärtigen Leben eine Veränderung.

Auch Jane spürte in wachsendem Maße, daß die Dinge nicht mehr so waren wie früher. Ihre lange Abwesenheit wegen Dreharbeiten im Jahre 1988 ließ sich nicht vermeiden, aber sie schien kaum zu bemerken, daß Hayden nicht, so wie früher fast immer, bei ihr war. Auch das ließ sich nicht vermeiden, wenn man seine gewachsene Verantwortung im kalifornischen Abgeordnetenhaus als Vorsitzender zweier wichtiger Ausschüsse bedenkt. Die Kehrseite der Medaille war, daß Jane – noch mit den Aufnahmen zu *Stanley & Iris* beschäftigt – nicht bei Hayden sein konnte, als er an der Spitze einer Gruppe junger Prominenter aus Hollywood (des sogenannten »Brat Pack«, das Jane und Tom innerhalb ihrer Network-Organisation gegründet hatten) beim Parteitag der Demokraten in Atlanta auftrat.

Erst im voraufgegangenen Jahr hatten Jane und Tom mit großem Vergnügen ihre alljährlichen Osterferien begangen und dabei Stars wie Ally Sheedy und Rob Lowe vom Brat Pack mit Wahlhelfern aus Toms Bezirk sowie Veteranen aus der Antikriegsbewegung zusammengebracht. Jane verkleidete sich als Osterhäschen, Hayden hielt den Ostersonntagsgottesdienst ab, und die Gruppe sang alte Lieder wie »Puff the Magic Dragon«. 1989 gab es das nicht mehr. Die Osterfeier mußte wegen der Trennung ausfallen.

Die Regenbogenpresse gab sich nach Steve Rivers' überraschender Verlautbarung hämischen Spekulationen über die Trennung hin. Da hieß es, Hayden hätte eine Affäre mit einer Redenschreiberin im Stab des Präsidentschaftskandidaten Dukakis gehabt, und Jane wäre dahintergekommen und hätte ihn schließlich rausgeworfen.

Andere Gerüchte zogen sich an folgendem hoch: Jane habe Haydens schwere Trinkerei satt bekommen und seinen politischen Ehrgeiz nicht mehr finanziell unterstützen wollen.

Der nächste kam mit der Parole an, Jane hätte sich in das

Teenageridol Rob Lowe verliebt. Der fünfundzwanzigjährige Lowe war immerhin sechsundzwanzig Jahre jünger als Jane, und Hayden sei wegen der angeblichen Affäre ausgerastet.

Das war ein gefundenes Fressen für die Boulevardpresse. Als langjähriger Insider Hollywoods weiß ich, wie solche unbewiesenen Berichte in die Revolverblätter gelangen. Ein Kellner in einem Restaurant wird zum Beispiel bezahlt, damit er jemandem einen Tip gibt, sobald zwei Leute zusammen Mittag essen, selbst wenn sie ganz unschuldig über Politik diskutieren. Andere Informanten sind vielleicht Putzfrauen, Gärtner oder verärgerte frühere Fans, die auf ein paar Dollar scharf sind. Bei der gegenwärtigen gerichtlichen Interpretation der amerikanischen Gesetze über den Tatbestand der üblen Nachrede ist es praktisch ausgeschlossen, daß eine Verleumdung öffentlicher Persönlichkeiten wie Jane oder Hayden geahndet würde.

Meine eigenen Erkundungen förderten nichts zutage, was auch nur eins der genannten Gerüchte bestätigte. Meiner Meinung nach befinden sich Hayden und Fonda in einer Midlife-crisis, wie sie Millionen anderer Paare Ende Vierzig, Anfang Fünfzig befällt, wenn sie sich darüber klarzuwerden versuchen, woher sie kommen, wo sie stehen und wohin sie gehen. Manchmal bringt eine solche Rechenschaftslegung das Paar wieder zusammen, manchmal auch nicht.

Die verantwortungsvolle Presse – zum Beispiel die *New York Times*, die *Washington Post* und die *Los Angeles Times* – ignorierte mehr oder weniger die von der Trennung heraufbeschworenen Spekulationen. Schon das ist ein ungeheurer Triumph für Jane. Wenn dasselbe fünfzehn Jahre früher passiert wäre, wäre man nicht annähernd so schonend mit ihr umgegangen.

Tatsächlich waren die Berichte der führenden Blätter des Landes von einem Gefühl überwältigender Traurigkeit durchdrungen. In der *New York Times* schrieb Anne Taylor Fleming aus Hollywood fast poetisch:

> In dieser Stadt wirken gewisse Dinge, gewisse Zustände wie ein Talisman. Wenn Tom Hayden und Jane Fonda sich von Tisch und Bett trennen, fühlen sich die Leute hier gefährdet, traurig gestimmt. Wir geben uns so gern dem Glauben hin, daß unsere Nachbarschaft – wie glamourös sie auch sein mag – doch etwas Beständiges, die Zeiten Überdauerndes ist; wir mögen es nicht, wenn jemand auf der Strecke bleibt und das Gegenteil beweist. Deshalb zeigte hier niemand Schadenfreude. Gewiß, auf die Verlautbarung hin brodelte im Blätterwald, wie vorauszusehen, die Gerüchteküche, ... doch die meisten Menschen hatten Mitleid mit den beiden, sogar die Leute, die von ihrer Politik nie besonders angetan waren. Wir hatten uns daran gewöhnt, daß sie zusammen sind, das ist alles. Wir hatten gespannt beobachtet, wie ihre flammenden Reden der sechziger und frühen siebziger Jahre einem Erfolg im bürgerlichen Mainstream Platz machten – ihrer natürlich größer und spektakulärer, seiner ein zäh und gewissenhaft verteidigter Sitz im kalifornischen Abgeordnetenhaus. Er hatte sich darauf verlegt, seine Kampagnen als Familienvater zu führen, und er bezeichnete sich als politisch zur Mitte gehörend ... Den ganzen Weg erfüllte beide ein aufrichtiger Stolz, wenn der andere Erfolg hatte. Sie verlieh ihm Glanz und steuerte Geld bei, damit er sich zur Wahl stellen konnte; er bot ihr die Legitimität einer politischen Persönlichkeit und beriet sie in Fragen ihrer Karriere ... In ihrer Verbindung war das Ganze offensichtlich viel größer als die Summe der Teile: eine eindrucksvolle, andere oft ärgernde, ständig nach etwas strebende Einheit, die über fünfzehn Jahre lang unsere Aufmerksamkeit fesselte. Wir werden sie vermissen.

Im Grunde wußte niemand etwas über die Hintergründe der Trennung. Außer möglicherweise Steve Rivers, der zu mir meinte: »Gib nicht allzuviel auf die Sache mit der Scheidung. Sie könnten ganz leicht wieder zusammenkommen.«

39

1990 war ein schlechtes Jahr für Jane – wenigstens in den ersten Monaten. Die Scheidung von Hayden verlief freundschaftlich, doch als sie endlich abgeschlossen war, blieben Schmerz und Trauma. Die bei der Scheidung getroffene Regelung wurde nie bekannt, aber in Kalifornien ist die Rechtslage so, daß Eigentum und erworbener Besitz bei einer Trennung zu gleichen Teilen an die Geschiedenen geht; Hayden wurde demnach mit ziemlicher Gewißheit die Hälfte des während der Ehe – fast ausnahmslos von Jane – angehäuften Vermögens zugesprochen.

Sie behielt das große Haus in Santa Monica. Es war nun darin sehr einsam, obwohl ihr Sohn Troy die meiste Zeit bei ihr wohnte. Mit Troy und auch mit der Tochter Vanessa gab es Probleme. Troy wurde wegen Vandalismus festgenommen; man erwischte ihn mit Farbspray auf einem Parkplatz. Er bekam weder eine Anklage noch Hiebe und wurde nur in die Obhut der Mutter entlassen, die ihm am liebsten selbst eine Tracht mit dem Rohrstock verabreicht hätte, es aber sein ließ.

Auch Vanessa hatte Schwierigkeiten mit der Polizei. Als Assistentin ihres Vaters Roger Vadim hatte sie eine Zeitlang in Afrika gearbeitet, und als sie zurückkehrte, nahmen die Cops ihren Freund Thomas Feegal wegen Drogenbesitzes fest. Vanessa wurde schließlich zu drei Tagen gemeinnütziger Arbeit verurteilt.

Noch eine schlechte Nachricht für Jane: *Old Gringo* von Fonda Films erhielt nach der Uraufführung schlechte Kritiken, und es sah so aus, als sollte er zu den wenigen Filmen ihrer Karriere gehören, bei denen sie Geld verlor. Das wurde ein wenig dadurch kompensiert, daß ihre jüngste Fitneßkassette *Jane Fonda's Complete Workout* ein Superhit wurde, was die Zeitschrift *Video Journal* veranlaßte, ihr »den größten Einzelerfolg im gesamten Videobusineß« zuzusprechen.

Ungeachtet des Auf und Ab ihres Lebens bedrückte die Einsamkeit sie zu jener Zeit am stärksten. Das veranlaßte sie, mal wieder ihr Dasein völlig umzukrempeln. Zum einen besuchte sie nun unermüdlich Parties, eigentlich das erstemal, seit sie erwachsen war. Während sie in den Jahren mit Hayden den meisten Geselligkeiten der Filmindustrie aus dem Wege ging, konnte man sie jetzt auf nahezu allen Parties und Veranstaltungen Hollywoods antreffen – wie in den alten Zeiten in der Filmkolonie, als Henry Fondas Tochter.

Sie entwickelte offenbar eine gehörige Portion Nostalgie für jene zurückliegende Zeit, die in Wirklichkeit gar keine so glückliche für sie gewesen war. Häufig konnte man beobachten, wie sie ziellos durch die alte Gegend in Brentwood fuhr und an der Stelle anhielt, wo das Haus an der Tigertail Road gestanden hatte.

Die Erinnerung an den vor sieben Jahren verstorbenen Vater Hank ließ sie anscheinend auch nicht los. Als sie einmal gefragt wurde, wieso sie immer noch mit solcher Wehmut an einem Mann hing, der sich ihr gegenüber als solch ein Hurensohn erwiesen hatte, antwortete sie mit der Bemerkung, die Louis B. Mayer seinerzeit über Wallace Beery losgelassen hatte: »Aber er war eben *mein* Hurensohn!«

Typisch für Janes Geschichten über die Vergangenheit war eine, die sie mit einem für sie neuartigen trockenen Humor auf Parties zum besten gab: »Wollt ihr wissen, wie ich zum erstenmal mit Sex Bekanntschaft machte? Also, mein Vater spielte gern Farmer und pflügte das Feld hinter unserem Haus in der Tigertail Road um. Dazu verwendete er ein Gespann Mulis mit Namen Pancho und Pedro. Pancho war eine Sie.

Einmal ritt ich mit nacktem Hintern Pancho und zog Pedro hinter uns her. Plötzlich bestieg Pedro Pancho und fing an, sie zu ficken, und ich festgenagelt zwischen seiner Brust und ihrem Rücken! Ein Bildungserlebnis, aber verdammt zum Angstkriegen.«

Erheblich bitterer – und überhaupt nicht komisch – ist eine Geschichte, die sie voller Wehmut über die letzte Krankheit des Vaters erzählte:

> Ich saß im Krankenhaus an seinem Bett und vertrat Shirlee eine kurze Weile. Dads Füße guckten am Bettende raus. Ich schaute sie an, und mir fiel ein, was das für ein himmlisches Gefühl war, wenn mir jemand die Füße massierte. Also besorgte ich mir eine Creme und fing an, Dads Füße zu massieren. Das muß ich wohl eine Stunde lang gemacht haben. Ich glaube wirklich, er wußte nicht mal, daß ich da war. Er bewegte sich nicht, er sprach kein Wort. Plötzlich vernahm ich seine Stimme, und sie schien aus der fernsten, dunkelsten Tiefe zu kommen: »Jane, das ist himmlisch!« Dann wollte er mich nicht weitermachen lassen. Als Shirlee wieder reinkam, erzählte ich ihr von der Fußmassage. Ich sagte zu ihr: »Du weißt doch, bei Dads altmodischen Auffassungen aus dem Mittelwesten muß man schon seine *Frau* sein, wenn man ihn anfassen will. Er hat mich noch nicht mal auf die Knie genommen als Kind. Das hier war die erste Gelegenheit, die ich jemals gehabt habe, ihm ein körperliches Wohlgefühl zu geben.«

Jane schluchzt immer noch ein bißchen, wenn sie das erzählt.

Auf dem Höhepunkt ihrer Verzagtheit nach der Scheidung und während ihres Zurückschauens klingelte plötzlich in ihrem Haus in Santa Monica das Telefon. Der Anruf sollte ihr Leben in einem Maße verändern wie noch nie einer. Eine völlig unbekannte Stimme am Telefon sagte: »Hi, ich bin Ted

Turner. Komme gerade von Atlanta rübergeflogen. Seit Jahren bewundere ich Ihre Arbeit, und ich möchte Sie irgendwohin zum Dinner einladen.«

40

Der Anruf von Turner war alles andere als ein Zufall.

Der Milliardär – Eigentümer von CNN, drei anderen Kabelsendern, zwei Filmgesellschaften, der Baseballmannschaft Atlanta Braves, der Basketballmannschaft Atlanta Falcons und ein berüchtigter Frauenheld – hatte am Vortag in Atlanta seine bevorstehende Reise nach Los Angeles mit Lori Henry, einer seiner Assistentinnen, besprochen. »Machen Sie für mich Verabredungen mit Raquel Welch und Cybill Shepherd fest«, beauftragte er sie. Und dann fiel ihm noch was ein: »Ich habe eben gelesen, Jane Fonda hat sich gerade von diesem Hayden scheiden lassen. Suchen Sie mir mal ihre Telefonnummer raus!«

Es kam dann so, daß Welch und Shepherd ihm einen Korb gaben, und sein Telefonat mit Jane verlief auch nicht sehr erfolgversprechend. Sie antwortete ihm: »Ich weiß, Sie sind ein sehr interessanter Mann, aber warum rufen Sie mich nicht in sechs Monaten noch mal an, wenn Gras über meine Scheidung gewachsen ist?« Offensichtlich angetan von ihr, wollte Turner ein Nein als Antwort nicht gelten lassen, und er überredete sie, mit ihm bei einer Wohltätigkeitsveranstaltung in Beverly Hills zu frühstücken. Es konnte gut sein, daß die beiden mit Turners zwei Milliarden und Janes sechshundert Millionen Dollar das reichste Paar bei diesem gesellschaftlichen Ereignis waren. Für Jane war es etwas Neues, mit einem Mann zusammenzusein, der mehr Geld besaß als sie und für den sie niemals würde die Rechnung bezahlen müssen.

Aus diesem eher prosaischen Beginn entwickelte sich die ausgewachsene Romanze eines Liebespaars im fortgeschrittenen Alter – jedenfalls von seiten Turners. Er war einundfünfzig, als sie sich kennenlernten; heute sind beide fünfundfünfzig. Da seine Familie und seine Freunde wußten, daß er zwei früheren Ehefrauen untreu geworden war und sich danach mit Dutzenden anderer Frauen amüsiert hatte, waren sie platt, als sie sahen, mit welch altmodischer Inbrunst er sich um Jane bemühte – jeden Tag schickte er ihr Blumen oder sentimentale Kinkerlitzchen, rief sie unaufhörlich an und so weiter. Peter Dames, einer der engsten Freunde Turners, berichtete: »Ted erzählte mir: ›Ich *mache Jane den Hof*. Ich glaube, sie ist es nicht gewöhnt, als Dame behandelt zu werden. Sie gibt mir das Gefühl, als sei das eine ganz neue Erfahrung für sie.‹«

Wie dem auch sei, die immer noch unberechenbare Jane schreckte vor dem Hofiertwerden zurück. Laut Aussage von Freunden ließ sie Turner wissen, sie wolle ihn eine Weile nicht sehen, um nach der Scheidung erst einmal zu sich selbst zu finden und über die neue Beziehung nachzudenken. Während sie also in sich ging, driftete sie in eine kurze, aber stürmische Affäre mit dem muskelbepackten italienischen Fußballstar Lorenzo Caccialanza ab. Kein Mensch kann sich das erklären; man kann höchstens spekulieren, daß dies als eine typische Nachwirkung der Scheidung anzusehen ist, als einen Versuch, sich selbst zu beweisen, daß man noch für junge Männer attraktiv ist, die man in der Vergangenheit so oft angezogen hatte. Zur Verblüffung seiner Freunde saß Turner geduldig da und wartete ab, ohne dies mit eigenen Affären zu vergelten.

Janes Herumtändeln mit dem Fußballer dauerte nur kurz, und Freunde erzählen, die übrige Zeit ihrer Selbstbeobachtung versuchte sie, soviel wie möglich über Turner in Erfahrung zu bringen, jenen geheimnisvollen Mann, der so ganz anders war als alle, die sie je kennengelernt hatte.

Er war eindeutig ein Selfmademan und außerordentlich

geschäftstüchtig. Sein vollständiger Name lautet Robert Edward Turner III., und er wurde in Cincinnati (nicht Atlanta) als Sohn eines Alkoholikers geboren, der ihn ständig verprügelte, seine sanfte und schöne Frau zur Scheidung trieb und schließlich mit dreiundfünfzig im Selbstmord endete. Dem Sohn hinterließ er sein Geschäft für Straßenreklame – ein kleiner Einsatz, den Ted rasch multiplizierte, bis er an den Punkt gelangte, wo er so etwas wie CNN aus dem Boden stampfen und selbst besitzen konnte, das größte und meistgepriesene Nachrichtenunternehmen der Welt. Jane hatte vage von seinen anderen Holdinggesellschaften gehört, staunte aber, als ihr deren ungeheurer Umfang klar wurde: Turner Network Television, Turner Cartoon Network, WTBS-TV, seine Franchise-Unternehmen im Sport, Castle Rock Films (u. a. mit *Auf der Flucht*, d. i. *The Fugitive*), New Line Cinema (Ninja Turtles). Kürzlich hatte er ein ernsthaftes Angebot unterbreitet, das gesamte Fernseh- und Rundfunknetz von CBS aufzukaufen.

Aber laut Turners Biograph Porter Bibb beeindruckten Jane andere Dinge als Turners Reichtum (sie besaß selbst genug Geld, und täglich kam von den Fitneßvideos und den Tantiemen aus den Wiederaufführungen ihrer neununddreißig Filme weiteres herein). Ihr gefiel, daß er mit seiner Jacht »Courageous« den America's Cup gewonnen und den versnobten New Yorker Regattaseglern eins auf die Nase gegeben hatte. Ihr gefiel es, daß Turner nach dem amerikanischen und dem nachfolgenden sowjetischen Boykott der Olympischen Spiele die eigenen Goodwill Games ins Leben gerufen hatte, die er heute noch unterstützt, obwohl seine Verluste daraus in die Millionen gehen.

Am meisten bewunderte Jane, daß der einstige typische »gute alte Kerl« aus den Südstaaten – ultra-konservativ, in seinen politischen und sozialen Anschauungen fast ein extremer Rechter – sich auf wundersame Weise in das ganze

Gegenteil verwandelte. Heute sind seine persönlichen Vorbilder solche – bei ihm – nicht zu erwartenden Idole wie Mahatma Gandhi und Martin Luther King. 1981 wurde er auf Lebenszeit zum Treuhänder des King Institute for Non-Violence (d.h. für Gewaltlosigkeit) ernannt. Außerdem setzt er sich vehement für den Schutz und die Sanierung der Umwelt ein, um diesen Planeten zu retten – ein Thema, das in den dokumentarischen Features all seiner Sender unaufhörlich abgehandelt wird. Ebenso ist er einer der leidenschaftlichsten Fürsprecher der unterdrückten Ureinwohner Amerikas (in den Vereinigten Staaten einst »Indianer« genannt).

Als Jane sich über die gegenwärtigen Ansichten Turners Klarheit verschafft hatte – die den eigenen ähnelten (auch fuhr er keinen Mercedes, sondern einen Toyota) –, da konnte sie nur eins tun. Nachdem sie wochenlang mit ihm nicht gesprochen hatte, rief sie ihn an und sagte: »Ich möchte Sie irgendwohin zum Dinner einladen!«

41

Von diesem Augenblick an legte Turner beim Hofieren einen höheren Gang ein, und Jane hielt mit.

Jetzt wuchsen sich Turners anfangs kärgliche Aufmerksamkeiten zu einer Ganztagsbeschäftigung aus – mit noch mehr frischen Blumen, noch mehr Kinkerlitzchen und mit täglichen Anrufen. Er nahm sie überallhin mit – zu Preisverleihungen mit Dinner, zur Hochzeit seiner Tochter Jennie, ins Weiße Haus, in den Kreml und den Elysée-Palast. Das Paar dinierte mit Präsident Bush, Michail Gorbatschow und François Mitterand.

Stolz stellte er Jane den Dutzenden von Mitarbeitern in der CNN-Zentrale in Atlanta vor; sie war Ehrengast bei der Galaveranstaltung zum zehnjährigen Bestehen von CNN. Lange Wochenenden verbrachten sie auf Turners beiden riesigen Plantagen in Florida und Südkarolina sowie auf seinen beiden ebenso riesigen Ranches in Montana. Jane liebte – und liebt – besonders die 200 Quadratmeilen große Ranch »Flying D«, zu der Montanas imposante Berge Spanish Peaks samt einer ganzen Strecke des Gallatin River gehören. Dort züchtet Turner in einer vollkommen geschützten, ungestörten Umgebung eine große Büffelherde. Er rechnet damit, es bald auf viertausend Tiere des einst fast ausgerotteten amerikanischen Bisons zu bringen – was natürlich die Umweltschützerin Jane Fonda entzückt. Kürzlich fügte sie der Herde eine eigene Gruppe von vier seltenen und teuren Araberpferden hinzu.

Die manchmal recht sprunghafte Handlungsweise der beiden in der Wildnis von Montana brachte in der Gegend einen

Schatz sich hartnäckig haltender Legenden hervor. Die Leute dort erzählen sich, daß Ted und Jane eines Tages, nach einem mit Angeln, Joggen und Fitneßübungen verbrachten Vormittag, im Gallatin Café einkehrten, um eine Tasse Kaffee zu trinken. Als es ans Zahlen ging, stellte sich heraus, daß der Milliardär Turner und die Millionärin Fonda zusammen ganze achtunddreißig Cents in der Tasche hatten. Turner mußte beim Wirt ein Schuldenkonto eröffnen, bevor sie zu ihrem Ranchhaus weiterjoggen konnten – worüber sich die anderen Gäste aus der Gegend köstlich amüsierten.

Wenn er in der Anfangszeit ihrer Beziehung gefragt wurde, was Jane und er denn so zusammen machten – außer Sex natürlich –, antwortete Turner: »Wir gehen ins Kino, fahren Rad, joggen jede Menge, und wir halten uns mit Sport fit. Jane hat mich dazu gekriegt, und ich bin sehr froh darüber. Sie ist so eine Art persönliche Trainerin für mich. Vorher war ich schwammig, aber dank ihr habe ich mehr als sechzehn Pfund abgespeckt. Wir sind nicht mehr die Jüngsten, schätze ich, aber eigentlich sind wir wie viele andere Paare.«

Keineswegs. Wie viele andere Paare können gleich nach dem Kennenlernen so mir nichts dir nichts zu einer Kreuzfahrt nach den griechischen Inseln aufbrechen, wie sie Ted und Jane im ersten Sommer ihrer Bekanntschaft unternahmen? Teds alter Freund Peter Dames war mit von der Partie, und er wollte seinen Augen nicht trauen, in welchem Maße Ted »total relaxte«, wie er es formulierte. »Kein Anbrüllen und Anfauchen der Leute mehr, wie er es früher so oft getan hatte. Kein Gerede mehr von Selbstmord oder davon, daß ihn ein Mörder abknallen werde. Jane hat den Löwen in ein Miezekätzchen verwandelt.«

Jane selbst hat bei aller Herumkutschiererei mit Turner nie ihre Unabhängigkeit aufgegeben, wie Freunde berichten. Sie lebte weiter in Los Angeles, und trotz Turners transkontinentalen Aufmerksamkeiten vernachlässigte sie nicht ihre

Geschäfte – die Fitneßkassetten und ihre Produktionsfirma Fonda Films. Auch vergaß sie nicht ihre öffentlichen Anliegen, zum Beispiel die Fortsetzung des Kampfes um populäre Ziele (wie die Mietpreiskontrolle in Santa Monica), für die sie sich früher gemeinsam mit ihrem Ex-Mann Tom Hayden eingesetzt hatte, dem nunmehrigen Senator im Bundesstaat Kalifornien.

Jane war bei all den Erfahrungen, die sie hat machen müssen, nicht so abgehärtet, wie sie immer wirkte, und einige rüde Bemerkungen über ihre Beziehung zu Turner nahmen sie doch innerlich mit. Ein früherer CNN-Moderator namens Don Farmer meinte zum Beispiel: »Ist das nicht komisch, daß die Frau, die immer ›Hanoi-Jane‹ genannt wurde, und Ted Turner, der sich mal als rechtslastiger Hirni produziert hat, sich jetzt gesucht und gefunden haben?!«

Andererseits gab es außerordentlich schmeichelhafte Kommentare von Larry King, derzeit ein Angestellter Turners, als er das Paar in der Sendung *Larry King Live* interviewte. Dabei kam es zu einer komischen kleinen Panne, als die freimütige Jane bemerkte: »Vom vielen Fernsehen wird man dick.« Sowohl King als auch seinem Boß sträubten sich die Haare, aber Turner rettete die Situation mit dem Hinweis, daß eine Menge Leute auch beim Fernsehen Fitneßübungen machten!

In Janes Augen war das Angenehmste, das ihr in den frühen Tagen dieser Beziehung widerfuhr, daß Laura Turner, das älteste von Teds fünf Kindern (von verschiedenen Ehefrauen), sie sofort und begeistert akzeptierte. Nachdem Laura zum erstenmal Jane in Begleitung ihres Dads begegnet war, schwärmte sie: »Ich denke, die beiden passen zusammen. Die können eines Tages noch im Weißen Haus landen. Mein Vater und Jane würden einen großartigen Präsidenten und eine großartige First Lady abgeben!«

Das ist nicht einfach kindlicher Überschwang. Man vergegenwärtige sich noch einmal die Präsidentschaftswahlen von 1992. Eine Gruppe von mächtigen Drahtziehern aus den Südstaaten war mit beiden Kandidaten, George Bush und Bill Clinton, unzufrieden. Zu den Drahtziehern im Hintergrund zählten Ex-Senator Howard Baker, Bert Lance und Hamilton Jordan, die beiden Letztgenannten früher Mitglieder des Stabs von Präsident Jimmy Carter, sowie der politisch einflußreiche Anwalt John J. Hooker aus Tennessee.

Wie Hooker später enthüllte, traf sich die Gruppe, um eine Liste derjenigen Personen aufzustellen, die sie als Kandidaten einer dritten Partei unterstützen würden. Als erster stand Ross Perot darauf; wenige Tage später verkündete dieser, daß er sich zu einer Kandidatur überreden ließ. Gleich danach folgte auf dieser Liste der Drahtzieher der Name Ted Turner.

»Mit Perot haben wir einen Fehler gemacht«, gab Hooker später zu. »Ted Turner hätte selbst unter kräftigem Beschuß niemals auf halbem Wege die Flinte ins Korn geworfen.«

Jane ihrerseits bekennt, daß sie nur wenig oder gar nichts von diesen politischen Machenschaften weiß, aber sie ist froh darüber, daß Turner keiner Partei angehört, besonders nicht den Republikanern. Da hat sie aber eine seltsame Kehrtwendung vollzogen, wenn man bedenkt, daß sie sich während der Ehe mit Tom Hayden mit Haut und Haar der Förderung seiner politischen Karriere verschrieb – pausenlos hielt sie Reden, organisierte Kampagnen, um die Unterstützung von Frauen zu gewinnen, und sie gab fast jeden Cent ihrer beträchtlichen Gewinne aus dem Fitneßgeschäft für Hayden und die von ihm vertretenen Ziele aus. Mit Turner kooperiert sie öffentlich nur, wenn es sich um Probleme handelt, die beiden am Herzen liegen – wie beim Umweltschutz.

Nach zwei Jahren fortschreitenden Werbens entschieden sich Jane und Ted im Januar 1992 zu heiraten (also keine überstürzte Heirat diesmal). Niemanden überraschte das. Die Hochzeit fand unter Ausschluß der Öffentlichkeit und der

Paparazzi auf Turners Plantage »Avalon« (3278 Hektar) in Capps, Florida, statt. Jane trieb bezeichnenderweise weiter keinen großen Aufwand. Die Haare richtete sie sich selbst, und statt eines Brautkleids trug sie das fußlange weiße Leinenkleid aus ihrem Film *Das Rollover-Komplott* von 1981, das immer noch in ihrer Garderobe hing. Elf Jahre später saß es noch wie angegossen. Trauzeuge war der Afroamerikaner Jimmy Brown, seit vierzig Jahren in Diensten der Familie Turner.

Jane hatte keine Brautjungfer. Ihr achtzehnjähriger Sohn Troy spielte den Brautführer.

Es war noch ein Fonda zugegen, Janes Bruder Peter, und man sah ihn tatsächlich weinen. Er zerfloß fast in Tränen, als die Gäste nach der kurzen baptistischen Zeremonie Fasan speisten und Ted und Jane den Tanz eröffneten.

»Also, sie lieben sich wirklich!« schluchzte der oft zynische Peter, als er sah, wie sie auf der Tanzfläche hingebungsvoll aneinanderhingen. Dabei blickte seine Schwester Jane genauso zu Ted auf wie seinerzeit Pat Nixon zu Präsident Richard Nixon, wenn er eine Ansprache hielt.

42

Seit der Hochzeit hat sich nicht viel geändert. Bei Auftritten in der Öffentlichkeit knutschen Ted und Jane noch immer ausgiebig miteinander. Sie flattern nach wie vor von Ranch zu Ranch, von Plantage zu Plantage und, wenn sie in Atlanta sind, in ihr riesiges Penthouse auf dem CNN-Gebäude.

Turner betont gern, daß sie beide eigene Karrieren haben und diese unabhängig voneinander verfolgen, ohne Einmischung des anderen – womit er Janes Feminismus Tribut zollt.

Da ist etwas Wahres dran. Jane arbeitet emsig weiter an ihrem noch immer boomenden Fitneßgeschäft, obwohl ihr nun keine solchen Trainingscenter mehr gehören, in die die Rundlichen und Schwammigen *persönlich* gehen, um sich fit zu machen und abzunehmen. Die Fitneßvideos bringen immer noch ein kleines Vermögen ein, trotz zunehmender Konkurrenz. Im Oktober 1994 kam Janes zwanzigste Videokassette auf den Markt, *Step and Stretch Workout*, und in Kaufhäusern wie Montgomery Ward and Target wurden 2500 neue Verkaufsstände eröffnet, die die neue Kassette neben den früheren Erzeugnissen Jane Fondas anbieten.

Janes Produktionsgesellschaft Fonda Films (*Coming home – sie kehren heim*, *Old Gringo*) existiert noch; sie floriert und hält ständig Ausschau nach neuen Filmstoffen. Als nächster Film wird *Pigs in Heaven* kommen.

Nun ist Jane zur Persönlichkeit des öffentlichen Lebens geworden wie noch nie. Im Oktober 1994 veranstaltete die

Fernsehindustrie die erste Konferenz über Seifenopern, um zu beraten, wie man den pornographischen Sex in diesen Familienserien eindämmen kann. Hauptredner waren die Gesundheitsministerin Jocylyn Elders – und Jane Fonda. Janes Äußerungen klangen geradezu staatsmännisch; sie mahnte, die Seifenopern sollten »helfen, das Vakuum auszufüllen, weil die Familie am Zerbrechen ist«. Von Hanoi-Jane himmelweit entfernt!

In der Zwischenzeit ging Ted den eigenen Geschäften nach – er gründete neue Kabelnetze und feilschte um den Ankauf von Filmgesellschaften, dann CBS, ABC und so weiter. Allerdings wurde Turners Entschluß, Janes Arbeit mit seiner nicht zu vermengen, 1993 zum erstenmal verletzt. Er wollte einen *Gettysburg* betitelten Historienfilm von Turner Pictures, einer seiner neuen Produktionsfirmen, herstellen lassen. Er bat Jane zu sich und gestand, daß er kein sicheres Urteil über Filmscripte besaß: Würde sie bitte mal dieses hier lesen und ihm sagen, ob er es ankaufen sollte? Sie las es und erklärte es mit wenigen Änderungsvorschlägen für okay. Der Film wurde gedreht und erhielt überwiegend gute Kritiken.

Aber die größte produktive Berührung der beiden Talente folgte kurz darauf. Es ging um eine Sache, die beiden auf der Seele liegt: die bedrückende Situation der benachteiligten Ureinwohner Amerikas. Turner erzählte Jane, ihn rege das Problem so sehr auf, daß er seine Leute beauftragen wolle, einen sechsstündigen Dokumentarfilm darüber zu drehen, der von seinem landesweiten TV-Sender WTBS an drei Abenden ins Programm genommen werden solle. Und er meinte: »Übrigens, Jane, warum sollten wir das nicht mit dem Film *Lakota Woman* verbinden, an dem du gerade arbeitest?«

Jane antwortete: »Wunderbar. In meinem Projekt wird ja das Schicksal einer Frau geschildert, die durchaus auch in deiner Dokumentation vorkommen könnte.«

Und auf der Stelle wurde die Vereinbarung zwischen Ehemann und -frau besiegelt.

Turners Dokumentation wurde von den Kritikern bejubelt; einer nannte sie »die packendste Studie über die am wenigsten bekannten Menschen Amerikas, die es wahrscheinlich je geben wird«.

Der zweite Teil des explosiven Turnerschen Beitrags zu dem Thema folgte sechs Tage später mit *Lakota Woman: Siege at Wounded Knee* (etwa: Lakota-Frau – Belagerung am Wounded Knee). Produzent ist Fonda Films, ausgestrahlt wurde der Streifen von TNT, einem anderen Sender Turners. Jane hatte den Film nach einem Buch gedreht, das sie angekauft hatte; es war die Autobiographie von Mary Crow Dog. Im Jahre 1890 wurden dreihundert Angehörige des Lakota-Stamms (eines Zweigs der Sioux), Männer, Frauen und Kinder, von der amerikanischen Kavallerie an einem Ort namens Wounded Knee in Süddakota hingeschlachtet. Janes Film erzählt kurz die Geschichte dieses Massakers, wendet sich dann aber der wahrheitsgetreuen Schilderung von Mary Crow Dogs Odyssee von 1973 zu. Gemeinsam mit zweitausend anderen Indianern besetzte sie Wounded Knee, um auf die Not der Ureinwohner Amerikas aufmerksam zu machen. Mary brachte dort ein Kind zur Welt und wurde Anführerin (mit dem neuen Namen Mary Brave Woman, d.h. Tapfere Frau) jener Ureinwohner Amerikas, die dort der Belagerung durch das FBI und andere Regierungsbeamte mehrere Wochen lang standhielten – bis ihr Anliegen von der Weltpresse aufgegriffen wurde.

Die meisten Darsteller des Films waren Ureinwohner. Er wurde begeistert aufgenommen, aber für viele Leute stand Jane Fonda Turner im Brennpunkt des Interesses – ein weiterer Meilenstein ihrer langen und stürmisch bewegten Laufbahn.

Erinnern wir uns: Nach Janes Trennung von Roger Vadim

hatte sie sich politisch als erstes für die Indianer engagiert, die als Protest gegen ihre unwürdige Behandlung die Insel Alcatraz besetzt hielten.

Beachtenswert, denn sie führt ein weiteres Mal nachdrücklich vor Augen, daß alles im Leben einmal wiederkehrt.

Jane Fondas Filme

1960 Tall Story
Je länger – je lieber
R: Joshua Logan. Mit Anthony Perkins.
Warner Bros.

1962 Walk on the Wild Side
Auf glühendem Pflaster
R: Edward Dmytryk. Mit Laurence Harvey.
Columbia

The Chapman Report
Chapman Report
R: George Cukor. Mit Capucine, Shelley Winters, Claire.
Warner Bros.

Period of Adjustment
Zeit der Anpassung
R: George Roy Hill. Mit Tony Franciosa.
MGM

1963 In the Cool of the Day
Begierde an schattigen Tagen
R: Robert Stevens. Mit Peter Finch, Angela Lansbury.
MGM

1964 Sunday in New York
Sonntag in New York
R: Peter Tewksbury. Mit Cliff Robertson.
MGM/7 Arts

Les félins
Joy House
Wie Raubkatzen
R: René Clement. Mit Alain Delon.
MGM

1965 La ronde
Circle of Love
Der Reigen
R: Roger Vadim. Mit Jean-Claude Brialy.
Walter Reade

Cat Ballou
Cat Ballou – hängen sollst du in Wyoming
R: Elliott Silverstein. Mit Lee Marvin.
Columbia

1966 The Chase
Ein Mann wird gejagt
R: Arthur Penn. Mit Marlon Brando, Robert Redford.
Columbia

Any Wednesday
Jeden Mittwoch
R: Robert Ellis Miller. Mit Jason Robards.
Warner Bros.

La curée
The Game Is Over
Die Beute
R: Roger Vadim. Mit Peter McEnery.
Royal/Marceau

1967 Hurry Sundown
Morgen ist ein neuer Tag
R: Otto Preminger. Mit Michael Caine.
Paramount

Barefoot in the Park
Barfuss im Park
R: Gene Saks. Mit Robert Redford.
Paramount

1968 Barbarella
Barbarella
R: Roger Vadim. Mit John Phillip Law.
Paramount

1969 Metzengerstein
R: Roger Vadim. Mit Peter Fonda.
Teil der Trilogie
Histoires Extraordinaires. – Spirits of the Dead. – Aussergewöhnliche Geschichten
R: Federico Fellini, Louis Malle, Roger Vadim.
American International

They Shoot Horses, Don't They?
Nur Pferden gibt man den Gnadenschuss
R: Sydney Pollack. Mit Michael Sarrazin, Gig Young, Red Buttons.
Cinerama

1971 Klute
Klute
R: Alan J. Pakula. Mit Donald Sutherland.
Warner Bros.

1972 F.T.A.
R: Francine Parker. Mit Donald Sutherland, Holly Near.
American International

Steelyard Blues
Steelyard Blues
R: Alan Myerson. Mit Donald Sutherland, Peter Boyle.
Warner Bros.

Tout va bien
Everything's Okay
Alles geht gut
R: Jean-Luc Godard. Mit Yves Montand.
New Yorker Films

1973 A Doll's House
Nora
R: Joseph Losey. Mit David Warner, Trevor Howard.
Tomorrow Entertainment

1974 Introduction to the Enemy
(Ohne Regie und Stars)
IPC Films

1976 The Bluebird
Der blaue Vogel
R: George Cukor. Mit Elizabeth Taylor.
20th Century-Fox

1977 Fun with Dick and Jane
Das Geld liegt auf der Strasse
R: Ted Kotcheff. Mit George Segal.
Columbia

Julia
Julia
R: Fred Zinnemann. Mit Vanessa Redgrave.
20th Century-Fox

1978 Coming Home
Coming home – sie kehren heim
R: Hal Ashby. Mit Jon Voight.
United Artists/IPC Films

Comes a Horseman
Eine Farm in Montana
R: Alan J. Pakula. Mit James Caan.
United Artists

California Suite
Das verrückte California-Hotel
R: Herbert Ross. Mit Alan Alda.
Columbia

1979 The China Syndrome
Das China-Syndrom
R: James Bridges. Mit Jack Lemmon.
Columbia/IPC Films

The Electric Horseman
Der elektrische Reiter
R: Sydney Pollack. Mit Robert Redford.
Columbia/Universal

1980 Nine to Five
Warum eigentlich … bringen wir den Chef nicht um?
R: Colin Higgins. Mit Lily Tomlin, Dolly Parton.
20th Century-Fox/IPC Films

1981 ON GOLDEN POND
AM GOLDENEN SEE
R: Mark Rydell. Mit Henry Fonda, Katharine Hepburn.
IPC Films/ITC

ROLLOVER
DAS ROLLOVER-KOMPLOTT
R: Alan J. Pakula. Mit Kris Kristofferson.
Warner Bros.

1984 THE DOLLMAKER
EIN TRAUM WIRD WAHR
R: Daniel Petrie. Mit Levon Helm.
IPC Films/ABC Television

1985 AGNES OF GOD
AGNES – ENGEL IM FEUER
R: Norman Jewison. Mit Anne Bancroft, Meg Tilly.
Columbia

1986 THE MORNING AFTER
DER MORGEN DANACH
R: Sidney Lumet. Mit Jeff Bridges.
20th Century-Fox/Lorimar/American Filmworks

1989 OLD GRINGO
OLD GRINGO
R: Luis Puenzo. Mit Gregory Peck.
Fonda Films/Columbia

STANLEY AND IRIS
STANLEY & IRIS
R: Martin Ritt. Mit Robert De Niro.
MGM

Register

Personen, Filme, Theaterstücke

Fotonachweis

(in der Reihenfolge des Abdrucks)

Bildbogen I
Transglobe Agency
Kobal Collection
Ullstein – Reinhard-Archiv
Kobal Collection
Ullstein
Columbia (mit freundlicher Genehmigung von Kobal)
Paramount (mit freundlicher Genehmigung von Kobal)
Transglobe Agency/Sipa-Press
Popperfoto
Transglobe Agency/Willoughby
Ullstein

Bildbogen II
Kobal Collection
Cinerama (mit freundlicher Genehmigung von Kobal)
Ullstein – ADN-Bildarchiv
Ullstein – AP
UPI/Bettmann Newsphotos
Ullstein – ADN-Bildarchiv
UPI/Bettmann Archive
Ullstein – Camera Press Ltd.
Transglobe Agency
Ullstein – Camera Press Ltd.
Transglobe Agency
Warner Bros (mit freundlicher Genehmigung von Kobal)

Bildbogen III
Ullstein – Bildarchiv Peter Engelmeier
Ullstein – Camera Press Ltd.
Popperfoto
Popperfoto
Transglobe Agency/© PANDIS
Transglobe Agency
Transglobe Agency
Columbia (mit freundlicher Genehmigung von Kobal)
Columbia (mit freundlicher Genehmigung von Kobal)
Ullstein – Inter Topics GmbH
Ullstein – Inter Topics GmbH

Die Deutsche Bibliothek – CIP-Einheitsaufnahme

Davidson, Bill:
Jane Fonda : eine intime Biographie / von Bill Davidson. Aus dem Amerikan. von Günther Klotz. – Berlin : Verl. Volk und Welt, 1995
Einheitssacht.: Jane Fonda ›dt.‹
ISBN 3-353-01023-8

Lektorat: Joachim Meinert
Schutzumschlag-/Einbandgestaltung: Lothar Reher
Gesetzt aus der Garamond Orig., Linotype
Satz: deutsch-türkischer fotosatz, Berlin
Druck und Bindearbeiten: Wiener Verlag
Printed in Austria
ISBN 3-353-01023-8